高等院校"金课"系列教材建设·人力资源管理专业

总主编　赵曙明

创业企业人力资源管理

蒋建武　贾建锋　潘燕萍　主 编

立体化资源

南京大学出版社

图书在版编目(CIP)数据

创业企业人力资源管理 / 蒋建武,贾建锋,潘燕萍
主编. — 南京:南京大学出版社,2021.4
ISBN 978 - 7 - 305 - 24230 - 4

Ⅰ. ①创… Ⅱ. ①蒋… ②贾… ③潘… Ⅲ. ①企业管
理－人力资源管理－高等学校－教材 Ⅳ. ①F272.92

中国版本图书馆 CIP 数据核字(2021)第 025906 号

出版发行　南京大学出版社
社　　址　南京市汉口路 22 号　　　　　邮　编　210093
出 版 人　金鑫荣

书　　名　**创业企业人力资源管理**
主　　编　蒋建武　贾建锋　潘燕萍
责任编辑　何永国　　　　　　　编辑热线　025 - 83592315

照　　排　南京南琳图文制作有限公司
印　　刷　盐城市华光印刷厂
开　　本　787×1092　1/16　印张 12.5　字数 281 千
版　　次　2021 年 4 月第 1 版　2021 年 4 月第 1 次印刷
ISBN 978 - 7 - 305 - 24230 - 4
定　　价　37.50 元

网址:http://www.njupco.com
官方微博:http://weibo.com/njupco
官方微信号:njupress
销售咨询热线:(025) 83594756

高等院校"金课"系列教材建设·人力资源管理专业

编 委 会

主 任 委 员　赵曙明

副主任委员　刘　洪　李燕萍　龙立荣　刘善仕

　　　　　　唐宁玉　罗瑾琏

委　　　员　（按姓氏笔画排序）

　　　　　　王德才　龙立荣　刘　洪　刘　燕

　　　　　　刘善仕　刘嫦娥　孙甫丽　杜　娟

　　　　　　杜鹏程　李燕萍　杨　东　张　弘

　　　　　　张　捷　张正堂　张戌凡　陈志红

　　　　　　罗瑾琏　周路路　赵宜萱　赵曙明

　　　　　　秦伟平　贾建锋　唐宁玉　黄昱方

　　　　　　曹大友　蒋建武　蒋昀洁　蒋春燕

　　　　　　程德俊　潘燕萍　瞿皎姣

总　序

　　改革开放后,我国一些学者将西方人力资源管理理论和方法引进国内,率先在个别高校开设人力资源管理课程,如我1991年由美国学成回国后,在南京大学率先开设"人力资源管理与开发"课程。后来,一些高校开设人力资源管理专业培养专门人才,如1993年中国人民大学在全国首次开设人力资源管理专业招收本科生。在这些高校的带动下,我国高等院校人力资源管理专业教育经历了一个从无到有、从课程到专业、从单一性到综合性的发展过程,现在又呈现出从独立专业到学科方向的良好发展态势。从事人力资源管理问题研究的学者越来越多,人力资源管理已成为一个独立的、专门的研究领域。目前越来越多的高校开设了人力资源管理本科专业,不少高校还开设了人力资源管理学科方向的硕士、博士研究生专业,甚至建立了人力资源管理方向的博士后流动站,为国家经济建设和社会发展培养了一大批人力资源管理专门人才。

　　作为实践性很强的专业,人力资源管理专业的发展离不开国内企事业组织人力资源管理的持续变革与创新实践。1978年改革开放以来,中国经济快速发展,市场竞争日趋激烈,企业经营管理面临着日益复杂多变的环境,人力资源管理实践更是实现了从计划经济体制下的劳动人事管理向现代人力资源管理的巨大跨越,并依次经历了人力资源管理理念的导入、人力资源管理的探索、人力资源管理的系统深化以及近年来的人力资源管理创新时期,相应地,人力资源管理专业教育教学也顺势而变,进入了一个前所未有的变革时代。

　　回顾过去,才能更好地理解现在,展望未来。作为国内较早开展人力资源管理教学和研究的学者,我有幸亲历了整个过程。20世纪80年代初期,人力资源管理在美国兴起,并迅速成为美国管理研究的热点之一。然而在 20 世纪 90 年代初期的中国,无论是政府管理部门还是企业界,仍以为"人力资源管理"就是"人事管理",很多人甚至连"人力资源"这个词都没有听过。我当时就深切地感觉到,要改变这种状况,首要任务就是要系统地了解和研究发达国家在人力资源管理领域的理论、思想与方法。于是,我倾力撰写了《国际企业:人力资源管理》一书(1992 年由南京大学出版社出版第一版,到 2016 年出版了第五版),系统地介绍西方发达国家在该领域的研究成果和发展趋势,以使读者不仅能够概括了解西方人力资源管理的全貌,而且能够接触到学术研究的前沿,把握其发展规律。

　　人力资源管理在当时的我国还是新兴的研究领域,最大的困难在于如何构建具有中国特色的知识体系。于是从 1993 年开始,我的主要精力都集中在解决这一关键问题上。受国家自然科学基金科研项目资助,经过两年多的研究,我于 1995 年完成并出版了《中国企业人力资源管理》这部专著,从宏观的角度探讨了我国人力资源的配置机制和政策体系,从微观的角度分析了中国企业人力资源管理各环节的优势和劣势。自 1995 年起,我开始集中研究中国企业人力资源管理的模式选择,这是中国国有企业推行科学管理所面临的紧迫课题。到 20 世纪 90 年代末期,我着手进行"中国企业集团人力资源管理战略"等国家自然科学基金资助的课题的研究,力求从战略人力资源管理的视角,探索中国企业的战略人力资源管理模式。21 世纪以来,我和我的研究团队又相继开展了"企业人力资源开发的理论基础与管理对策""转型经济下我国企业人力资源管理若干问题研究""中国企业雇佣关系模式与人力资源管理创新研究""基于创新导向的中国企业人力资源管理模式研究"等国家自然科学基金重点课题的研究,着手对中国情境下的人力资源管理理论与实践问题进行更加深入的研究和探讨,以期在中国的人力资源管理领域做出一些贡献。

　　回顾这些年来中国人力资源管理发展之路,我最深刻的印象就是变化无处不在,人力资源管理的运作环境、管理职能和运行边界正日益复杂化、动态化和模糊化。首先,人力资源管理的环境发生了极大改变。经济全球化、信息网络化、知识社会化、人口城镇化、货币电子化等构成了这个时代的主要特征。每个人都身处移动互联网、大数据、云计算、物联网、人工智能之中,这些正在影响着我们的工作和生活方式,甚至取代了许多人赖以为生的岗位。这些变化对组织人力资源管理的能力提升提出了新的、更高的要求,例如,如何通过培训帮助员工尽快适应转岗等现实问题已迫在眉睫。

其次,组织结构和组织管理体系发生了变化。伴随着创新驱动发展带来的新业态、新组织、新技术的出现以及共享经济的兴起,企业组织从高度集权的金字塔式的组织结构,逐步地向扁平化、网络化、虚拟化、平台化的方向发展,中国一些企业开始学习和引进发达国家先进的人力资源管理理论并在实践中不断进行创新,如腾讯和阿里巴巴采用的三支柱模式、阿米巴经营模式等,均取得了明显成效。在这个过程中,一些企业还结合中国实际,将西方国家人力资源管理理论与中国企业管理实践相结合,创造性地提出具有中国特色的人力资源管理新模式、新方法,受到越来越多的关注,如华为的员工持股计划、海尔集团的"按单聚散、人单合一"模式、苏宁的事业经理人制度等。这些成功的案例启发我们,组织结构和组织管理体系的变化,需要我们从战略高度上去设计新的人力资源管理理论框架和知识体系。

第三,员工的需求日益多元化。员工忠诚度一直是人力资源管理的重要命题之一。新的趋势是从过去强调员工的忠诚度转变到员工幸福感与员工忠诚度并重,强调工作、家庭、生活与学习的多重平衡。尤其是"90后""00后"等新生代员工现已成为职场的主力军,他们对待工作的态度、个性特点、需求特征均与以往代际的员工有所不同,他们更加关注工作、家庭和生活的平衡,更多地追求和强调幸福感,员工体验甚至已经成为吸引、保留、激发人才活力的新战略和新方向。在此背景下,组织如何留住这些新生代员工,要给他们什么样的发展空间,如何满足他们多样化的需求,不断提升他们的满意度和幸福感,就成为人力资源管理中迫切需要解决的现实问题。

第四,工作方式日益创新。在零工经济背景下,远程办公、移动工作、灵活用工、共享员工等取代了传统单一的雇佣方式。零工经济是由一组相互作用但又半自治的实体借助网络平台实现精准交易的生态化经济系统。传统上,雇佣关系是组织进行人力资源管理的逻辑前提,但零工经济下的多方参与实体之间并不存在可识别的直接雇主与雇员关系。网络平台一方面极力避免与零工建立雇佣关系,但另一方面又在工作时间、工作地点、工作效率、工作行为和产出等方面对零工行使控制权。那些在传统组织下频繁进行的人力资源管理活动已成为网络平台实现零工生态系统治理的手段,而当前对网络平台的人力资源管理实践模式及其运作机理还知之甚少。

第五,人力资源管理的外延和对象有所拓展。党的十九大提出要加快建设人力资源协同发展的产业体系,着重发展人力资源服务业。人力资源服务业作为第三产业服务业的分支,能满足组织对于成本管控和人才优化配置的需求,是一个令人瞩目的朝阳产业。过去人力资源管理的对象更多的是组织内的员工,而现在人力资源管理的外延在扩大,对象也变得多元化。此时,人力资源管理在职能边界、知识体系与内容构成等方面均与传统的基于组织内部的人力资源管理有很多区别。

上述五方面的变化需要我们重新思考人力资源管理教学的知识体系与理论框架。总体来看,人力资源管理专业建设取得了长足发展,但在人才培养目标、课程设置、知识体系、教材建设上却滞后于经济社会发展的时代需求。当前,传统商科走向了新商科,在以大数据、云计算、物联网、人工智能、区块链等新商业技术为支撑的商科专业发展背景下,人力资源管理专业人才的培养也面临着新的机遇和挑战。教育部发布的《关于加快建设高水平本科教育 全面提高人才培养能力的意见》中也特别指出,要注重新商科人才的培养。尤其是在一流专业建设和金课建设工作中,课程教材改革需要与时俱进,因为教材是专业建设的核心要素,直接影响人才培养质量。人力资源管理专业作为一门实践性、应用性很强的专业,教材建设必须紧紧把握时代发展趋势和潮流。

南京大学人力资源管理研究和教学团队一直非常重视人力资源管理专业教材编写和课程教学工作。从1991年起,我作为课程负责人开始在南京大学开设"人力资源管理"课程。2000年开始采用电子信息化教学手段和相应的教学方法。该课程后来成为南京大学重点建设课程,并于2003年入选第一批国家精品课程。多年来,我同时致力于人力资源管理专业师资的培养。作为教育部指定的人力资源管理课程师资培训基地,南京大学商学院已成功举办20届全国人力资源管理师资培训研讨会,全国几千名人力资源管理教师参加了培训。该研讨会现已成为我国人力资源管理学科领域参与专家人数众多、最具规模和最具影响力的师资研讨会,为推动我国高等院校人力资源本科专业教育以及MBA教育做出了应有贡献。为了给全国从事人力资源管理研究的学者搭建一个学术交流的平台,由南京大学商学院、华中科技大学和《管理学报》等联合发起的、由我任主席的中国人力资源管理论坛于 2012 年成功举办,至今已举办了 8 届,产生了良好的学术影响。

基于多年的科学研究、教学实践、师资培训、人才培养、同行交流等方面的经验,结合当前人力资源管理的发展变化趋势,我们精心梳理了人力资源管理专业相关教材的内容,出版了这套人力资源管理系列丛书。

本套丛书是南京大学出版社在教育部工商管理类专业教育指导委员会的支持下,邀请国内具有丰富人力资源管理教学经验的学者精心编写而成的,旨在为人力资源管理专业的师生提供一套专业、系统、前沿、理论与实践并重的人力资源管理系列教材,并为业界人士发现、分析和解决企业人力资源管理实践中遇到的问题提供分析方法和工具。

本套丛书共分十三册,包括:《人力资源管理总论》《人力资源战略与规划》《组织设计与工作分析》《员工招聘管理》《人力资源测评》《人力资源培训与开发》《员工职业生涯管理》《绩效管理与评估》《薪酬管理》《企业劳动关系管理》《创业企业人力资源管理》《国际企业:人力资源管理》《人力资源专业英语》等。本套丛书有以下五个特点:

(1) 注重体系完整性。本套丛书从人力资源管理战略的高度审视各个模块的相互联系,每个模块都有非常完整的知识体系设计,让读者能从企业经营管理的整体视角去理解人力资源管理各个模块的内容。

(2) 强调知识的前沿性。将当前外部环境的变革融入到教学内容中,如新生代员工管理、大数据、共享经济、网络型组织结构、企业大学、疫情危机下的企业人力资源管理等知识点,在本套丛书中均有所体现。特别值得一提的是,在创新创业这一时代主旋律下,人力资源管理对创业企业的存续与发展产生日益重要的影响。本套丛书基于创业企业在人力资源管理中的特殊性,编写了《创业企业人力资源管理》一书,希望人力资源管理能够真正成为推动创业企业发展的核心要素。

(3) 注重知识的实用性。本套丛书有大量的实例及案例素材,分别以开篇案例、章后应用案例等形式体现。案例教学内容从知识点的讲解出发,通过案例说明知识点的具体适用范围,从而帮助学生透彻地掌握相关知识点。学生通过对案例的分析与解读,可以将这些知识点与未来工作情境相关联，培养学生发现问题、分析问题并解决问题的能力。

（4）融入当前企业人力资源管理新实践。本套丛书吸收了当前企业人力资源管理中的新模式、新经验，如三支柱模式、阿米巴经营模式、华为的员工持股计划、海尔集团的"按单聚散、人单合一"模式、苏宁的事业经理人制度等，在本书中均有所体现。

（5）用全球化的视野思考人力资源管理问题。本套丛书特别设计了《国际企业：人力资源管理》《人力资源专业英语》，希望借此引发读者对人力资源管理国际化的思考。中国企业家曹德旺先生的福耀玻璃在美国开工厂遇到的工会问题以及解决措施等内容，在书中均有所介绍。

总之，本套丛书力图在人力资源管理专业知识体系和内容结构上有所创新，使读者既能够把握人力资源管理专业完整的基础理论知识，同时还能够感受到专业学科发展前沿和未来发展趋势。付梓之际，衷心希望该丛书对我国人力资源管理专业人才的培养产生积极作用。

本套丛书的出版得到了南京大学出版社的大力支持！南京大学出版社社长金鑫荣教授在该套丛书建设研讨会上提出了宝贵建议，使我们受到很多启发；南京大学出版社高校教材中心蔡文彬主任对本套丛书的出版自始至终给予了很多关心和帮助；南京大学出版社责任编辑们对本套丛书进行了精心编校。在此向他们一并表示衷心感谢！

在本套丛书编写过程中，我们力求完美，但囿于能力，存在的问题和不足之处在所难免，敬请各位读者批评指正！

南京大学人文社会科学资深教授
商学院名誉院长
行知书院院长
博士生导师

2020 年 12 月

前　言

　　初创企业,万千头绪。如何找到志同道合者共创未来,更是创业者面临的棘手难题!在"大众创业,万众创新"时代,相当一部分创业企业要解决资源掣肘与人才需求之间的矛盾! 创业企业面临产品、市场等诸多从 0 到 1 的问题,其中以人才问题最为基础。创业企业要在所处行业中占有一席之地,人才起着至关重要的作用,综合薪酬福利、办公环境、企业品牌效应处于弱势,使得创业企业在引入人才、留住人才等方面面临较大困难。如何根据自身情况吸引、留住并且用好人才是每位创业者必须重视的问题。作为企业核心活动之一的人力资源管理,对创业企业的存续与发展起着日益重要的影响。

　　创业企业人力资源管理体系与成熟企业具有极大的差异性。首先,创业企业的资源总是捉襟见肘,但对人力资源却极度渴望。创业企业资源匮乏,很难负担起庞大的人力资源投入。第二,创业企业缺乏系统性的人力资源管理体系。大企业通常以系统论的观点看待人力资源管理,其内部人力资源管理体系是一个包含着若干子系统的大系统。但创业企业不同,由于创业早期的资源条件限制,创业者往往会将有限的资源投入到与当前阶段企业发展最密切相关的人力资源管理模块中,如招聘往往是创业企业较为重视的模块,而绩效考核、培训、员工关系管理的资源投入相对较少。第三,创业企业的未来发展具有极强的不确定性,激励员工与企业共发展的难度增大,创业企业面临更大的员工离职风险。

　　上述差异需要我们思考创业企业人力资源管理的知识体系与理论框架。本教材作者之一蒋建武教授于 2013 年 3 月在深圳大学首次面向全校高年级本科生开设"创业企业人力资源管理"课程,多年的教学实践积累和身处创新创业实践前沿的深圳城市特色,激发了我们对创业企业人力资源管理知识体系的探索与思考。本教材尝试构建创业企业人力资源管理的知识架构。整体来看,创业企业做好人力资源管理,本质是要创造透明、公平、平等的企业文化,从人才自身成长方面着手,提高其能力与获得感,与公司共创、共享价值,相互成就。全书内容涵括创业及创业管理概论、创业企业人力资源管理概论、创业团队管理常用理论基础、创业团队管理、创业企业员工的胜任特征模型、创业企业价值观管理、创业企业员工招聘、创业企业员工绩效管理、创业企业员工的激励与发展、创业企业人力资源管理运作模式与实践等内容,共十章。深圳大学蒋建武教授承担了第二、第六、第八和第十章的内容编写,并负责全书的统稿工作。东北大学贾建锋教授承担第四、第五、第七和第九章的内容编写。深圳大学潘燕萍博士承担了第一和第三章的内容编写。本书适用于工商管理硕士(MBA)、经济管理类专业研究生和高年级本科生课程教学,也可作为创业教育培训教材。本书的出版,希望能够帮助读者,尤其是广大创业者了解如何为企业挑选人才、留住人才并且发挥人才价值,让人力资源管理能够真正成为推动创业企业发展的核心要素。

本教材能成为《人力资源管理》系列丛书之一,离不开丛书主编南京大学人文社会科学资深教授赵曙明博士的悉心指导!我们致以最衷心的感谢!特别感谢南京大学出版社高校教材中心蔡文彬主任和尤佳女士对本书出版过程中提供的一切帮助。我们还要感谢本书的责任编辑,南京大学出版社何永国老师的热心付出和敬业指导。本书写作过程中,我们的研究生做了大量工作,无论是素材收集,还是阅读勘误。他们是黄小霞、朱文博、李赛赛、刘梦含、张丽腾、葛羿京、李会霞、赵洋、宁晓旭、李嘉华、汤晓娟、李超楠、邱天财、刘晓斯。在此,对他们的努力付出和贡献表示感谢!

本书出版过程中,编写团队成员力求完美!但囿于能力,书中的不足在所难免,敬请各位读者批评指正!

蒋建武　贾建锋　潘燕萍

2021 年 3 月

目　录

第一章　创业及创业管理概论

学习目标

➢ 理解创业定义及内涵；
➢ 理解创业类型；
➢ 理解管理者的因果推理逻辑与创业者的效果推理逻辑的异同；
➢ 掌握创业管理中的基础理论；
➢ 了解当前中国创业管理的现状。

开篇故事

A PARK 国际高校孵化器的商机识别与开发

A PARK 由关同学、许同学两位来自深圳大学艺术设计学院的优秀学霸创立，两人从大学开始就建立了深厚情谊。2007 年暑假，关同学和 6 个同学一起组建了 7A 工作室，自主做项目，画一些施工图和航海路线图等，后因面临毕业找工作等问题在 2009 年解散。随后，关同学与 3 个伙伴们尝试在汕头大学校外租赁一个楼层，将之改造成创业园。这也是 A PARK 的初次试验。通过与汕头大学的学生合作，入驻率很快达到百分之百。

关同学深深地感受到大学生创业在未来的巨大需求。在 2010 年大学毕业时，关同学与伙伴们在毗邻深圳大学的桂庙新村租下一个废弃的地下车库，发挥专业优势精心改造为创客空间。该空间广受深大学子认可，入驻孵化团队很快就有 16 家。但好景不长，2011 年 8 月，他突然被告知创业园因消防检查不合格被迫关闭，还需要对入驻企业赔偿30 多万元。这次打击让整个团队分崩离析，只剩下关同学和另外一个伙伴。2013 年，艰难打拼还清债务的关同学重回地下车库，准备东山再起。同年 9 月，关同学、许同学二人受邀回校时重逢，且相谈甚欢，先前一直独立创业的许同学决定加入共同打造 A PARK。

早期的民营孵化器多以发展到一定阶段的企业为对象，A PARK 反其道而行之，主要为在校生和刚毕业的大学生回母校创业提供优质平台——不仅提供办公场地、资金，还邀请大学教师、校友中的成功企业家提供相关创业指导。中国综合类的高校加上其他大中专院校共接近两万所，有相当多的学生想要创业，市场庞大。他们希望在这些高校周边打造一个有温度、有情怀的空间，让它成为交流、娱乐和创业最好的选择。A PARK 目前已在高校周边及校内建立五个站点，并陆续开展合作站点。这些学校大都不是一流的名校,成本预算较低,竞争相对不太激烈,更容易得到当地政府和高校大力支持。由此,A PARK借"农村包围城市"之势,以网格式、立体化的方式逐步向其他高校辐射。

很多大学生有想法、愿意实干,但缺乏资金和经验。针对这些痛点,A PARK采用"零租金"的服务方式将其引入,给予一年的成长期,并且无偿地提供公司架构、税务、法务、商务、知识产权等咨询指导服务。目前,已有深大易购、兼职网、创意画室等多家互联网、文化产业公司在A PARK孵化期间获得了天使融资。至2016年5月为止,A PARK国际高校创客空间已经吸引入驻创客团队共36家,研发项目69个。A PARK还提供了特色的捆绑式成长服务。对于已入驻园区并具有明确市场定位的项目,会直接在平台、品牌、渠道和资金上给予帮助,进行捆绑式深度合作,共同发展。例如,位于孵化社区内的咖啡馆,接受扶持的同时,还会不断扩展到各个站点。对于A PARK来说,咖啡厅的入驻完善了公共配套设施,满足入驻企业的需求,也降低了运营成本。类似的配套空间还包括艺术画廊、画室、艺术吧。A PARK会根据各个高校的特征设计园区。例如深圳职业技术学院站现阶段拥有四大平台,分别是创客空间、上谷机构、艺术空间和商业配套,实现集团式、立体式、网格式发展,形成一个综合的生态圈模式,而不是单一的孵化器或服务平台。其中商业配套、艺术空间、上谷机构才是营收的主要部分。入园企业一半属于合作式,另一半则完全是零租金。A PARK除深圳职业技术学院站点入住率85%外,其他站点的入驻率达到100%,并且所有站点入驻企业的流动率都不高,特别是深圳大学站点非常稳定。在整合现有站点之外,A PARK更致力于开拓各个地方的站点,不仅计划在三到五年内在全国各省份一线或二线城市大范围打造100所高校青年创客孵化器,还计划十年内走向国际,在国际100所高校建立属于自己的高校青年创客孵化器,并建立A PARK国际创客联盟,充分整合全球资源。

自创立以来,A PARK运营情况良好,有些站点当年就实现了收支平衡,整体上呈现快速增长趋势,年总营业额已超过1.5亿元。他们认为基于"文化+科技"的创业理念符合未来发展趋势,计划继续开展全面的规范化运营。

(案例来源:潘燕萍,《春江水暖鸭先知:A PARK国际高校孵化器的商机识别与开发》,载中国管理案例共享中心,案例正文有所缩减。http://www.cmcc-dut.cn/Cases/Detail/2339)

请思考:作为大学生的关同学与许同学识别到什么创业机会?他们又是如何识别与开发这些机会?

第一节　创业的定义与内涵

一、创业的定义

从商业发展历史来看,创业对经济发展起着举足轻重的作用,是长期存在的社会现象。微软、谷歌、苹果、脸书等科技巨头从车库创业开始,通过颠覆式创新,开辟了新行业,进一步让人们将关注点从成熟企业转向初创企业,重新审视创业对人类经济社会的作用。根据我国国家统计局的数据显示,2013 年至 2018 年我国成立的新企业有 1322 万户,占我国全部企业的 71.2%,仅 2018 年成立的新企业就有 336 万户。企业的诞生率也由 2013 年的 4.3%提升到 19.9%[①]。这些新增的中小微企业在增加就业、促进经济增长、科技创新与社会和谐稳定等方面具有重要作用。在转型经济背景下中国面临着巨大的变革,这些变革潜藏着新技术、新产业及新商业模式,为创业者带来前所未有的新机遇。

近年来,在"大众创业,万众创新"理念的倡导下,越来越多人加入创业大军。但是,人们对创业的定义理解并不完全统一。有人认为开一家淘宝店就是创业;有人认为近年兴起的微商,只要是自负盈亏也是创业;有人认为获得风险投资、最终实现上市的过程才是创业;还有人认为只有像字节跳动、阿里巴巴、特斯拉等提供创新性的服务或产品才是创业。究竟何为创业? 这既体现了创业实践的百花齐放、形式多样的特征,也表明了要准确定义创业具有一定的难度。

创业(entrepreneurship)一词来源于法语(entreprendre),最早是指愿意承担风险的人,后来进一步指从事探险活动的人。可见,创业从词根上就有"敢于承担风险开拓事业"的含义。表 1-1 总结了学者对创业定义的关键词汇,包括强调"启动、创建、创造""新事业、新企业"或"创新、新产品、新市场"的行动过程,有强调"风险承担、风险管理、不确定性"的内在本质,也有强调"价值创造""追求成长"的创业结果。

表 1-1 创业定义中包含的关键词

序号	关键词	词频
1	启动、创建、创造	41
2	新事业、新企业	40
3	创新、新产品、新市场	39
4	追逐机会	31
5	风险承担、风险管理、不确定	25
6	追求利润、个人收益	25
7	资源、生产方式的新组合	22
8	管理	22
9	整合资源	18
10	价值创造	13
11	追求成长	12
12	活动过程	12
13	现存企业	12
14	首创行为、完成任务、先动性	12

---

① 数据来源:http://www.stats.gov.cn/tjsj/sjjd/202001/t20200122_1724483.html.

序号	关键词	词频
15	创造变化	9
16	所有权	9
17	责任、权威之源	8
18	战略形成	6

注：该表是针对 75 个有关创业定义的分析中得到的 5 个以上词频的关键词。

资料来源：Morris M.，Lewis P.，and Sexton D. Reconceptualizing Entrepreneurship：An Input-output Perspective［J］. SAM Advanced Management Journal，1994，Winter(1)：21 - 31.

创业行为是高度嵌入社会经济情境之中的，人们对创业含义的理解自然具有时代特征。早期对创业的理解较为狭义，创业主要是指成立新企业(new start-up)。尤其在互联网创业浪潮中，信息通信技术的发展及风险资本(venture capital)的兴起，加速了新兴企业的成长，所以形容这些企业为风险企业(venture)。区别于传统的中小企业管理，创业管理领域也一度主要关注这些快速成长的高科技企业(high-tech venture)。随着社会经济发展，人们对创业的理解也越来越深入，更关注创业的本质。今天人们更多从广义来理解创业(entrepreneurship)，主要是指开拓新事业，强调敢于挑战、承担风险的创新精神。这种开拓新项目、尝试新方法的行为既可能在营利组织，也可能在政府、事业单位或既有组织中发生。

本书主要集合哈佛大学史蒂文森教授(Stevenson)、南开大学张玉利教授的定义，认为创业是在不确定的情境下，不拘泥于当前资源条件对机会的追寻，组合不同的资源以利用和开发机会并创造价值的过程。该定义总结归纳了创业的三大特征[①]。首先，强调了创业的不确定性情境。奈特(Knight)在《风险、不确定性与利润》中认为不确定性是无法判断结果发生的概率。不确定性具有难以预测、非线性的变化、信息加剧等特征。[②] 创业者不仅是要在资源有限条件下敢于冒风险，更是要拥抱不确定性，不断假设、试错与验证，快速行动，创造新价值。例如在 2003 年突如其来的非典中，刘强东不得不把线下销售的刻录机和光碟搬到 QQ、BBS 上销售，从而开拓了线上商城。马云在全体员工被隔离的窘况下把业务从 B to B 拓展到 B to C，创建了淘宝。在 2020 年新冠病毒疫情影响下，虽然很多企业受到严重影响，但编程猫、钉钉、智慧树网、腾讯会议、ZOOM 以及口罩供应商等就抓住了疫情所产生的新需求，并迅速地提供服务。

第二，强调创业受到资源约束的初始特征。与既有企业相比，新创业企业缺乏资金、人才等有形资源以及信任、品牌声誉、能力等无形资源。因此，创业是一个从 0 到 1 积累资源的过程。同时也不难发现，新企业由于缺乏资源，与既有企业竞争往往处于市场中不利的位置。所以，创业往往是九死一生。

---

① 张玉利. 创业管理［M］. 3 版. 北京：机械工业出版社，2015.
② 张广琦. 管理者与创业者应对不确定性的比较研究［J］. 现代管理科学，2015(10)：112 - 114.

第三,强调机会的利用与开发。学者谢恩(Shane)与维卡塔拉曼(Venkataraman)在2000年撰文提出:创业是一个机会识别与开发的过程,随后得到了学者的广泛认同。创业机会是创业的逻辑起点,机会的特征决定了创业活动的价值创造潜力①。

二、创业类型

很少领域像创业领域一样,具有百花齐放、推陈出新的特点。研究者就创业的不同特征,进行了细致入微的区分,分类繁多,以下简要介绍常见的几种分类。

首先,根据机会差异性区分了生存型创业和机会型创业。该分类主要是源于全球创业调查(GEM:Global Entrepreneurship Monitor)。生存型创业主要是由于没有其他就业机会选择或对就业选择不满意而从事的创业活动,也被认为是一种为了解决贫穷、解决生存问题的"推动型"创业②。例如,在新冠病毒影响下有些员工失业了,为了生计经营起社区团购等业务,这是一种典型的解决生存的自我雇佣型创业。机会型创业主要是指为了追求商业机会而从事的创业活动,是创业者已经感知创业机会并愿意去尝试的"拉动型"创业。例如,编程猫的创业者李天驰和孙悦留学回国后意识到创客编程教育的重要性,在2014年开始研发适合中国青少年的编程软件,并通过线上与线下结合方式开拓编程教育的蓝海市场,迅速成长成为教育界的独角兽③。

其次,按照创业主体的差异性,有女性创业、大学生创业、农民创业、家族创业、海归创业等。创业领域的包容性、开放性与多样性吸引不同的主体去开拓创新,这些不同主体在特定情境下发挥自身的优势呈现出不同的创业特征。例如,随着女性社会地位的上升、职场性别歧视(如"晋升天花板")、女性失业率增加、扶持女性创业脱贫致富的方式创新(如小额贷款)、全球经济结构的变革以及近年来数字技术的发展等内外部因素的影响,越来越多的女性选择创业,并成为各国经济社会发展中不可或缺的力量。女性在创业过程中会遇到市场中性别刻板印象带来的更高的创业成本、家庭—工作冲突等问题,但另一方面,米雯娟与"VIPKID"、瞿芳与"小红书"、刘楠阳与"蜜芽"等越来越多的创业实践都展现了女性创业者能发挥女性自身的优势,开发丰富多样的创业项目。

再次,根据创业的性质,有社会创业、绿色创业、数字创业等分类。传统观念认为创业是发家致富的手段,但是在创业实践中创业除了能创造巨大的经济价值之外,还会有助于解决社会问题,环境可持续发展问题,创造新行业,让人们的生活更加便利。例如,越来越受瞩目的社会创业是指通过商业的智慧解决社会问题,创造社会价值的创业。最典型案例就是2006年诺贝尔和平奖获得者孟加拉国的穆罕默德·尤努斯(Muhammad Yunus)。他为了帮助孟加拉国的穷人从高利贷和贫穷的泥沼中挣脱出来,设立了小额信贷的格莱珉银行。近年来我国也出现了很多社会创业的成功案例,例如曹军创立"喜憨儿

---

① Shane, S. and Venkataraman, S. (2000) The promise of entrepreneurship as a field of research. Academy of Management Review,25:217-226.

② 薛红志、张玉利、杨俊. 机会拉动与贫穷推动型企业家精神比较研究[J]. 外国经济与管理,2003,25(6):2-8.

③ 美国著名风险投资家、种子轮基金 Cowboy Ventures 的创始人 Ai-leen Lee 于2013年首次提出了独角兽企业的概念,即指那些创立时间在10年以内,接受私募投资且估值超过10亿美元的创新型领军企业.

洗车",为那些患有智力障碍、自闭症、唐氏综合征、脑瘫等疾病的心智障碍者提供学习和就业的机会。2015年7月13日,他在深圳梅林地铁站附近,开设了全国第一家为解决心智障碍者就业而创建"喜憨儿洗车中心"。创业至2019年,已解决16余名心智障碍者的就业难题,向社会提供洗车服务累计3万余次。同样地,绿色创业是指整合商业创业与可持续发展的创业活动,创业者面向未来开发产品和提供服务,创造经济、心理、社会和环境多重价值的过程。绿色创业机会被认为是在市场失灵中涌现,存在一种可以同时实现经济价值和环境价值等多重目标的可能性[①]。近年来地沟油事件、毒奶粉事件、牛肉注水、使用抗生素避孕药喂养鱼等报道让越来越多的企业家关注绿色创业,开发绿色产品。

最后,根据创业的独立性,有个体创业、裂变创业、公司创业等分类,如表1-2所示。其中,裂变创业是指个人或团队离开母体企业创建独立的新企业的过程,该过程具有人力资源转移、关系网络延伸、经营绩效传承等显著特点,体现了新创企业与母体企业之间错综复杂的嵌入关系。市场中,腾讯系游戏创业派、华为硬件创业派、海尔内部创业等就是裂变创业的典型例子。公司创业是指既有组织为了寻求更新和成长,由既有组织中的个体或团队推动的创业活动,包括创新、公司风险投资和战略更新等特征。与个体独立创业相比较,一方面公司承担风险,依托公司的资源,具有更大的容错空间,可吸纳失败的经验与教训,但是另一方面也会受到既有的公司规则、程序和体系制约。最典型的案例是海尔电器的创新孵化平台。2005年,海尔提出人单合一。人是指具有创新创业精神的员工,单是指用户价值。每一个员工都在不同的自主经营体中为用户创造价值,从而统合了员工、企业及股东的价值。2015年起,海尔把"人单合一"的理念进一步升华,从制造工厂向创业平台转型。员工成为创客,并通过海尔打造的与客户链接的创新平台,可以洞察用户价值,并快速开发出满足客户需求的产品或服务,创立自己的"小微企业"。这些企业可以申请海尔的孵化基金。海尔平台为这些小微企业提供资源、品牌、渠道、机制和流程等,由此,海尔生态圈的小微企业快速发展,截至2018年底,已有超过100个小微企业营收过亿元。

表1-2　各种类型创业的基本含义

创业类型	定　义
生存型创业	生存型创业主要是指由于没有其他就业机会选择或对就业选择不满意而从事的创业活动,也被认为是一种为了解决贫穷、解决生存问题的"推动型"创业
机会型创业	为了追求商业机会而从事的创业活动,是创业者已经感知创业机会并愿意去尝试的"拉动型"创业
数字创业	数字创业者为适应数字经济变革,通过识别和开发数字创业机会,以领先进入或跟随进入的方式进入数字市场,创造数字产品和数字服务的创业活动
农村创业	在农村市场上,具有先进思想意识的农村创业者,对各种生产要素进行资源重组,开辟新的生产领域并形成新的经营模式,以实现利益最大化和扩大就业的过程

---

① Shepherd D A, Patzelt H. The New Field of Sustainable Entrepreneurship: Studying Entrepreneurial Action Linking "What Is to Be Sustained" With "What Is to Be Developed"[J]. entrepreneurship theory and practice, 2011, 35(1): 137-163.

(续表)

创业类型	定 义
战略创业	组织为了提升竞争优势和实现财富创造,将战略和创业观点相结合,同时注重机会寻求与优势寻求的整合性行为和策略
国际创业	发现、评估和利用跨国界商机以创造未来商品和服务
学术创业	学术创业是由大学学术人员设立企业以使自身研究成果商业化的过程
非正规创业	非正规创业是识别和利用正式制度之外、非正式制度之内的创业机会而开展的创业活动
裂变创业	小企业的管理技术骨干从原来企业辞职,利用掌握的管理、技术、知识和市场信息,兴办与原企业技术产品市场类型基本相同的新企业

注:创新创业的协同促进网络平台"NET2019"公众号,其中有"创业类型解析专题",对各种类型创业有较详尽的剖析。

除以上分类之外,还有根据方法来定义的精益创业、战略创业、国际创业、制度创业、学术创业、非正规创业、连续创业等。可以说创业实践活动汇聚了不同主体、不同工具、不同资源、不同模式,这也体现了创业活动的创新性与不确定性[①]。

三、创业者与创业过程

谁是创业者？比尔·盖茨、史提芬·乔布斯、埃隆·马斯克、马云等创业者是天生的,还是后天培养的？早期的创业研究关注创业者的特质,尝试从人口学、心理学的角度甄别创业者与非创业者。例如,创业者的性别、受教育程度、家庭状况(家庭成员情况、贫富程度、家族企业情况等)、宗教等都被认为是甄别创业者的重要特征。有论文通过研究那些英雄式的成功创业者,总结归纳出创业者的特质包括:高成就需要、内部控制点、高冒险倾向和高模糊容忍度等[②]。

然而,在多个实证研究中也得出其他的研究结论——创业者与一般的商业主管,在个人特质或心理统计学上并无天壤之别。德鲁克(Peter F. Drucker)的《创新与创业精神》、戈尔曼(Gorman)、海伦(Hanlon)和金(King)的研究中均指出企业家素质、企业家精神等都不是天生的,可以通过学习和后天培养[③]。克莱顿·克里斯坦森教授等在《创新者的基因》[④]一书中,通过访问与调查全球500多名创新者、5 000多名主管,探究"创新者的思维方式",总结了"联系、发问、观察、交际、实验"等创新者所具有的核心思维和活动。因此,该书指出创造性与其说是天生不如说是培育,可以通过不断学习而习得。由此,"企业家素质是天生的"这一神话被打破。与其说创业精神能否被"遗传",不如说人们更关注如何

---

① 详细的内容,可以参考创新创业的协同促进网络平台 NET2019 公众号,其中有"创业类型解析专题".

② 海迪·内克,等. 如何教创业[M]. 薛红志,等,译. 北京:机械工业出版社,2015:4.

③ Gorman G., Hanlon D., King W. Some Research Perspectives on Entrepreneurship Education, Enterprise Education and Education for Small Business Management: A Ten-year Literature Review[J]. International Small Business Journal, 1997, 15(3): 56—76.

④ (美)戴尔,(美)葛瑞格森,(美)克里斯坦森. 创新者的基因[M]. 北京:中信出版社. 2013.

1

更好地学习创业精神(entrepreneurial mindset)。

创业的英语表述为"entrepreneurship",既指创业行为,又指企业家精神。学者高德纳(Gartner)认为创业的核心应是创建组织,创业研究应关注创业者做了什么,而不是谁是创业者[①]。谢恩(Shane)与维卡塔拉曼(Venkataraman)认为创业是一门独特的研究领域,是识别、评估与开发机会的过程。回顾过去主要的学术研究,创业研究者对创业学探究焦点基本达成共识,即创业学关注的应是创业过程,而非创业者的内在特质。因此,学者更加关注新组织创建过程的方法,包括机会评估、商业计划制订、营销计划制订、资源获取、管理新企业和退出等模块。如图 1-1 所示。

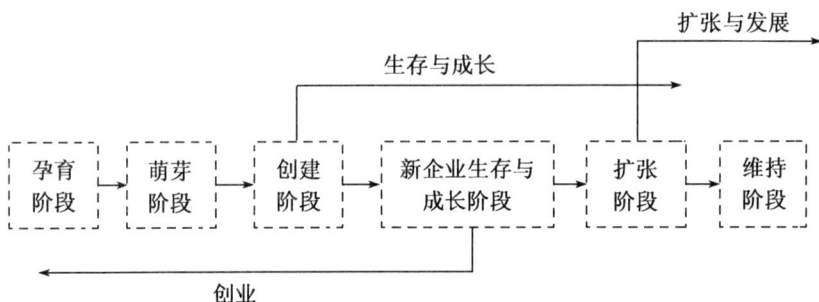

图 1-1 企业的生存发展阶段

出处:张玉利.创业管理[M].4 版.北京:机械工业出版社,2017:5.

创业研究主要关注新企业的组建、生存及成长过程,包括孕育阶段、萌芽阶段、创建阶段、生存以及成长阶段。管理学主要针对既有组织,但是创业研究关注从 0 到 1 的组织组建过程,在这个过程中,创业者如何识别与开发创业机会? 如何从无到有积累、整合与利用资源? 如何构建商业模式创造价值? 在实践中,由于幸存者偏差,大众传媒往往更关注那些成功企业,但事实上创业九死一生,全球的创业存活率都不高。因此,在创业领域中,无论是创业者还是学者都更关注新企业的生存、成长路径等问题。

四、创业思维

创业教育之父蒂蒙斯(Timmons)曾指出创业不仅仅意味着创办新企业、筹集资金和提供就业机会,也不仅等同于创新、创造和突破,而且还意味着孕育人类的创新精神和改善人类的生活[②]。在学术研究上,米歇尔(Mitchell)提出了"创业认知"(entrepreneurial cognition),区别于早期研究关注个体是否是一个创业者,而是关注如何让个体更富有企业家精神,如何具备识别、评价机会的知识结构[③]。部分学者的关注点从创业者人格、心

---

① Gartner, W. B. A conceptual framework for describing the phenomenon of new venture creation[J]. Academy of management review, 1985, 10(4): 696-706.

② Timmons, J. A. 1999. New venture creation: Entrepreneurship for the 21st century. Boston: Irwin McGraw-Hill.

③ Mitchell R K, Busenitz L, Lant T, et al. Toward a theory of entrepreneurial cognition: rethinking the people side of entrepreneurship research[J]. Entrepreneurship Theory and Practice, 2002, 27(2).

理特征等内在属性,转移到外在的社会资本、先前经验、能力等后天培养因素上。

萨阿斯·萨阿斯瓦斯(Saras Sarasvathy)是创业认知研究领域的杰出学者,他认为创业者的思维跟一般管理者有所不同,提出了效果推理(Effectuation)理论[①]。在高度不确定性的创业环境中,区别于传统的"目标—手段"的因果导向思维方式,创业者是以给定的手段为始点通过非预测性战略来创造新的效果。研究发现连续创业者跟一般无创业经验的 MBA 学员的决策模式会显现出差异。瑞德(Read)等在《卓有成效的创业》(Effectual Entrepreneurship)一书中指出,一般管理者的思维为"因果推理",而创业者的思维为"效果推理"[②]。他们比喻前者为(1)主人事先提供一个菜单,厨师所要做的是列出所需的原料,去采购进行烹饪,体现了为了完成既定的目标而充分利用已有的多种工具,即是目标导向理性(图 1-2);后者则为(2)主人让厨师去看一下厨师菜架上有什么原料,然后准备一桌晚餐。这体现了充分利用、开发现有的资源,迈向多种可能的目标,达到多种可能的效果(图 1-3)。

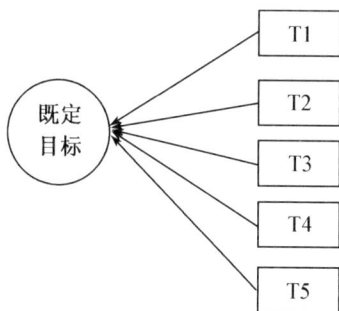

图 1-2 管理思维——因果推理   图 1-3 创业思维——效果推理

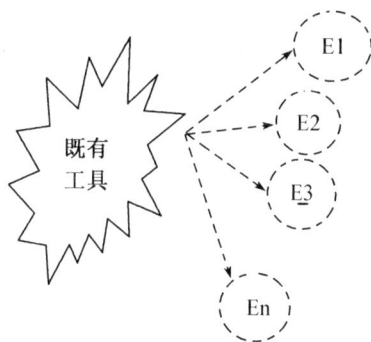

注:T 代表工具,E 代表可能达到的效果。实线表示确定,虚线标示不确定。

出处:Mayer-Hang, K., Read S., Brinckmann J., Dew N., Grichnik D., Entrepreneurial talent and venture performance: A meta-analytic investigation of SMEs[J]. Research Policy, 2013, 42(6-7): 1251-1273.

表 1-3 是对管理型思维与创业型思维在对未来认知、行为的原因、采取行动的出发点、行动路径的选择、对风险的态度以及对其他公司的态度等方面的总结。第一,对未来的认识中,效果逻辑认为未来是人们主动行动的某种偶然结果,预测是不重要的,人们要做的是如何去创造未来。第二,行为的原因中,强调非线性控制原则,即做力所能及的事情,而不是根据预测的结果去做应该做的。第三,采取行动的原因来看,强调从现有的手段开始,设想能够利用这些手段采取什么行动,实现什么目标。然后通过逐步实现这些子目标,最终结合起来构成总目标。第四,从行动路径的选择来看,强调要大胆拥抱偶然性,认为选择现在的路径是为了使以后能出现更多更好的途径,因此路径可能随时变换。第

---

① Read S., Dew N., Sarasvathy S D. Marketing under uncertainty: The logic of an effectual approach[J]. Journal of Marketing, 2009, 73(3): 1-18.

② (美)瑞德. 卓有成效的创业[M]. 北京:北京师范大学出版社,2015.

五,对风险的态度来看,强调可承受风险原则,即在可承受的范围内采取行动,不去冒超出自己承受能力的风险。第六,对其他公司的态度,强调合作而不是竞争,与顾客、供应商、甚至潜在的竞争者共同创造未来的市场。

表1-3 管理者的因果推理逻辑与创业者的效果推理逻辑比较

	管理者的行为逻辑	创业者的行为逻辑
对未来的认识	预测:把未来看作是过去的延续,可以进行有效的预测	创造:未来是人们主动行动的某种偶然结果,预测是不重要的,人们要做的是如何去创造未来
行为的原因	应该:以利益最大化为标准,通过分析决定应该做什么	能够:做你能够做的,而不是根据预测的结果去做你应该做的
采取行动的出发点	目标:从总目标开始,总目标决定了子目标,子目标决定了要采取哪些行动	手段:从现有的手段开始,设想能够利用这些手段采取什么行动,实现什么目标;这些子目标最终结合起来构成总目标
行动路径的选择	既定承诺:根据对既定目标的承诺来选择行动的路径	偶然性:选择现在的路径是为了使以后能出现更多更好的途径,因此路径可能随时变换
对风险的态度	预期的回报:更关心预期回报的大小,寻求能使利益最大的机会,而不是降低风险	可承受的损失:在可承受的范围内采取行动,不去冒超出自己承受能力的风险
对其他公司的态度	竞争:强调竞争关系,根据需要对顾客和供应商承担有限的责任	伙伴:强调合作,与顾客、供应商、甚至潜在的竞争者共同创造未来的市场

出处:Read 和 Sarasvathy(2005)[1]。

由此,在效果推理下,创业者对商机识别、资源收集以及商业模型构建方式与管理者并不一样(表1-4)。在效果推理下,创业者认为并非所有的创业机会都客观存在,创业机会出现的根本原因不是因为环境的外生性,而是创业者不断提高的实践能力以及创业者创造性想象的能力。例如,一些连续创业者在自身的创业积累中,通过对创业失败的学习,创业能力不断提升,并随着对创业和环境的认知的加深,能够构建有价值的创新性创业商机。

表1-4 管理型思维与创业型思维的差异

	管理型思维(因果推理)	创业型思维(效果推理)
商机	发现商机:机会客观存在于客观环境	构建商机:根据创业者对社会环境、顾客和市场的迭代思考与理解来构建
资源	根据目标,整合现有资源	拼凑资源:有限资源的创造性使用
商业模型	基于市场调研的商业计划书	采取行动,管理风险,在试行错误中探索与改良

在效果推理下,创业被看作不拘泥于当前资源条件的限制下对机会的追寻、将不同的

---

① Read S, Sarasvathy S D. Knowing What to Do and Doing What You Know[J]. Journal of Private Equity, 2005, 9(1):45-62.

1

资源组合以利用和开发机会并创造价值的过程。创业者为了解决问题,需要整合手头的资源对有限资源开展创造性的利用,从而开展创业行动。因此,在效果推理下,创业者更倾向于使用资源拼凑的方法来开发资源的价值,而不会拘泥于现有资源的束缚。

根据效果推理的上述原则,创业者的商业计划不是一个为实现目标的"学习计划",而是"实施的计划"。商业计划是随着创业过程的开展不断被修改,用于沟通与试错的工具。它针对不同的利益相关者,会被改写成不同的版本。创业企业的商业模式应该在控制风险下,不断进行试错。

第二节　创业管理中的基础理论

创业是在资源高度约束、不确定性强的前提下的假设验证性、试错性、创新性的行动机制,包括识别机会、开发产品服务概念、理解资源需求、获取资源、制订商业计划、管理新企业和退出等行为。创业管理则是针对上述行为,基于效果逻辑、精益创业等不同的创业思维方式进行快速决策,并有效地采取创业行动,创造价值的过程。创业管理主要有以下几种基础理论。

一、创业机会理论

(一) 创业机会的内涵

创业机会是通过新手段、新目的、新手段—目的的关系的形成从而引入新商品、新服务、新市场和新组织方式的状态。谢恩(Shane)在《寻找肥沃的土壤》一书中,详尽地探讨了创业机会。他认为创业机会是一种未完善的状态。在这个状态中,创业者拥有创造超过成本的收益方案的机会,并且客户需求没有得到满足,或者说仍然存在着能被更好地满足的办法[①]。

创意(idea)与创业机会(opportunity)有所差别。创意是具有新奇性和创造性的想法,可能是对现有服务或者产品的有益补充,但不一定立足于客户需求,更不一定适合创业。因此并不是所有的创意都能称之为创业机会。从目前大学生的创业项目来看,很多仅停留在"奇思妙想"上,并没有真正地理解客户需求。因此,机会识别往往需要从"需求"开始。

然而,创意是创业者识别业创业机会的第一步,通过不断地试错才能深刻理解和挖掘消费者的真正需求,从而识别有效的创业商机。谢恩(Shane)与维卡塔拉曼(Venkataraman)认为一般的事业机会是对既存的手段—结果关系的改善,而创业机会往往是开发崭新的"手段—结果"关系。这种新的"手段—结果"关系的识别与开发有助于创业者开辟一个新的市场,并抢占先机。

---

① Shane S. Finding Fertile Ground: Identifying Extraordinary Opportunities for New Ventures[M]. Pearson Education/Wharton School Publishing: Upper Saddle River, NJ. 2005.

1

彼得·德鲁克(Peter F. Drucker)在《创新与企业家精神》一书中提出机会的来源主要有七种,分别是:意外之事、不协调、程序需要、产业和市场结构、人口变化、认知、意义和情绪上的变化以及新知识①。谢恩(Shane)②总结了四种变化来源会打开新的机会窗口,分别是新技术的变革、政策与规制的变化、社会与人口构成的变革以及产业结构的变动。

知识链接:

德鲁克提出的机会的七种来源

• 意外之事:

意外的成功、意外的失败、意外的外部事件等。

• 不协调:

事物的状态与事物预期状态之间不一致,或者与原本应该的状态不一致。

• 程序需要:

以程序需要为基础的创新。

• 产业和市场结构:

当市场与产业结构发生变化时候,会带来重要的创新机遇。

• 人口变化:

人口变化被定义为人口、人口规模、年龄结构、人口组合、就业情况、教育情况以及收入的变化。这是最可预测的变化。

• 认知的变化:

从数学角度来看,"杯子是半满的"和"杯子是半空的"这两句话没什么差异。但是,他们之间的意义却全然不同,所产生的结果也完全相反。从把杯子看作是"半满的"转变为"半空的",那么其中就存在了重要的创新机遇。

• 新知识:

科技领域与非科技领域的新知识。知识并不一定是科技方面的,基于社会领域知识的社会创新更重要。

(二)创业机会的识别

精准地识别商机并有效地开发商机是成功的创业者首要且最重要的能力。阿迪切维利(Ardichvili)等提出了创业机会识别的经典模型,认为识别到商机并不等于创建企业,"识别商机→评价商机→开发商机"是一个过程,因此个体在感知到商机后,还要发现市场需求和资源之间的"匹配点",创造商业概念,进一步整合资源,制订商业计划,从而创立企业③。在这个过程中,每一步都是一个门槛。每一步都需要创业者的"创业警觉",不断对

① 德鲁克.创新与企业家精神[M].北京:机械工业出版社,2007.
② Shane S. Finding Fertile Ground: Identifying Extraordinary Opportunities for New Ventures[M]. Pearson Education/Wharton School Publishing: Upper Saddle River, NJ. 2005.
③ Ardichvili A, Cardozo R, Ray S. A Theory of Entrepreneurial Opportunity Identification and Development [J]. Journal of Business Venturing, 2003, 18(1): 105-123.

商机进行修缮与评估。创业警觉、先前知识、社会网络与个人特质是创业者机会识别的四个关键要素(图1-4)。

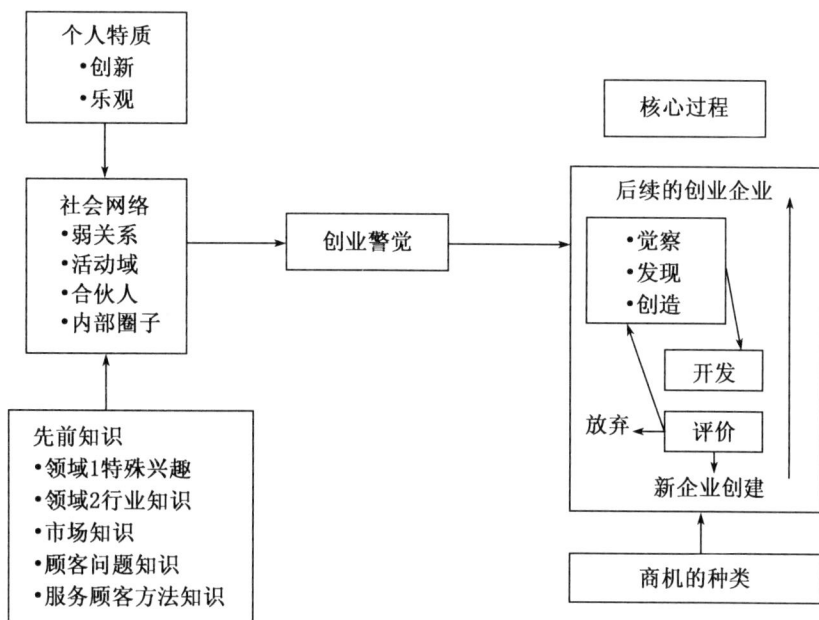

个人特质
•创新
•乐观

社会网络
•弱关系
•活动域
•合伙人
•内部圈子

先前知识
•领域1特殊兴趣
•领域2行业知识
•市场知识
•顾客问题知识
•服务顾客方法知识

创业警觉

核心过程

后续的创业企业
•觉察
•发现
•创造

开发

放弃　评价

新企业创建

商机的种类

图1-4　机会识别和开发理论模型

出处：Ardichvili A., Cardozo R., Ray S.（2003）. A theory of entrepreneurial opportunity identification and development，Journal of Business Venturing，18(1)：105-123.

创业警觉(entrepreneur alertness)，最早由奥地利经济学家科茨纳(Kirzner)提出，意指通过对信息的敏锐把握和解读能力识别市场中的商机[①]。创业机会是被创业者所甄别的机会，来源于其对环境中有关客体、时间和行为方式等信息的高度敏感性和关注性。如果一位创业者具有较高的创业警觉，能够发现别人没有看到，或者看到了却没有引起足够注意的信息，那么就越会成功地识别和开发创业机会。

信息不对称和先前知识(information asymmetry and prior knowledge)。信息并不是均衡地分布在社会，也不是均衡地被每个人在同一时间所掌握。人们往往更容易关注他们已拥有的相关联的信息。这种信息的不均衡分布和信息的不对称导致每个人对机会的识别和开发程度有所差异。也因此，掌握了对某一特定领域相关信息、最新信息越多的个体往往更有可能成功地识别和开发相关的创业机会。为了识别商机必须拥有信息走廊(information corridors)以及对信息进行评价的识别理解能力(cognitive properties)。每个人的知识存量都具有异质性，这种知识存量影响了个体对机会的识别与开发。先前知识包括：市场知识、服务市场方法知识以及客户问题知识[②]。

[①] Kirzner I. M. Creativity and/or Alertness：A Reconsideration of the Schumpeterian Entrepreneur［J］. Review of Austrian Economics，1999，11(1~2)：5-17.

[②] Shane, S. Prior knowledge and the discovery of entrepreneurial opportunities ［J］. Organization Science，2000，11(4)：448-469.

除此之外,先前知识还包括行业经验、创业经验、管理经验、产品开发以及与客服打交道的经验和其他职能经验等。也有学者把以上经验总结为两个领域。领域1是指个体的特殊兴趣,愿意花时间与精力去获得丰富和深刻的知识;领域2是指在某类工作中长期积累的工作经验,从而熟知某一个行业。个体的积累各种先前知识越多,具有更多的资源,越会提高个体的创业警觉,从而越能成功地识别和开发创业机会。

社会网络(social networks)。个人社会网络的深度与广度影响着个体对商机的识别与开发。其中,强关系的纽带可以加深对同质性信息的理解,而弱关系的纽带可以带来更多的异质性信息。创业者圈子内的交流,有助于获得更多创业相关信息;而创业者扩大活动领域,跟不同的人接触,可以获得各种不同的信息。在团队内部,增加不同的合伙人,有益于增加信息源和资源库。总之,丰富的社会网络有助于个体积累多元化的信息,整合利益相关者的资源,从而可以成功地识别和开发创业机会。

个人特质(personality traits)。如上文所述,早期的创业研究主要关注创业者个人特质。在一定程度上,创业者的家庭教育(出身于创业者的家庭)、某一领域的专业技能、对失败的宽容程度(乐观性)、对新事物的宽容程度(创新性)等特质能增强个体的自我效能,提高个体的创业警觉。

二、创业资源理论

(一)创业资源类型

创业是从无到有的过程,面临着"新组织缺陷"(liability of newness)①。新组织缺陷是指从组织内、外部探讨新进入市场时面临的生存发展障碍。在企业内部,企业还没有建立各种管理制度、工作流程等,所有这些都需要从零开始学习,这使得学习成本高昂。同时,企业资源、组织能力稀缺,需要从零开始积累。再者,企业自身缺少成功经验,员工对企业目标、使命等认同度低,企业家与员工之间尚未建立信赖关系,这些都使得企业的运营成本高昂。在企业外部,企业在市场上的信息较少,与利益相关者之间的信息不对称使得新创企业难以得到顾客的认可,亦难以得到供应商、投资者等利益相关者的信任,交易成本高。因此,新组织缺陷是导致创业失败的重要原因。

创业离不开资源。创业资源是新创企业开发商机所需的资源,也是企业获得竞争优势的来源之一。创业企业所处的生命周期不同,其所需要的创业资源也有所差异(表1-5)。根据资源的性质,还可以把资源分为人力资源、社会资源、财务资源、物质资源、技术资源和组织资源等。

> **动动脑筋**:在创业过程中,创业者最需要什么资源?

---

① Stinchcombe A L. Organizations and Social Structure[J]. Handbook of Organizations,1965.

表 1-5　新创企业和中小企业需要的关键资源

发展阶段	关键资源
创建、生存和稳定发展	资金、技术、领导、声望、债务融资、员工、外部联盟等
生存和管理规范化	管理技能、资金、员工、文化、食物资源等
成长和发展方向定位	新注入资本。员工、领导、存货、管理决策
创建、生存和成功	创意、技能和专长、原材料、资金、员工、技术、信息等
创建、生存、成长和扩张	现金、创业者技能、员工、管理知识、实物资源、外部关系等

出处:田莉.资源理论视角下的行为与绩效.//创业研究经典文献评述[M].北京:机械工业出版社,2018:177.

- 人力资源:包括创业者、创业团队及团队的组成人员。如上文所述,创业者及创业团队是创业企业最重要的资源,是新企业的灵魂人物,决定着新企业的生死存亡和发展方向。

- 社会资源:包括人际与社会关系网络而形成的关系资源、社会资本等,例如利益相关者之间的信任关系。

- 财务资源:包括资金、资产等。对于创业者来说,启动资金主要来源个人积蓄、家庭成员和朋友。由于缺乏固定资产,创业者难以从银行获得贷款融资。

- 物质资源:包括新企业运营所需要的有形资产,如设备、原材料、厂房、软件等。

- 技术资源:包括关键技术、制造流程、作业系统、专用生产工艺等。

- 组织资源:包括组织结构、作业流程、工作规范、质量系统、企业制度、企业文化等。

当资源具有价值、稀缺且难以模仿与替代的属性时,充分利用这些资源创造机会价值的创业行为,就能为企业带来更高的绩效和持久的竞争优势。

(二)创业资源拼凑

受到资源约束的创业者如何获得资源? 巴克(Barker)和纳尔逊(Nelson)在 2005 年发表的《从无到有:通过创业拼凑的资源构建》一文中首次提出了创业拼凑的概念[①]。创业拼凑即凑合着整合手头资源来解决新问题和开发新机会的过程,这一过程强调创造性地发掘现有资源。与成熟企业相比,初创企业在组织制度、决策流程及思维模式上缺乏规范性,难以获得企业生存成长的必要资源。但初创企业具有较高的灵活性,创业拼凑的方式能够使企业创造性地利用手中资源,"将就"使用手中的资源,强调创业者立即使用手中的资源,而不是等待"正确"的资源。立即行动能够使得创业者把握创业机会,而不至于由于资源约束的原因,导致企业错失良机[②]。但是,这并不意味着创业拼凑排斥创业者事先计划和积极获取新的资源并进行整合的行为。初创企业在融资的过程中也有可能是预先的拼凑计划。初创企业为了保证经营活动的持久,需要努力经营并维持与供应商、客户、

---

①　Baker T，Nelson R E． Creating Something from Nothing：Resource Construction through Entrepreneurial Bricolage[J]． Administrative Science Quarterly，2005，50(3)：329-366．

②　于晓宇,李雅洁,陶向明.创业拼凑研究综述与未来展望[J].管理学报,2017(2).

竞争者、政府等组织的网络关系,这有助于新企业在不确定的环境中获得利益相关者的认可以及资源[①]。

社会关系网络是企业在创立之初取得所需要的资源的主要途径。资源的形成是一个动态过程,在动态的创业拼凑框架下,外部资源环境不是客观固定的,而是处于不断构建的过程。社会关系网络的构建也是一个动态延伸的过程,通过社会关系网的拓展,创业者能够从陌生人获取潜在资源,能够在动态的资源环境中获取有利于企业发展的资源,如从更广泛的利益相关者的反馈中创建新的产品、获得新的想法或机会[②]。甚至能够打破原有顾客、供应商、朋友等角色的界限,将顾客作为劳动力或专业知识的来源。因此,创业者的网络关系是创业者实施创业拼凑的重要前提条件。

已有实证研究发现创业拼凑对创业绩效有着直接或间接的促进作用。然而,根据创业企业不同成长阶段,创业拼凑与绩效之间的关系会有所变动。创业拼凑对初创阶段的企业绩效具有正向影响,但对成长阶段的企业绩效无显著影响。创业拼凑提供了动态视角来审视资源价值,为创造性地利用资源提供实践指导。对于初创企业来说,创业拼凑仅仅是一种过渡性策略,随着企业的发展,创业拼凑策略的效果不断降低。基于资源依赖观,当企业的地位提升到有较强的议价能力时,就不再需要使用拼凑策略,而是需要从拼凑战略逐步向其他战略转移。

创业拼凑的类型有很多,企业在创业拼凑的时候,不会单一地使用一种创业拼凑方式,而是会根据企业的发展阶段、企业的需求等选择不同的创业拼凑方式。创业拼凑主要有以下几种分类:从拼凑的范围来看,可以分为全面拼凑、选择拼凑和连续拼凑;从拼凑的对象来看,可以分为物资拼凑、技能拼凑、客户拼凑、制度拼凑;从拼凑的动机来看,可以分为需求型拼凑和理想型拼凑;从拼凑导向来看,可以分为资源导向型、顾客导向型和机会导向型,如表1-6所示。

表1-6 创业资源拼凑的方法

分类方式	拼凑方法	定义
按拼凑的范围	全面拼凑	将富余的资源,调配到多个项目中
	连续拼凑	企业经过了连续的拼凑周期,但没有被锁进一个全面拼凑的模式
	选择拼凑	有选择地将资源利用到个别领域
按拼凑的对象	物质拼凑	将被遗忘、丢弃、磨损或"单一应用"材料、无价值材料或负价值材料转化为有价值的材料
	网络拼凑	通过让客户、供应商等参与项目的工作或利用先前存在的或建立的人际网络关系进行拼凑
	技能拼凑	允许并鼓励员工在工作中使用自学技能

---

① 祝振铎,李非.创业拼凑对新企业绩效的动态影响——基于中国转型经济的证据[J].科学学与科学技术管理,2014,35(10):124-132.

② Desa G, Basu S. Optimization or Bricolage? Overcoming Resource Constraints in Global Social Entrepreneurship[J]. Strategic Entrepreneurship Journal,2013,7(1):26-49.

（续表）

分类方式	拼凑方法	定义
	客户拼凑	调节客户的需求并建立卖方与买方间的相互责任,企业提供给顾客便宜的、非标准的产品和服务,顾客给企业提供产品或服务反馈
	制度拼凑	拒绝标准和常规的限制,在各个规则并不明确或是并未受到限制的领域积极尝试
按拼凑的动机	需求型拼凑	以满足企业需求为动机,尽可能降低成本投入和资源依赖
	理想型拼凑	以满足资源价值为动机,创造性地再造与利用低估的废弃或闲置资源,以达到资源价值最大化为目标
按拼凑的导向	资源导向的拼凑	以手中资源为导向,利用手边已有的资源重新组合
	机会导向的拼凑	以市场机会为导向,利用存在的、但尚未被利用的资源提供给已完全建立起来的市场
	顾客导向的拼凑	利用普通的资源,创造性地设计全新的服务组合,更好地满足消费者需求

注:表格根据 Barker and Nelson(2005)、Desa and Basu(2012)、于晓宇(2017)整理而成。

从拼凑的范围来看,全面拼凑包含了五大领域,物资投入、技能、人力、客户和制度环境。全面拼凑的企业通过整理资源让企业发现多元化的资源宝库,去迎接更多的挑战。然而全面拼凑的企业的成长可能会受到限制,因为他们持续地依赖于一个有边界的关系网络,从而忽视发现新的增长机会。选择性拼凑的拼凑者会有选择性地使用拼凑,大多数获得成长后会拒绝在某些甚至所有领域使用拼凑。选择拼凑可能会给企业带来新的商业机会,会使企业具有更强的成长能力。连续拼凑是介于全面拼凑和选择拼凑之间,企业经过了连续的拼凑周期,但没有被锁进一个全面拼凑的模式,在不同的时期,有选择性地拼凑资源。

从拼凑的动机来看,需求型拼凑专注于可接受的目标,而这些目标可以通过利用手边资源实现。初创企业在缺乏资源的时候会尽量减少投入成本,需求型拼凑能够使具有"新进入缺陷"或"小的缺陷"特点的初创企业获得低成本的资源。理想型拼凑是指企业有意利用废弃的或者多余的资源开发新产品和新想法。企业可以通过拼凑获得优质资源,如吸引专业知识的高技能人才,这种拼凑方式通常是理想化的。

从拼凑导向来看,资源导向型创业拼凑是指以手中资源为导向,对手边已有的资源重新组合,产生创造性的结果后再去考虑是否有市场需求。市场机会导向型创业拼凑是指以市场机会为导向,利用存在的、但尚未被利用的资源提供给已完全建立起来的市场,拼凑就是为了满足已发现的市场机会。顾客导向型创业拼凑以顾客偏好为导向,利用普通的资源创造性地推出全新的服务组合,更好地满足消费者需求。

三、商业模式理论

随着互联网的兴起以及电子商务的发展,商业模式逐渐成为企业家和学者最为关注的课题之一。自 20 世纪 50 年代开始,学者就开始关注商业模式,但是对商业模式的定义

1

还没有达成一致的意见。早期将商业模式定义为如何获得利润,它是一个盈利模式。学者通过对商业模式的探究发现同样获得高利润,可能存在不同的商业模式。因此,商业模式开始关注利益相关者,学校认为商业模式是利益相关者的交易结构。阿密特(Amit)和卓德(Zott)通过对多家电子商务企业分析,从交易内容、交易结构、交易治理三个角度分析商业模式。其中,交易内容是指价值创造体系中交换的商品或信息以及推动这些交换所需的资源和能力。交易结构是指价值创造体系中的参与方及其链接方式。交易治理是指价值创造体系中信息流、资源流和产品流的管理和控制逻辑[①]。乔治(Geoge)和博克(Bock)尝试把创业行为与商业模式相结合,认为商业模式是以机会开发为核心的组织结构设计,包括资源结构、交易结构、价值结构。资源结构是指服务于客户的组织、生产技术和核心资源的静态结构。交易结构是指决定与合作伙伴、利益相关者的关键交易的组织构造。价值结构是指决定企业价值创造与获取行为的规则、期待和机制的体系[②]。

在众多的利益相关者中,顾客是最为核心的。因此,商业模式回答最重要的问题应该是如何为顾客创造价值,其本质是一个价值创造系统。动态地看,商业模式是价值发现、价值匹配与价值获取的价值创造过程,包括如何为顾客创造价值、如何为企业创造价值、如何将价值在企业和顾客之间进行传递等内容。静态地看,一个完整的商业模式应该包括产品的核心价值主张、客户细分、建立客户关系、搭建渠道、关键业务、核心资源、重要伙伴、收入来源与成本等 9 个要素,回答了"提供什么""为谁提供""如何提供"等关键问题,体现企业主体与利益关系者的相互关系[③]。在商业分析中,商业模式的上述 9 个要素经常会被使用,如图 1-5 所示。

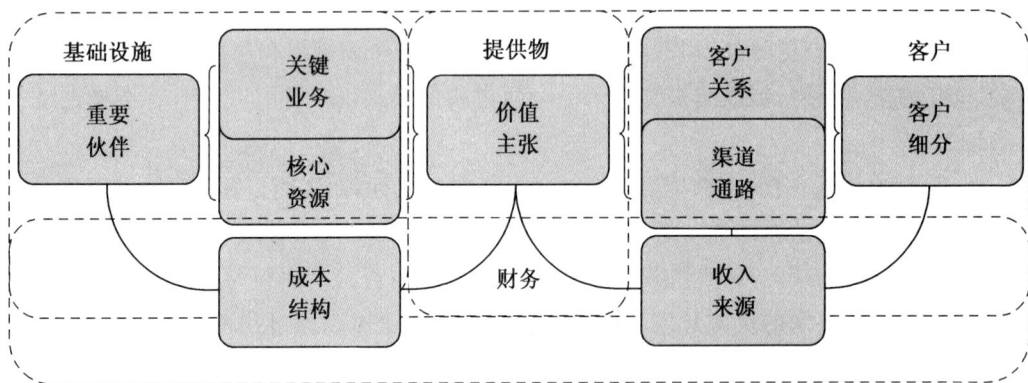

图 1-5 商业模式画布

1. 顾客细分

顾客细分用来描述想要接触和服务的不同人群或组织。需要回答的问题包括"我们

---

① Amit R，Zott C. Value creation in E-business[J]. Strategic Management Journal，2001：22.

② George G，Bock A J. The Business Model in Practice and its Implications for Entrepreneurship Research[J]. Entrepreneurship Theory & Practice，2011，35(1)：83-111.

③ Osterwalder，A. and Pigneur，Y.，2010，Business model generation：a handbook for visionaries，game changers and challengers，John Wiley & Sons，Hoboken，New Jersey.

正在为谁创造价值？""谁是我们最重要的客户？"根据客户性质不同,创业者思考哪些是付费用户,哪些是免费用户;哪些是忠实用户,哪些是一次新购买的用户;哪些是直接收费用户,哪些是间接收费用户等。

2. 价值主张

价值主张用来描述为特定顾客细分创造价值的系列产品和服务。主要回答以下问题:"我们该向顾客传递什么样的价值？""我们正在帮助我们的顾客解决哪些难题？""我们正在满足哪些顾客需要？""我们正在提供给顾客细分群体哪些系列的产品和服务？"

3. 渠道通路

渠道通路用来描述如何沟通接触顾客细分而传递价值主张。主要回答"通过哪些渠道可以接触我们的顾客细分群体？""我们如何接触他们？ 我们的渠道如何整合？""哪些渠道最有效？""哪些渠道成本效益最高？""如何把我们的渠道与顾客的例行程序进行整合？"

4. 顾客关系

顾客关系用来描述与特定顾客细分群体建立的关系类型。主要回答以下问题:"我们每个顾客细分群体希望我们与之建立和保持何种关系？""我们已经建立了哪些关系？""这些关系成本如何？""如何把他们与商业模式的其余部分进行整合？"

5. 收入来源

收入来源用来描述从每个顾客群体中获取的现金收入(需要从创收中扣除成本),主要回答以下问题:"什么样的价值能让顾客愿意付费？""他们现在付费买什么？""他们是如何支付费用的？""他们更愿意如何支付费用？""每个收入来源占总收入的比例是多少？"

6. 核心资源

核心资源用来描述商业模式有效运转所必需的最重要的因素,主要回答以下问题:"我们的价值主张需要什么样的核心资源？""我们的渠道通路需要什么样的核心资源？""我们的顾客关系需要什么样的核心资源？""我们的收入来源需要什么样的核心资源？"

7. 关键业务

关键业务用来描述为了确保其商业模式可行,必须做的最重要的事情,主要回答以下问题:"我们的价值主张需要哪些关键业务？""我们的渠道通路需要哪些关键业务？""我们的顾客关系需要哪些关键业务？""我们的收入来源需要哪些关键业务？"

8. 重要伙伴

重要伙伴是指让商业模式有效运作所需的供应商与合作伙伴的网络,主要回答以下问题:"谁是我们的重要伙伴？""谁是我们的重要供应商？""我们正在从伙伴那里获取哪些核心资源？""合作伙伴都执行哪些关键业务？"

9. 成本结构

成本结构是指商业模式运转所引发的所有成本,主要回答以下问题:"什么是我们商业模式中最重要的固有成本？""哪些核心资源花费最多？""哪些关键业务花费最多？"

成功的商业模式具有营利性、扩展性、独特价值、不可复制、可操作性、创新性等特征,是创业成功的关键。

知识点：

常见商业模式分类

1. 产品金字塔模式：P&G、资生堂
2. 专业化模式：哈根达斯、吉野家
3. 平台模式：淘宝、58 同城、聚美优品
4. 开门模式：任天堂（Wii）、打印机
5. 开放模式：Google 的安卓
6. 封闭模式：苹果 ios
7. 长尾巴模式（Long Tail）：亚马逊书店
8. 独占模式：可口可乐、百事可乐
9. 免费模式：地铁上的免费报纸、免费杂志等
10. 利润乘数模式：迪士尼

第三节 创业实践在中国

中华人民共和国成立 70 余年是一个不断创造伟大奇迹的发展史，也可以说是一部波澜壮阔的创业史。中国曾一度被认为缺乏企业家精神赖以存在的文化和制度基础，闭关锁国也让中国滞后了近 400 年[①]。然而，中华人民共和国成立后，尤其是改革开放释放了人们的企业家精神，不同主体纷纷投入到创业浪潮中，如表 1-7 所示。

表 1-7 中国与西欧的历史发展对比

年份	人均 GDP（以 1985 年美元计）		人口/百万	
	西欧	中国	西欧	中国
1400	430	500	43	74
1820	1 034	500	122	342
1950	4 902	454	412	547
1989	14 413	2 361	587	1 120

出处：戴维·兰德斯，乔尔·莫克，威廉·鲍莫尔. 历史上的企业家精神：从古代美索不达米亚到现代[M]. 姜井勇，译. 北京：中信出版社，2016：2-3。

---

① 从经济总量角度来看，从 16 世纪末至 19 世纪出，中国经济占世界总产出的比重达 1/4～1/3。但是从 19 世纪末到 20 世纪末的 100 年中，中国经济占世界总产出的比重明显下降，仅占 4%～5%（陈锦江，帝制晚期以来的中国企业家精神，载《历史上的企业家精神：从古代美索不达亚到现代》：561-596.）.

1

一、创业主体的变迁

创业是嵌入到社会经济情境之中的行为。创业者既受到情境约束,也会为了顺利创业创造有利环境。图 1-6 是根据改革开放 40 年来国家层面的 4 391 篇创业政策的数据计算出的创业主体属性的变更情况。1978 年改革开放后,随着个体经济和私营经济在政治法律制度、社会规范和价值体系上逐渐建立合法性,并且国家鼓励个体经济和私营经济发展的政策也相继出台,中国缓慢进入了逐渐认可个体经济和私营经济的创业时代。如图所示,在 1978—1991 年之间,政策文本中出现了 6 类创业主体,其中企业、公司和农民的占比较高。这一阶段,既涌现出像海尔、联想、东软等由一些敢于冒险、开拓创新的管理者或学者引领发展的跨国企业,也有成千上万的农民离开土地,踊跃务工、经商,经营运输、建筑、服务等行业,逐渐形成以能人经商、城市边缘人群和农民创办企业、城镇个体户和私营企业得以发展为特征的"草根为主创业"浪潮[1]。

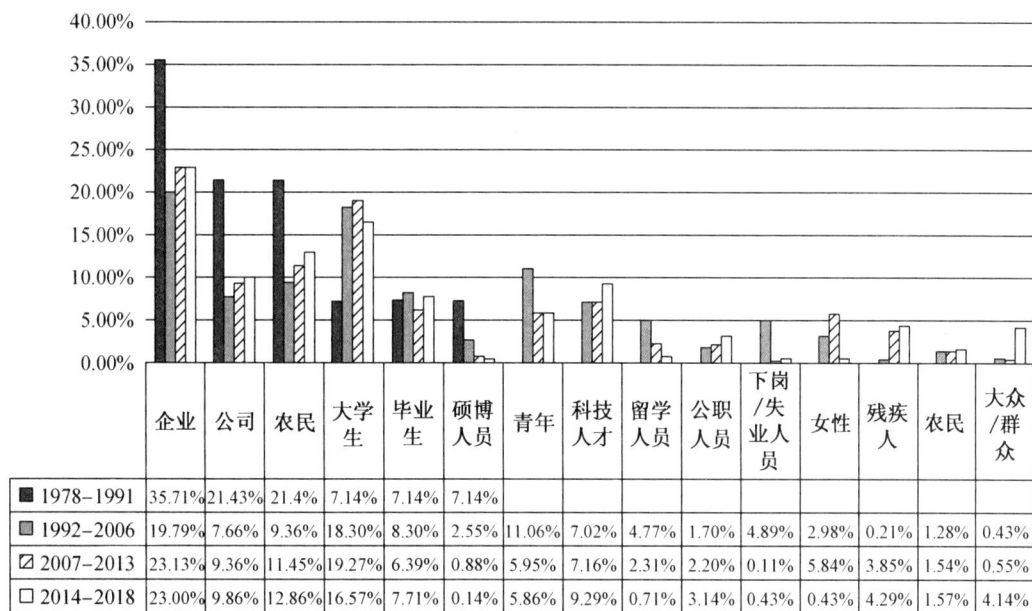

	企业	公司	农民	大学生	毕业生	硕博人员	青年	科技人才	留学人员	公职人员	下岗/失业人员	女性	残疾人	农民	大众/群众
■ 1978-1991	35.71%	21.43%	21.4%	7.14%	7.14%	7.14%									
■ 1992-2006	19.79%	7.66%	9.36%	18.30%	8.30%	2.55%	11.06%	7.02%	4.77%	1.70%	4.89%	2.98%	0.21%	1.28%	0.43%
▨ 2007-2013	23.13%	9.36%	11.45%	19.27%	6.39%	0.88%	5.95%	7.16%	2.31%	2.20%	0.11%	5.84%	3.85%	1.54%	0.55%
□ 2014-2018	23.00%	9.86%	12.86%	16.57%	7.71%	0.14%	5.86%	9.29%	0.71%	3.14%	0.43%	0.43%	4.29%	1.57%	4.14%

图 1-6　各阶段创业者的比例结构

出处:沙德春,孙佳星. 创业生态系统 40 年:主体—环境要素演进视角[J]. 科学学研究. Vol. 38, No. 4:663-695.

1992 年之后,随着邓小平南行讲话,社会主义市场经济建立与逐步完善激发了更多主体的创新潜能,并鼓励各种主体参与创业。在 1992—2006 年期间,参与主体达到 15 类,其中占比较高的是企业、大学生、青年,超过 10%。不少体制内的精英人群(科技人员和机关干部)下海经商,开创了中国以精英创业为主要特征的创业浪潮。

经济体制改革释放了中国人的企业家精神,让更多的创业者选择自力更生,自主创业,解决生存发展问题。同时,科学技术发展既降低了创业门槛,也进一步促使创业者积

---

① 朱承亮,雷家骕. 中国创业研究 70 年:回顾与展望[J]. 中国软科学,2020,(1):11-20.

极开发科学技术,通过技术创新,改变中国人民的生产及生活方式。尤其以互联网技术发展和应用为特征的创业掀起了中国又一波创业浪潮。这期间,百度、阿里巴巴、腾讯、新浪、搜狐、网易、京东、字节跳动、小红书等企业成立并快速成长,深刻地影响了中国的经济结构和人们的生活方式。在2007—2013年期间,公司、科技人员创业的比例有所上升,越来越多精英投入到创业中来。同时,互联网技术发展降低了创业门槛,以及随着社会创业的兴起,女性、残疾人员的创业比例有所增加。

2014年,中国经济发展进入新常态,"大众创业、万众创新"成为推动经济结构调整、打造发展新引擎的突破口。中央和地方各级政府从简化开办创业手续、孵化器、风险投资、税收等多个方面出台了各种鼓励优惠政策,不断完善营商环境。在创客、创业、创投、创新的四创联动下,创业者如同雨后春笋般涌现,例如拼多多、得到、VIPKID等企业结合技术创新和商业模式创新,推出新产品与服务,改变着人们的生活、学习和工作方式。在2014—2018年期间,创业主体较多的是企业、大学生、农民、公司、科技人才,比例上升最高的是大众(群众)。

由此可见,我国各主体的创业精神随着中国经济社会的发展,从原有的组织载体中释放出来,从精英群体、弱势群体向大众演进。随着经济社会进一步发展,创业活动的对象不再仅仅是精英,也不单单是某一特定的群体,而是任何有创业意愿、期望通过创业实现精神追求和自身价值的群体。

二、创业实践的现状

1999年以来,全球创业观察机构(Global Entrepreneurship Monitor,GEM)对全球约50个经济主体的创业活动进行调查与动态观察。每年的调查既包括创业者心态、动机、活动、抱负等内容,也包括了国家创业生态的整体评估。我国在2001年加入该调查。

数据显示,我国参与调查的成年人能识别到好的机会、具有一定创业意向。然而,从全球排名来看,我国的创业行为排名较后,在50个参与调查的国家排名35。不管是早期创业活动总量还是成熟企业所有者的得分都较低,员工创业行为还处于起步阶段。可以说,如何把创业意向转化成行为,让创业行为发生,是教育者、政策制定者和企业家需要进一步努力的课题。

另一方面,在2019—2020年最新调查中,来自35个国家超过40%的企业家同意或强烈同意他们的创业动机是为了改变世界,其中我国的比例也是约40%。可见,追求财富、实现个人价值等因素仍然是主要创业动机,但是创业者已经逐步把改变世界作为己任,如表1-8所示。

表1-8 创业动机与行为比较

创业动机			创业行为		
评价维度	得分	排名/50	评价维度	得分	排名/50
识别到好的机会	74.9	5	早期创业活动总量	8.7	35
害怕失败	44.7	21	成熟企业所有者	9.3	18
创业意向	21.4	22	员工创业	0.2	47

出处:GEM(2019/2020)https://www.gemconsortium.org/latest-global-reports.

为评价创业环境，GEM 推出了创业背景指数（National Entrepreneurship Context Index，NECI），主要衡量创业的难易程度，由专家对 12 项指标进行打分，包括金融支持、政府政策支持、税收与行政、政府创业支持项目、在校教育与培训、毕业后的创业教育与培训、技术转移、商业与法律环境、国内市场动态、国内市场的开放性、有型基础设施、文化与社会规范。自 2002 年以来，我国的整体创业环境在不断改善，各项得分都有所增长。2019 年我国在 54 个参与调查的国家中排名第四，各项指标均高于 GEM 的平均值。然而，从表 1-9 可以看出，我国商业与法律环境、在校教育与培训、政府创业支持项目排名都在 10 名之后，尤其是在校创业教育仍有待提升。

表 1-9 我国创业环境的专家评分情况（2002—2019）

年	金融支持	政府政策支持	税收与行政	政府创业支持项目	在校教育与培训	毕业后的创业教育与培训	技术转移	商业与法律环境	国内市场动态	国内市场的开放性	有形基础设施	文化与社会规范
2019	5.80	5.89	6.16	5.46	4.13	5.74	5.57	5.37	6.88	5.23	7.70	6.78
GEM 排名	3	8	2	11	11	6	2	18	3	6	7	4

注意：0 分表示非常不充分、不足够的状态，10 分表示非常充分、足够的状态。

出处：GEM（2019—2020）。

总体而言，当前我国经济已进入高质量发展新时代。"大众创业、万众创新"正在向更大范围、更高层次和更深程度推进，创新创业推动了我国经济的高质量发展，成为年轻人实现梦想的重要途径。经济转型、数字技术升级、人民日益增长的美好生活需要和不平衡不充分的发展之间的主要矛盾转换等背景，都为创业者提供了创业机会。当前创新创业教育在全国大力普及，将会有越来越多年轻人灵敏地抓住机会窗口，踏上创业的征途。

1

本章小结

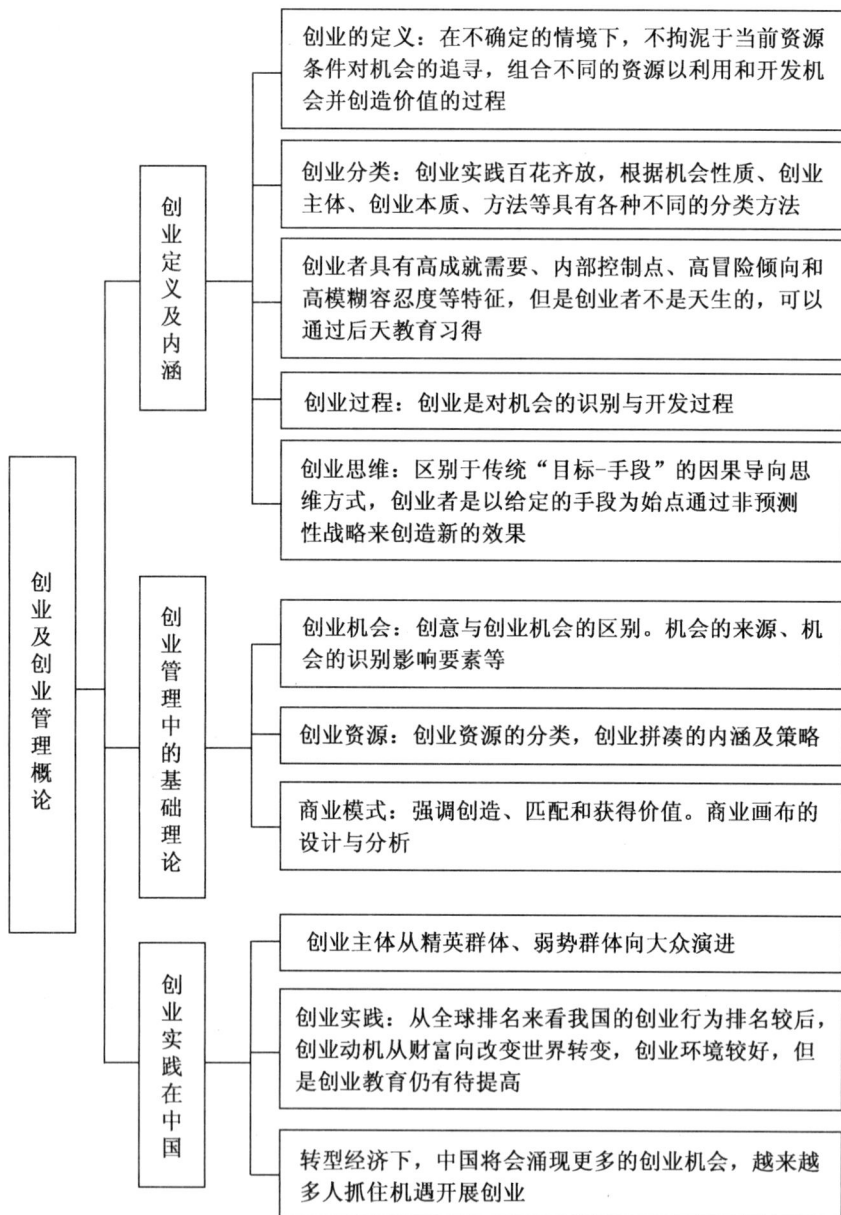

创业及创业管理概论

创业定义及内涵

创业的定义：在不确定的情境下，不拘泥于当前资源条件对机会的追寻，组合不同的资源以利用和开发机会并创造价值的过程

创业分类：创业实践百花齐放，根据机会性质、创业主体、创业本质、方法等具有各种不同的分类方法

创业者具有高成就需要、内部控制点、高冒险倾向和高模糊容忍度等特征，但是创业者不是天生的，可以通过后天教育习得

创业过程：创业是对机会的识别与开发过程

创业思维：区别于传统"目标-手段"的因果导向思维方式，创业者是以给定的手段为始点通过非预测性战略来创造新的效果

创业管理中的基础理论

创业机会：创意与创业机会的区别。机会的来源、机会的识别影响要素等

创业资源：创业资源的分类，创业拼凑的内涵及策略

商业模式：强调创造、匹配和获得价值。商业画布的设计与分析

创业实践在中国

创业主体从精英群体、弱势群体向大众演进

创业实践：从全球排名来看我国的创业行为排名较后，创业动机从财富向改变世界转变，创业环境较好，但是创业教育仍有待提高

转型经济下，中国将会涌现更多的创业机会，越来越多人抓住机遇开展创业

复习与思考

1. 什么是创业？如何理解创业的不确定性？

2. 不同创业类型有何异同？

3. 管理思维与创业思维有什么区别？

4. 什么是创业机会？创意与创业机会有什么区别？

5. 对于缺乏资源的新创企业来说,如何获得资源？

6. 什么是商业模式？

7. 我国的创业实践有什么特点？

案例分析

编程猫的李天驰:穿越"黑暗森林"的切线

1. 在蓝海中找机会

到了 2014 年底,我们开始将视线投向编程领域,在我们看来 2015 年会是一个时间窗口。首先政策上有明显的利好,从 2017 年开始,浙江作为高考改革试点省,已经将信息技术科目的成绩纳入高考。但实际上如果你关注的话,早在 2013 年的文件中,这一改革信号就已经写得很明显了。当然,只有政策也不行,到了 2015 年,包括 4G 网络、微信为代表的社交网络和移动支付的崛起客观上为普及编程提供了一个极为有利的大环境。

然而,这并不是一个新市场,许多线下培训机构都设有少儿编程课程,我们要如何另起战场呢？

在 2015 年,几乎没有任何一家在线教育做起来了,真正意义上大规模的在线教育爆发还要等到 2016 年下半年。在我们犹豫时,傅盛很坚定地跟我们说不用考虑线下,因为裂变只可能产生于互联网,互联网线上巨大的用户量一定能通过某种方式变现。

确定了线上,我们再度面临选择,是做工具还是做培训？当时很多传统机构其实做的是课外培训,那我们则希望能做出一个有上亿人使用的儿童编程语言,所以我们对标的竞争对手是 Scratch(编者注:一款由麻省理工学院设计开发的少儿编程工具,旨在让程序设计语言初学者不需先学习语言语法便能设计产品。最早发布于 2006 年,最新版本发布于 2021 年)。虽然现在图形化的编程语言已经成为少儿编程教育行业的一个共识,但相比许多公司用开源代码去做,我们一开始就选择了从底层去搭一个全新的编程语言。

因为这个决定,我们在早期执行上遇到了很多问题,团队一开始只有我和合伙人两个人,加上一个瑞典的架构师,但是在国内招聘的时候,就很不好招人。许多人出来找工作希望做应用性软件,不愿意花费很多精力把一个引擎性的编程工作从底层做起。那时候我们还在深圳的一个小区房里办公,可以说花费了很大的功夫在招人上。

早期,我们除了研发人员,没有市场团队,我们派不了传单,也不会派。既然我们在旧的战场打不过他们,就只能开拓一个新的战场,想新方法从不同的维度去差异化竞争。

2015 年正是微信的增长红利期,这再次验证了我们在蓝海找机会的做法,我们是行业里率先尝试通过微信传播、利用微信营销产生裂变效果的公司。最初,我们通过微信,一个付费用户的获客成本只有几十块钱,要知道现在行业里一般一个付费用户的获客成本已经飙升至几千。但当时我们并没有意识到自己正处于这样一个巨大的红利期和窗口期,因为我们对比游戏或者软件行业个位数的获客成本会觉得还是价格偏高,现在回头来看就特别后悔当时对微信的投入力度还不够大。

2. 战略是圆点,战术是面向圆点变化的切线

从用户量上看,我们第一个里程碑应该是 2015 年底,编程猫突破了一万个用户。

我们需要通过低价以及 C 端或者 B 端的培训等方式去触达用户,比如跟公立学校合作就是一个高效的方式,可以帮助我们打通全覆盖率。但到了一定的阶段,你需要有收入,低客单价根本没法做收入,想要支撑起商业形态必须实现高客单价。就是让家长能接受他的孩子通过电脑来学习并为此而付费,这实际上对整个行业是一个巨大的推动。虽然在 2016 年上半年来看,家长们还是很难接受这种方式,但是近两年,市场的接受程度已经很高了,我们也是前人栽树,后人乘凉。

在线编程教育则是属于增量市场的长跑打法,因为目前市场还在逐渐接受,政策的利好也在慢慢释放,可以预见接下来每年都会有持续的增长。

编程猫成立三年来,我们一直相信两件事:第一,编程会成为中小学的一个基础学科;第二,游戏化教育、项目式学习等新的教育方式一定会替代陈旧的教育方法。我们需要采取项目式学习、游戏化教育,希望改变过去那种面向家长、讨好家长、让家长买单的现状,转而借用新的技术,让孩子真正成为学习的中心。

虽然战略上我们三年来并没有太大的变化,但是具体战术上我们做了很多调整。其实创业可以看作是一个螺旋形上升,一直尝试接近终点的圆点,但每时每刻你接近的切线都不一样。我们一直在摸索。

而到了 2017 年上半年,我们开始进入一个相对良好的发展状态,基本清楚了未来的发展方向以及在此基础上每一个业务应该如何去做,这个确定了,能合作的和不能合作的就很明显了。对于早期来说,更重要的是要踏出第一步,而选择谁就需要考虑多方面,比如影响力、匹配程度、理念契合程度等。

3. 不犯错就不会进化

我们的融资节奏同样是围绕一个方针,就是尽可能地快。但是对于创业者来说,快的背后你必须要掌握一些相关的融资技巧,如果你在早期股权稀释过多,那你的后劲就会不足。所以我们前期几乎没有超过个位数的融资情况,而是采取百分之一、百分之二这样反复的一个高强度、密集型的融资去往后面跑。

但是总有东西会不断出现,试图阻止你奔跑。从企业内部来讲,当你的公司在经历一个快速发展的过程,企业的内部结构是随时在调整的,100 个人和 700 个人肯定是不一样的,但其实最难的还是从二三十人到一百人这样一个过程,整个管理半径在扩大的时候,你要适应新的一个组织结构,要去调整人力资源分配,以适应新的生产关系。

管理上,我们最早遇到的挑战就是怎么开除人。作为一个技术型的 CEO 需要思考如何去考核高管的业绩,如果业绩有问题应该如何处理。2015 年底,我们公司还只有 30 人左右时,我们开除了一整个市场团队,那几乎是我们公司的一半人。

现在回头看,虽然当时很艰难,但这确实是个正确的决定。

所有企业的边界都源于创始人自己的边界。你对业务发展、市场策略、发展策略的思

考决定着企业发展的边界,如果你能不断拓展自己的边界的话,下一步你还需要解决企业内部随着业务增长而带来的问题,由一个边界迈向另一个边界,通过调整公司的组织架构去适应和解决新的问题。

在这个过程中,你要考虑的维度会越来越复杂,也不断塑造着你对资本或者商业本质的理解。我们两个学生(指李天驰和合伙人创业当年的学生身份。编者注)一开始创业,面对一些大佬,很多时候会很紧张,但到现在你会发现其实商人逐利,大家追求的东西都差不多,只不过大家相信的终点不一样。

当然,现在看可能我们的很多思考显得很成熟,但这其实只是结果。我们也经历过很多很焦虑的时刻,很多难做的选择,我们的成长还是犯过比较多的错误,就像生物不犯错,基因就不会突变,基因不突变也就无从进化,我们一直是在错误中学习,也在错误中自我进化。

其实比起要突破什么,更重要的是找到那个你一直相信的东西,然后踏踏实实地找到合适的方式去达成。

资料来源:本文首发于《南方人物周刊》第 557 期,摘录于腾讯网 https://new.qq.com/omn/20180704/20180704A0D8FK.html

视频:编程猫

视频资料:https://v.qq.com/x/page/y0812ifechf.html

讨论:

1. 李天驰是如何识别到编程教育这个商机?

2. 编程猫的商业模式是如何演变的?

3. 李天驰的思维方式有什么特点?

第二章 创业企业人力资源管理概论

学习目标

➤ 掌握创业企业人力资源管理的定义和功能；
➤ 理解创业企业人力资源管理的特点；
➤ 理解创业企业人力资源管理面临的挑战；
➤ 掌握创业企业人力资源管理从业者的知识体系；
➤ 认识并理解创业企业人力资源管理模式。

开篇故事

Tim Jackson 是一个连续创业者和天使投资人，他致力于用自己的经验，帮助创业者解决应该招哪些人，怎么招人的头疼问题。

"对于早期创业者，人才是很头疼的问题，一是头疼招哪些人，二是头疼怎么招人。作为一个连续创业者，我就在人才招聘方面吃过亏。在第一次创业时，我的前5位创始员工在几个月内流失了三位，其中一位是负责销售的主管。她毕业于顶尖大学，拥有十年经验和名企经历，但对于创业公司来说，她'贵了'，我们不得不用大量的期权来留住她，但在事情进展得不顺利后，她离开了，这拖慢了我们发展的速度。"

"另一个失败是公司接近上市时，我们引进了一位CEO，他拥有丰富的资本运作经验。成功上市后，他开始在公司内推行'名企'做派，员工们坐商务舱，开宝马车，但好的情况并没有维持多久，之后公司把IPO融来的钱烧掉了75%，股价也跌了一大半。"

这两个例子都说明一个重要的问题：创业公司在每一个时期都应该选择合适的人。

资料来源：创业邦，https://www.cyzone.cn/article/562135.html

请思考：处于创业阶段的企业是如何进行人力资源管理的？

2

第一节 创业企业人力资源管理的定义及特点

一、创业企业人力资源管理的定义

对于创业者而言,创业时期的物质资源和人力资源是永远绕不开的话题,得到资本青睐固然十分重要,但对创业团队成员的甄选和管理更加重要。因为优秀的伙伴能够出色完成工作,并帮助初创企业获得丰厚的物质回报,更快地实现利润增长。

不少创业者认为人力资源管理就是招好人、管住人、管好人,这种想法显然是片面的。现代意义上的"人力资源"概念是由管理之父彼得·德鲁克(Peter. F. Druker)在 1954 年提出并加以明确界定。他认为,与物质资源、信息资源等相比,人力资源是一种特殊的资源,必须通过有效机制才能加以开发利用,并能为企业带来可观的经济收益。人力资源管理(human resource management)属于管理的范畴,其定义是组织通过各种政策、制度和管理实践,对人力资源进行合理配置、有效开发和科学管理,充分挖掘人力资源的潜力,调动人的积极性,提高工作效率,从而实现组织目标的管理活动。

长久以来,人力资源管理被认为是一种大企业的现象,中小型创业企业因其所处的发展阶段和自身的特殊性,常被人力资源管理学者视为"二等公民"。随着管理实践的不断发展,学者们发现过往以规范成熟的大企业为研究对象的组织结构和人力资源相关的研究在创业领域并不一定适合。因此,对企业生命周期前端的人力资源管理活动开始被广泛关注。创业企业人力资源管理是指创业者在创建新企业过程中结合发展需要,利用科学方法,对人力资源进行合理配置、有效开发和科学管理,并从中发掘创业企业竞争优势,实现组织目标的管理活动。

二、创业企业人力资源管理的功能

一般而言,人力资源管理具备五个方面功能:吸纳(选人)、激励(用人)、开发(育人)、维持(留人)以及整合。

(1) 吸纳功能(选):指通过规划、招募、选拔、录用等为组织获取所需的优秀员工,如果选择了不恰当的员工进入组织,会给其他功能的发挥带来阻碍;

(2) 激励功能(用):指通过引导与改变员工态度、行为,让员工在现有职位上创造出优良业绩;

(3) 开发功能(育):企业通过员工培训、职业生涯管理等不断开发员工的潜质,使员工能够保持满足当前及未来工作所需的技能;

(4) 维持功能(留):主要是通过薪酬、绩效、晋升、员工关系等一系列管理活动,保持员工的积极性、主动性和创造性,让员工有一个安全、健康、舒适的工作环境;

(5) 整合功能:关键在于通过组织文化、信息沟通、人际关系和谐、矛盾冲突化解等有效整合,使组织内员工与团队目标、行为态度趋向组织的要求和理念,在组织内部形成高度的合作与协调,发挥集体优势来提高组织的生产力和效益。

企业所处的生命周期阶段不同,人力资源管理的功能重心也有所差异。伊查克·爱迪思(Adizes,1989)是企业生命周期理论中最有代表性的人物之一。他在《企业生命周期》一书中,把企业成长过程分为孕育期、婴儿期、学步期、青春期、盛年期、贵族期、官僚初期、官僚期以及死亡期共 10 个阶段(图 2-1),他认为企业成长的每个阶段都可以通过灵活性和可控性两个指标来体现:当企业初建或年轻时,充满灵活性,做出变革相对容易,但可控性较差,行为难以预测;当企业进入老化期,企业对行为的控制力较强,但缺乏灵活性,直到最终走向死亡。初创期人力资源管理的功能重心表现为:企业通常需要兼顾高效和成本控制的原则,在选人和用人方面比较注重员工的工作能力和社会资源,并且这一阶段团队成员充满活力,有很强的创新和冒险精神,共同创业的意愿强烈。当然由于起步阶段资本实力薄弱,企业在市场上的认可度还很低,市场营销费用开支较大,公司基本处于亏损状态,生存是创业企业的根本目标。

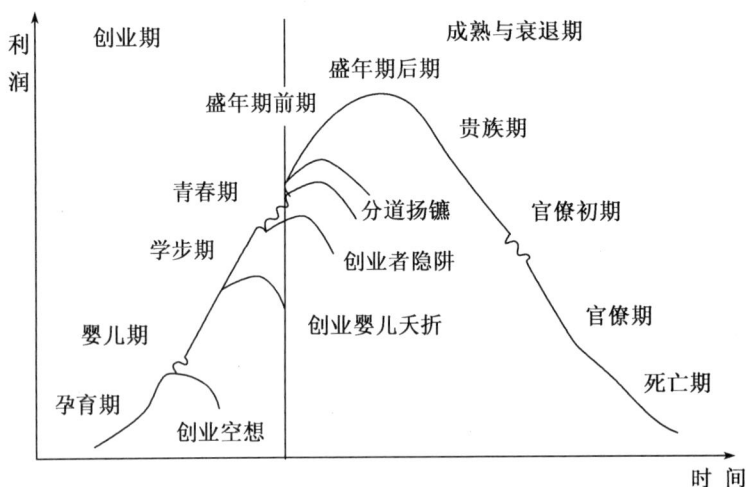

图 2-1 企业生命周期示意图

结合企业生命周期的不同阶段,人力资源管理的侧重点存在一定差异。总结如表2-1 所示。

表 2-1 生命周期不同阶段企业人力资源管理对策

企业生命周期阶段	人力资源管理对策
初创期	发挥创始人的感召效应,设计员工职业规划,引导和开发共同创业员工; 开发管理型和技术性人才,为后期规范化管理储备人才力量; 员工福利与企业成长发展相结合; 高能力配置高级别岗位,低能力配置低级别岗位,提倡结果导向和内部公平
成长期	招聘引入实用型人才; 细致划分部门,规范化管理; 开展增强员工责任感方面的培训; 低能力配置高级别岗位,激发员工潜力; 加强个人能力和行为考核; 重视员工满意度

企业生命周期阶段	人力资源管理对策
成熟期	重点培训和开发管理者的能力和技能； 加强规章制度和价值观方面的培训； 高能力配置高级别岗位； 增加长期性报酬，稳定员工队伍； 进行以团队为基础的薪酬和绩效考核； 关键岗位设置人才接力计划
衰退期	重心是合理减少冗员； 控制人力成本； 加强外部管理人员招聘，注入新鲜血液和思想； 加强危机意识培训； 强化高奖励、低惩罚考核机制，推进变革

三、创业企业人力资源管理的特征

创业企业人力资源管理有以下特征：

（一）人力资源管理实践动态调整

企业创业伊始，组织内外部环境在不断快速变化，组织的人力资源管理目标以适用性为导向，不像成熟企业选择"最佳的"人力资源管理实践，而是选择"最匹配"当前组织环境动态性需求的方案。此时，组织人力资源管理活动为了与组织内、外部环境相适应，长时期处于动态调整中。

（二）选人标准不拘一格，因人设岗

人才不足一直是创业企业的软肋。创业之初，由于资金、人才限制，企业很难在短时间内成立一个专业的人力资源管理部门开展招聘工作。较为常见的情形是创业者亲自招聘，或创业团队核心成员乃至全员充当"伯乐"招聘员工。此外，创业企业的业务边界比较模糊、组织架构和岗位设置不明确。不同于一般成熟企业的以岗定人，创业企业岗位招聘灵活性非常大，往往"因人设岗"。因此，人员招聘过程中创业者会通过多次沟通，找到企业与求职者彼此期望的契合点，灵活运用现有资源争取到可以和企业共同成长的优质人才。例如，雷军在创建"小米"的时候，最初阶段80%的时间都花在组建核心团队上。他全国到处飞行，"飞"几次就为见一个人。

（三）功能模块精简，运行高效

大企业通常以系统论的观点看待人力资源管理，其内部人力资源管理体系是一个包含着若干子系统的大系统。但创业企业不同，由于创业早期的资源条件限制，创业者往往会将有限的资源投入在与当前阶段企业发展最密切相关的人力资源管理模块中，例如提升招聘质量与内部沟通。企业人员规模是创业公司的第一大天敌。此外，创业企业的未来发展具有极强的不确定性，激励员工与企业共发展的难度增大，创业企业面临更大的员工离职风险。此时，员工离职管理往往成为创业企业人力资源管理的重要内容。

第二节　创业企业人力资源管理的挑战

2

科学技术的飞速发展,特别是互联网的普及和应用,不断催生新的经济形态,并为"大众创业、万众创新"提供新的机会。人力资源的价值成为衡量企业整体竞争力的标志,企业间对优秀人力资源的争夺也日趋白热化,这为创业企业的人力资源管理带来严峻挑战。

一、全球化的挑战

全球化的潮流势不可当。基于互联网的电子商务使任何一个上网的企业都能面对全球市场,这些都促使企业的经营管理全球化进程不断加快。作为全球市场最活跃的分子之一,创业企业应该能够感知全球市场和产品变化,并对全球范围内各种文化和宗教的不同及其对产品和服务的影响有所认知,在全球范围内共享信息,并在全球范围内共享自己的构想与智慧等。相应地,人力资源管理必须做出调整。另外,在全球范围内,国家之间的竞争日趋激烈,人才成为竞争的焦点,发达国家和跨国公司利用其在市场中的优势和垄断地位,大力网罗人才,这对原本在竞争激烈的人才市场中优势并不突出的创业企业又新增了一个巨大挑战。

二、新经济的挑战

创业企业的成长与发展离不开社会经济发展大环境。在新经济背景下,组织之间的竞争日益激烈,所有竞争的焦点则集中于人力资源,在某种意义上甚至可以说,人力资源竞争的成败将决定组织竞争的成败。因此,新经济给创业企业的人力资源管理带来的挑战,具体表现在以下几个方面:

(1) 信息技术在人力资源管理领域的广泛应用,催生了全面质量管理、业务流程再造等新概念与新方法,而这些新概念与新方法的出现,必然会给创业企业的人力资源管理带来新的挑战。

(2) 信息技术的进步,互联网已成为获得和发布人力资源管理信息的主要渠道之一,正在改变人力资源管理活动的决策、管理及评估方式,使得人力资源管理活动变得日益复杂与多变。

三、组织变革的挑战

创业企业要实现高速增长并长期发展,都不可避免地要依据战略发展需要,经历转型和组织变革。当组织变革发生时,一向处于被动适应地位的人力资源管理会受到极大的挑战,并开始发生变化,主要表现为:

(1) 组织变革考验培训、员工开发、绩效、薪酬等管理制度的设计能力。组织变革活动一般伴随着大量的裁员、安置、招聘业务,而带来的问题便是很多岗位可能被安置了一个不太具有任职能力的员工。在这种情况下,培训与员工开发工作是唯一能够有效解决问题的办法,培训与开发在组织变革的背景下具有重要的战略使命。绩效与薪酬业务在组织变革中也要历经考验,承担维系组织公平与竞争力的战略任务。

（2）组织变革考验人力资源管理综合协调能力。人力资源管理部门是组织变革过程中最为活跃的角色。在变革阶段,管理职能明显拓宽,由通常的服务性部门,转变为组织变革的领导者、组织文化的设计者、员工的咨询顾问等角色。

（3）组织变革中创业团队成员及高层管理者的安置与选择是人力资源管理的核心工作。大量的企业实践经验证明,70%以上的组织变革活动都不能够获得完美的成功。如果组织变革不能有效激励高层职业经理人,触动了他们的利益,或者他们不能胜任新的组织变革任务,都会造成高层离职的情况,甚至会出现企业会直接面临组织变革失败的风险。

（4）组织变革的过程中需要时刻关注竞争对手。企业在内部进行组织变革,对于竞争对手来说是一个挑战,也是一个机会。如果对方察觉到了企业的行动,感受到了实在的威胁,心存反击的动机,并有能力进行反击时,企业便很有可能在组织变革困难重重的同时遭到竞争对手的偷袭。

四、人才变化的挑战

人是企业生存和发展的基础,也是人力资源管理的对象。21世纪以来,随着社会经济的飞速发展,市场中人才的需要、结构和素质等都发生了很大的变化,这势必会给创业企业人力资源管理带来新的挑战。

（1）员工需求发生改变。新生代员工在基本需求满足后,开始向更高层次的需求发展,他们重视实现自我价值,渴望得到承认与尊重。这给人力资源管理提出了新的要求,除了优化制度建设,还要求加强管理者与员工之间的沟通,最大限度地满足员工的合理需求。

（2）人才流动率提高。随着市场上人才竞争日益激烈,员工对组织的忠诚度下降,导致我国创业企业人才流失越来越高,尤其是跨国界、跨行业、跨部门的人才流动,增加了组织招聘、培训与开发的成本,同时也加大了员工与组织磨合的难度。

第三节　创业企业人力资源管理的知识体系

人力资源管理是一项复杂的工作,为了更加清晰地梳理创业企业人力资源管理的知识体系,首先需要知道组成人力资源管理的六个通用部分内容,分为人力资源预测与规划、员工甄选与录用、员工培训、绩效管理、薪酬管理、员工劳动关系管理。虽然在企业创业初期可能没有完整的人力资源管理体系,但创业者想要做好人力资源管理,需要掌握每一部分的内容,这样才有可能借助人才的力量实现企业的发展。此外,创业企业的人力资源管理也具有独特性,在内容上表现为创业团队及合伙人管理和员工价值观管理两方面。

（1）人力资源预测与规划。人力资源预测与规划是以企业战略为指导,以全面分析企业现有人力资源和内、外部条件为基础,以预测企业未来的人力资源需求为切入点,制定相应的措施和方法,以实现人力、物力和财力的合理配置。人力资源预测与规划是人力资源工作的基础。

(2)员工甄选与录用。人才是企业的灵魂,如何选对人是摆在创业者面前的最大难题。员工的甄选与录用就是要帮助创业者筛选人才,找到最适合企业的人才,用人才的力量帮助企业实现长期盈利。

(3)绩效管理。绩效管理是以目标为导向,将企业目标层层分解并划分给每一位员工,以使员工各司其职的过程。同时,绩效管理还要对员工的工作表现和工作业绩进行分析,找出员工在工作中存在的问题,帮助其找到有效的工作方法,从而真正达到改善员工行为、发挥员工积极性的目标。

(4)员工培训管理。一方面,员工的培训管理能够让新员工快速适应工作岗位,在最短的时间内实现自身价值;另一方面,能够让老员工保持持续竞争力。创业企业在进行员工培训时,要坚持"打蛇打七寸"的高效原则,即应做到有针对性地开展培训,考虑不同群体的培训需求:对于刚刚进入工作岗位的新员工来说,培训工作要侧重于帮助他们掌握工作的基本技能;对于那些老员工来说,培训工作的重点则是帮助他们学习并掌握新技能。

(5)薪酬管理。薪酬管理包括薪酬体系设计和薪酬日常管理两个方面。薪酬体系设计是薪酬管理最基础的工作,是解决企业薪酬问题的关键因素。薪酬日常管理是对员工的薪酬进行的日常管理,关注员工薪酬的微观方面,解决员工薪酬的细节问题。创业者做好薪酬管理能够协调企业与员工之间的关系,有助于企业形成更和谐的工作氛围。

(6)员工关系管理。创业企业的员工关系管理实际上就是有效沟通的过程。新创企业往往会在成立初期忽视对员工关系的管理,一旦出现劳资纠纷,企业就会处于被动的局面。良好的员工关系管理工作,能够让员工与企业建立并保持一种友好关系,实现共赢。

(7)创业团队管理。如何选择创业合伙人,是每位创业者都要重点考虑的问题。创业者需要知晓合伙人的选择标准、选择渠道、合伙人关系维护以及创业团队组建的程序。

(8)价值观管理。价值观会对行为产生影响,可以促使个体或者组织更好地适用环境,也是员工态度和行为的基础。创业企业应明确企业价值观,确立以价值观为基础的雇佣理念,同时把价值观融入员工培训的全过程。通过价值观管理,创业企业能够最大限度地凝聚人心,弥补财务资源不足而导致的外在激励乏力的短板,引导企业健康发展。

第四节 创业企业的人力资源管理模式

人力资源管理模式是对一定的人力资源管理目标、管理过程、管理内容与管理方法等要素的综合概括与高度提炼。Walton(1985)结合美国 1980 年经济环境的变化,将企业人力资源管理模式划分为传统的控制模式和现代的承诺模式以及居于两者之间的过渡模式。这是截然不同的两种塑造员工行为和工作态度的方法,控制型人力资源管理模式是通过管理方法强制员工遵守制度规则等以实现减少直接人工成本和提高效率的目的。而承诺型人力资源管理模式则是通过从员工心理出发,构建组织目标与其自身目标之间的联系,从而塑造期望的员工行为和态度。沿着这一线索,Arthur(1992)将企业人力资源管理模式区分为传统的降低成本(cost reduction)模式与现代的提高员工承诺(commitment maximizing)模式两种基本类型。结合我国企业的人力资源管理实践,其特征描述如表2-2所示。

表2-2 我国企业人力资源管理模式分类

模式维度	控制型	承诺型
基础管理	员工的工作任务明确,培训较少,全面质量管理和信息共享工作比较落后	员工的工作内容有一定的灵活性,培训较多,强调全面质量管理和信息共享
工作组织	员工工作任务的范围较窄,工作轮换较少,企业采纳员工建议较少,不重视工作团队的使用	员工工作任务的范围较宽,工作轮换较多,采纳员工建议较多,重视工作团队的使用
程序公平	不重视员工的态度调查,缺少正式的解决员工抱怨和冲突的方式,不重视员工录用的测试	重视员工的态度调查,强调正式的解决员工抱怨和冲突的方式,重视员工录用的测试
管理重点	经理人员的管理幅度较窄,技能员工的比例较低,员工的业绩对报酬的影响较大,福利水平较低	经理人员的管理幅度较宽,技能员工的比例较高,员工的业绩对报酬的影响较小,福利水平较高
人际沟通	不重视向员工反馈业绩结果,不重视员工之间的情感交流,对录用比例的控制不严格	重视向员工反馈业绩结果,重视员工之间的情感交流,对录用比例的控制严格
教育背景	录用标准比较重视申请人的工作经验	录用标准比较重视申请人的教育背景
人才引进	补充管理职位比较强调内部晋升	补充管理职位比较强调引进外部人才
年资晋升	晋升政策比较重视员工的资历	晋升政策比较重视员工的工作业绩

资料来源:张一弛,北京大学光华管理学院,我国企业人力资源管理模式与所有制类型之间的关系研究,2006。

创业企业本质上是一个快速变化的组织,在初始阶段即普遍会面对生存的问题,因此创业者需要掌握获取和保持人力资源配置的正确方法。人力资源系统是"不同雇佣模式、雇佣关系、人力资源配置和竞争优势标准"的统一,这要求创业者在组织成立之初就要对人力资源规划进行深思熟虑,从而增加人力资源架构的必然性,并维持公司的竞争优势。

美国孟菲斯大学的布莱恩特(Phil Bryant)和艾伦(Allen)在梳理创业领域和人力资源领域的相关理论后,提出了新兴组织的人力资源理论架构,即将目的、资源、边界和交流因素引入人力资源模型中。他们认为,人力资源架构指公司内部配置的雇佣模式、雇佣关系和人力资源内部配置之间的关系,会受到目的、资源、边界和交流的影响。

首先,人力资源架构包括三个维度:

- 雇佣模式:组织利用人力资本的模式。例如通过外包、内部培训还是对外招聘的方式获得所需的人才。
- 雇佣关系:人力资本提供者之间的关系类型(员工、供应商或合作伙伴)。雇佣关系可以是交易的、共生的、组织内的或合作的。

- 人力资源配置：也就是我们狭义上所指的人力资源系统的内容，包括人员选拔与录用、开发与培训、薪酬绩效等。

在企业在不同阶段人力资源管理模式是存在差异的，而影响这种差异的因素包括：意向性（Intentionality）、资源（Resource）、边界（Boundary）、交流（Exchange），如图 2-2 所示。

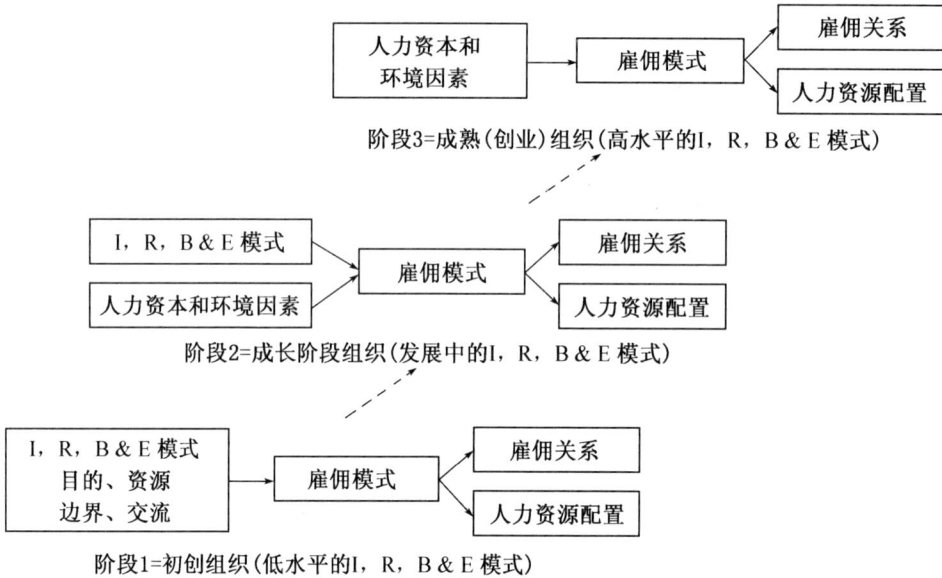

图 2-2 创业企业人力资源架构的流程模式

资料来源：Bryant P C, Allen D G. Emerging organizations' characteristics as predictors of human capital employment mode：A theoretical perspective. Human Resource Management Review，2009，19(4)：347-355.

2

本章小结

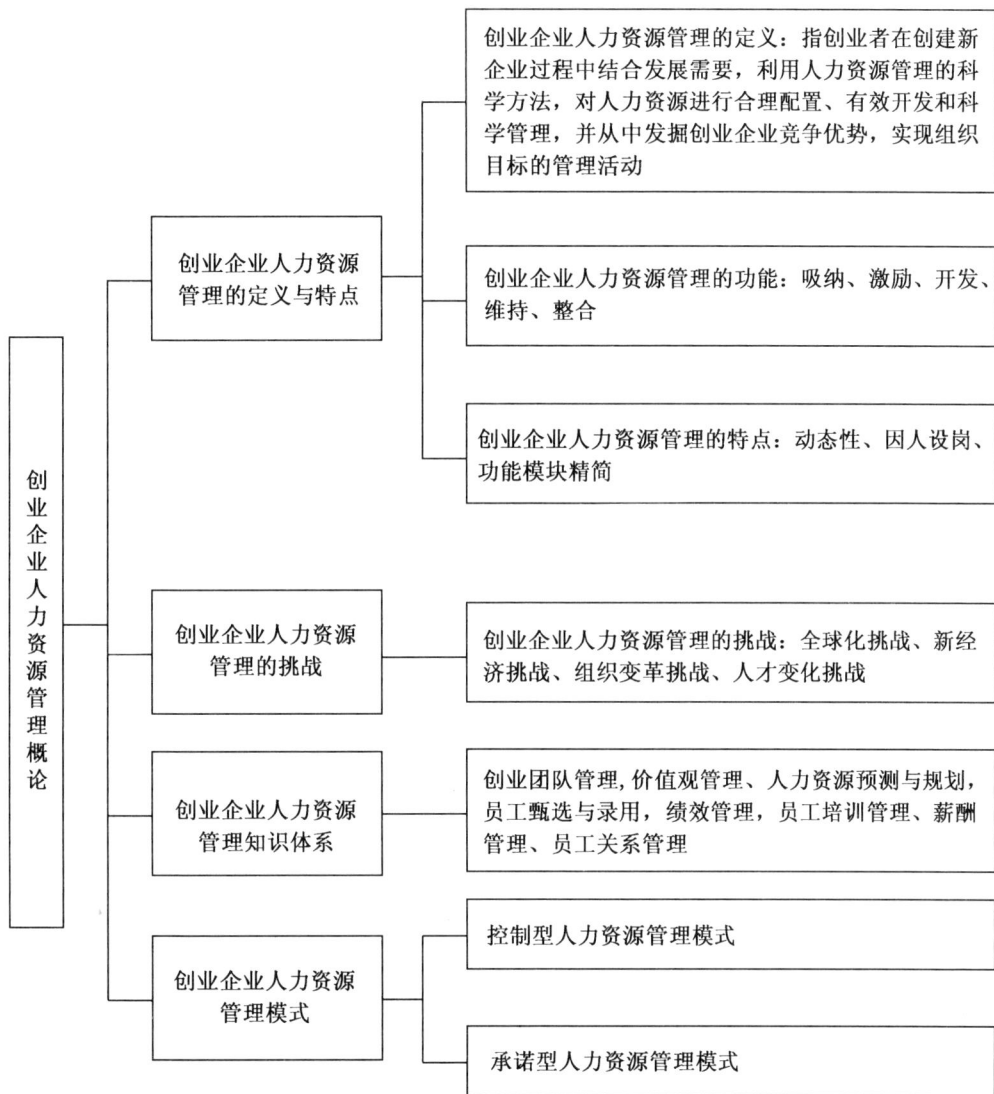

复习与思考

1. 什么是创业企业人力资源管理?

2. 创业企业人力资源管理具有哪些功能和特点?

3. 创业企业人力资源管理面临哪些挑战?

4. 创业企业人力资源管理者需要具备哪些知识?

5. 创业企业人力资源架构包含哪些模块?

案例分析

小米：先用机制积聚人，再用组织整合人

2018 年 9 月 13 日，雷军用一封公开信的方式发布了小米新的组织结构，其中有四点经验值得关注，对由创业期往战略成长期过渡的企业有参考价值。

一、小米新组织结构传递出的四条信息

第一，战略层与战术经营层分离。成立组织部，意味着干部的整合成为重要的战略事项。原来的合伙人，要么去负责战略性事项，要么去负责战略性业务。像总参、组织部，属于战略性职能，小米金融，属于战略性业务。合伙人负责的是这些战略性的业务，而方向明确的业务上，基本上用了 80 后的"新兵"。

第二，重新整理了业务。理清了业务单元，分成了很多新业务，也合并了新业务，生态链的业务就放到手机业务里。小米近年的发展是以"方向大致正确、看准人高授权"的方式扩张的，上面给个大致方向，允许下面横冲直撞，充分激活业务团队的同时，也出现了业务交叉、互相越界，重新整理，确有必要。

第三，给年轻人打开空间，大量的年轻人被提拔上来。为年轻人打开成长空间，八年快速增长，为大批年轻人提供了机会，以后呢？最好的办法只能是拆分组织、拆分业务。

第四，把原有的结构打破。原来合伙人各管一摊的方式，持续了八年，再不打破，怕是要板结了。现在进行重构、拆分和合并。

这是小米新的组织结构传递出来的四个信息，至于为什么这么做，我们先了解一下创业期的小米是如何走过来的。

像华为这样历史悠久的企业，到现在已经有 30 多年了，人才培养体系已经打通了，大部分的人才已经具备，只有在开拓新业务的时候，没有足够的人才会去挖人，比如华为做芯片区域，因为没有经验，就会到外面去找人才。在成熟的业务板块，人力资源是打通的。但在创业阶段，人才是没有积累的，也来不及培养，小企业也是如此，很难通过选拔培育出来。小米也是如此。

二、小米满足人才需求的三个方法

小米通过三个方法来满足人才的需求。

• 魅力型领导的吸引

雷军就是这样的人物，在创业初期，他几乎将超过 70% 的时间用在找人和调动人的事情上。三星的李秉哲、李健熙也是把很多时间花在找人这件事情。尤其是在企业的早期阶段，领导人招人选人，是特别重要的事情。企业员工对企业的信心来源于对企业未来发展的信心，是员工是否愿意入职到这个企业很重要的条件，而在这个时期，企业的机制包括业务的理想，是很难去打动人的。雷军当初找一个硬件工程师，花了一天的时间和对方沟通，并且持续跟踪了几个月，最后人还是没有来，因为人家很难相信你的理想。早期吸引人才，魅力型的领导力是一个关键性的原因，包括华为在 1992 年以前，也是靠任正非

一个一个去硬磕,去说服,让员工去相信企业的未来。雷军具备这样的特质。他自己的经历和在互联网界的影响力,对未来,对业务判断的感染力,以及业界的口碑,帮助他在创业初期集聚了一帮人。

- 靠事业来吸引人才

这就是雷军所说的风口。当时手机行业的风口对外部人才的吸引力还是蛮大的,很多人愿意加入这样的朝阳企业。很多企业招不到人,这时候企业家的责任就是要把业务找对了,让业务具有吸引力。如果业务在风口上,总会吸引来愿意大浪淘沙的人,有奋斗精神的人,这也是小米早期在创业期吸引人的方式。等手机卖到一个更好的状态,吸引人才就变得更容易了。

- 靠机制吸引人才

关于机制吸引人才,有两个创新:一是合伙人机制。互联网企业对硅谷风险投资机制和企业估值机制比较娴熟,所以通过这种早期构建的合伙人机制,有一级、二级合伙人,还是积累了很多骨干人才,也包括在新的组织方案里用的大量的人,虽然是80后,也是第一批被小米机制吸引过来的员工。二是生态链模式。在小米业务结构比较复杂的情况下,经营性人才的获得其实是比较困难的,不仅小米如此,大部分企业都如此,因为他是复合型人才。这需要在机会和资源之间构建声誉。小米历史短,很难靠培养体系培养出这样的人才。对生态链的业务,需要整合大量的具有新产品研发职能的企业的时候,用生态链模式进行平台赋能,加上机制的牵引,把大量小的生态企业吸引到小米的平台上来。生态链与其说是业务的模式,不如说是人才的模式。

三、小米组织变革的中心工作是"整合"

小米在创业期靠这三个支点,将几十人的队伍整合到了两万人。但这其中也存在问题,主要有两点:

- 领导人管理幅度问题

以前的人,雷军运筹帷幄,别的人都是执行层。人是野蛮式扩张的方式,任何一个大企业都会经历这样的历程。到了现在的体量,领导人的管理幅度已经没有这么大了,需要的战略复杂度也没这么大了。

- 业务边界模糊问题

在早期靠机制的时候,基本上不可能把业务边界定义得很清楚。没有那么完整的想法,方向大致正确即可,在发展的过程中,横冲直撞,撞出来就是业务,撞不出来就死掉。小米正是在这样的情况下,队伍被激活了,但是业务之间没有明显边界,会有重叠和交叉。到了现在,就需要重新整理业务进行归类了。

并且,创业期是一个快速增长的过程,对人才的吸引是很大的,也没有什么公平而言,主要靠空间和机会吸引人,所以风口很重要。一开始公司只有100人,第二年扩张到2 000人了,原来你是普通员工,现在你是经理,大量的人是在这样的情况下获得宝贵的机会。而现在,到了2万人的体量,和一千多亿的规模的时候,无论如何机会没有那么多了,企业的层级也没那么大了,这个时候年轻人怎么办?

雷军改革的意图恐怕意在于此:把业务切小,把年轻人提上来。业务切开了,业务单位变多了,不像以前每个合伙人管一块,就能提拔很多年轻人。把业务打开,管一个业务,虽然体量不大,但没有封顶,业务做多大,级别就有多高,相当于打开了年轻人的上升空间。而且靠机制吸引人,带动组织增长,最大的问题是,容易产生山头主义。业务交给你,资源配给你,只问你要结果,不管你过程如何,你做不好的话,那我就换人。这样在过程中培养了人,同时也会导致山头主义。如果山头结构不打破,企业再扩张就很困难。小米估计也是和大多数企业一样,靠机制拉动产生结果也出现问题,因此企业一般会重新调整结构,打破旧有方式,通常让各守一方的大员上升到公司的战略层,思考未来的事情,在年轻人的发展空间层面去整合。

小米这次组织变革,中心工作就是整合。如果总结其用人的特点:一个字就是合。第一个合,是用合伙人机制积聚人。第二个合,是用生态链的方式,积聚生意和经营性人才。现阶段的重新整合,是要把用机制吸引来的人,整合成一个整体。

资料来源:搜狐网站 https://www.sohu.com/a/256975457_100149294

讨论:小米在创业阶段采取了怎样的人力资源管理模式?

视频案例:猎聘网创始人戴科彬:创业公司人力资源管理

资料来源:https://v.qq.com/x/cover/j9468bxeyh4eh5q/k0160axx2la.html

第三章　创业团队管理常用理论基础

学习目标

➢ 理解高阶管理理论；

➢ 理解多样性理论；

➢ 理解创业胜任力理论；

➢ 领悟创业团队组建要考虑的基本问题；

➢ 能运用创业团队的基本理论来分析创业团队的问题。

开篇故事

哈尔滨邦家电器生活馆：如何化解创业团队冲突？

哈尔滨邦家电器生活馆是绿之韵集团下的分部。公司自 2016 年成立以来发展迅速，两年销售额达 300 余万元。但与此同时，团队内部存在着不少冲突，影响着公司绩效和发展。

在第一年的年末总结上，五个公司合伙人就公司下一步发展有了不一样的观点。娄女士坚持进行线下营销模式，而刘女士认为应该发展下线和会员，经过多次商讨均无法达成一致，大家纷纷站队，最终以分家解决此次矛盾。

2017 年，张女士、秦女士、刘女士三人另起炉灶，继续创业之旅，张女士负责财务，刘女士和秦女士主要负责维持店面和销售。公司重心也由零售向吸引会员转移，发展下线。第一年的销售可谓是红红火火，公司的年利润突破了六位数，并且吸收了 100 余名线下会员。但看似良好的前景下却隐含着一丝危机：刘女士因小孩高考必须回归家庭一段时间，这样一来发展新会员的任务就主要落到秦女士的肩上。秦女士由于一边要完成与已加入团队会员的反馈工作，一边还要兼顾新会员发展，不到半个月就觉得疲惫不堪，销售额比前几个月下降了近三成。负责财务的张女士对此十分忧虑，多次表示想要替秦女士分担任务，但在实际过程中效果并不理想。因此，创业公司矛盾浮现，冲突爆发，秦女士提出暂停发展新会员业务，但张女士怕影响自己在总部承诺的目标无法实现而不肯答应。正当两人争执不休时，刘女士在会议上提出计划：一方面向总部沟通，解释目标无法达成的原因，另一方面要加强团队合作，秦女士要让张女士多参与销售工作。两人均赞同刘女士建议，冲突解决。会后张女士、秦女士两人工作上相互配合，销售额不再继续下滑。八个月后刘女士家的孩子考上了理想的大学,团队成员的分工合作步入正轨,团队绩效稳步上升。

生活馆的项目如火如荼地进行着,公司进入平缓的上升期。张女士在计算过一年的利润后把大家召集到一起,讨论利润分配的问题。本以为三个人会心平气和、均匀地分配所获得的利润,没承想,三人心中都有了自己的小算盘,都想自己多分一些。秦女士和刘女士一直争吵不休,眼看局势要失控,张女士建议大家心平气和地来讨论协商。经过三人的协商,一致决定把利润放到公司账户上不动,准备在合适的时候做下一步的投资计划,利润分配的冲突就此解决。

在哈尔滨邦家电器生活馆营业中,门市租房合同即将到期,三人就续约问题有了不一样的想法:秦女士和刘女士想要扩大店面,而张女士考虑到公司资金紧张问题不赞成扩大店面,由于拗不过两人,张女士想了个折中办法:先租下店面,看看前几个月的效果,要是不好的话再转租出去。这样既不伤和气,也不会过度伤害到团队和公司的利益,出现问题可以及时补救。在接下来几个月中,公司销售额并没有提升,三人分析利弊之后,决定将店面转租出去,没多久,就有三家企业找上门来,分别是开出价格最低但和刘女士交情不错的洗衣店、价格适中但与秦女士关系不错的跆拳道馆和开价最高的办公企业。三人各执一词:刘女士想卖个人情给洗衣店老板,张女士考虑到办公企业给的租金最高想租给办公企业,而秦女士考虑到小孩学跆拳道的问题想租给跆拳道馆。团队又陷入了分歧。最终,三人反复分析此次利弊,考虑到跆拳道馆的受众是孩子和孩子家长,这可能会给公司带来一定顾客,最终三人一致拍板:租给跆拳道馆。

随着公司团队不断发展壮大,团队成员纷纷想开拓新的市场。刘女士由于早年有俄罗斯工作经历并且通过市场调研发现俄罗斯目前还没有与之竞争的绿色产品企业,因此想拓展俄罗斯市场,可张女士觉得这项产品对于俄罗斯市场是完全陌生的,俄罗斯也没有相应的扶持政策,因此这个时期不宜开拓这个市场。两人争吵不休,秦女士看情况不对,给出建议:先稳固国内市场,俄罗斯市场正常调研,两手抓。最后三人一致同意,先各自回去好好想想,再来讨论决定。

(案例来源:林海芬,王靖豪,马骁旭,冯晴撰写的案例《哈尔滨邦家电器生活馆:如何化解创业团队冲突》,载中国管理案例共享中心,http://www.cmcc-dut.cn/Cases/Detail/4447,案例正文有所缩减。)

请分析:创业团队构成是单一性好还是多样性好呢?构成多样性的创业团队会带来什么问题?又该如何解决?

在创业失败研究中,创业团队问题一直被认为是导致失败的最重要原因之一。创业过程中团队是整合机会、资源的重要因素,是直接影响新企业成败的关键要素。研究者就角色、能力、结构、治理等多个角度对团队开展了丰富研究。本章主要介绍其中最为基础且重要的高阶管理理论、多样性理论和创业胜任力理论。

第一节　高阶管理理论

高阶管理理论的核心思想是:高层管理者会对其所面临的组织情境做出高度个性化的诠释,并以此作为基础采取行动,他们在行为中注入了大量自身所具有的经验、性格、价值观等特征。这种个性化的程度,能够决定组织战略的形成,也影响到组织中其他成员的行为。该理论是由美国著名管理学者汉布里克(Hambrick)和梅森(Mason)提出的。两位学者于 1984 年在《美国管理评论》上发表了经典论文《高阶:组织作为高层管理人员的反映》,提出了"高阶理论",开创了领导理论研究的新领域。该论文提出了三个主要论点。第一,高层管理人员基于其个人偏见、经验和价值观而采取行动。如果想理解组织为何会采取如此的方式进行运作,那就需要了解公司高层管理人员。第二,整个高层管理团队的特性比首席执行官个体的特性能更好地预测组织的成果。第三,人口统计学变量可以作为管理人员认知和价值观的预测变量,如图 3-1 所示[①]。随后,有大量的研究开始关注高层管理人员及团队对组织战略选择及绩效的影响,进一步丰富高阶理论。

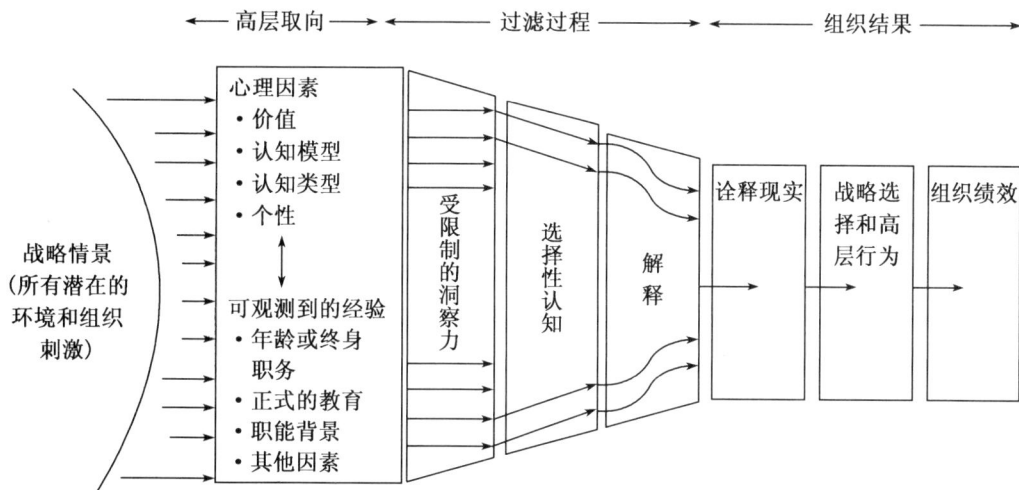

图 3-1　有限理性下的战略选择:高管诠释的现实

来源:转载于汉布里克(2016):93。

高层管理人员的人口特征、心理特征。高层管理人员决定公司的命运。他们的经验、受教育程度、从军等特殊经历会对组织战略选择、企业绩效产生影响。高层管理者在信息过载、有限理性、有限搜索的作用下,往往会透过自身的经验来看世界。例如,有销售经验的经理会更关注市场相关的信息,拥有国际经验的高层管理团队会更主动地选择国际化战略。学者米勒、德弗里斯和卢兹等对首席执行官的控制点(locus of control)对企业战

---

① 唐纳德·C·汉布里克. 高阶理论的起源、迁回与教训. //肯·G. 史密斯,迈克尔·A. 管理学中的伟大思想:经典理论的开发历程[M]. 徐飞,路琳,苏依依,译. 北京大学出版社,2016:90-104.

略的影响进行了分析。该研究把控制点分成两类：一类认为，一切都在掌控中（即"内控者"）；另一类认为，事件的发生源于运气、天数或命运（即"外控者"）。他们通过对加拿大高级管理人员的研究发现，与外控者相比，由内控者领导的公司更具有创新性，并且更能适应动态的环境①。

高层管理人员的受教育程度一直受到关注。一些研究表明高层管理人员的教育水平越高，越有利于组织创新、组织成长以及组织变革等。例如，在互联网创业热潮初期，百度的李彦宏、搜狐的张朝阳、小米的雷军等都是名校的高才生。虽然在实践中也有微软的比尔·盖茨、脸书的扎克伯格等个别辍学创业的成功例子，但是美国有一项调查发现，完成学业的创业者比没有拿到文凭的创业者更容易得到风险投资者的认可，获得更多的风险资金。近年的研究也会关注高管人员的经历异质性、注意力分配、政治偏好、宗教信仰、自恋人格等对组织绩效的影响机制。例如，有研究就关注管理人员的从军经历对管理风格、公司治理、创新、战略选择的影响。柳传志、张瑞敏、任正非、郑永刚等一些成功企业家就有从军的经历。研究指出在道德偏好效应、风险偏好程度、服从纪律遵守规则、文化环境等因素作用下，高管从军经历对于民营企业改善公司治理的作用越大②。

高管团队的规模、异质性构成、团队动态发展。高阶理论认为团队整体特征会比个体特征对组织产出更具解释力。首先，团队的规模。大规模团队比小规模团队拥有更多解决问题的资源和能力，实现团队的能力优势互补，从而保证决策的高质量，进而提高组织绩效③。然而，随着团队成员的增加，团队协调将会变得困难，团队内冲突也会增加，降低团队整合的程度，进而会降低组织绩效。其次，越来越多研究认为，与组织规模相比，更重要的是高管团队的构成。团队在性别、经验、能力等构成异质性有助于提高组织绩效。在实践中随着越来越多女性加入高管团队，女性高管在团队的比例及作用就越来越受到重视。例如，2008年经济危机中，雷曼兄弟轰然倒下，而在女性高管谢丽尔·桑德伯格（Sheryl Sandberg）的领导下，脸书业绩攀升，于2011年实现营收增长88%，并成功度过危机。我国有研究也指出不少知名企业在遭遇危机时会聘任女性高管。通常情况下，女性比男性对内部环境的变化更加敏感，对危机处理更谨慎，女性高管若不能提升业绩，就面临被男性替代的压力。因此，女性管理者的聘用往往更有利于帮助企业扭转危机④。除此之外，男性和女性造成对问题的认知和处理方式不同，女性管理者更愿意采用新方法解决问题、履行社会责任等。

想一想：你如何从团队成员构成角度，去理解"男女搭配干活不累"？

① Miller, D., Kets DE Vries, M. F. R., and Toulouse, J. M. Top Executive Locus of Control and Its Relationship to Strategy-making[J]. Strategic Management Journal, 1982(8)：195-201.

② 王元芳，徐业坤.高管从军经历影响公司治理吗？——来自中国上市公司的经验证据.管理评论，2020，32(1)：154-165.

③ 陶建宏，师萍，段伟宇.高阶理论研究综述——基于跨层次整合视角决问题.科技管理研究[J].2010(3)：224-242.

④ 徐高彦，李桂芳，陶颜，等.扶大厦之将倾：女性高管、危机企业反转与管理者认知[J].外国经济与管理，2020，42(5)：42-59.

高管团队的形成与动态发展。汉布里克提出高层管理团队内部的"行为融合"（behavior integration），这一概念是指一个群体内部集体互动的程度，主要包括信息交换、协作行为和联合决策等三个方面。行为整合程度高的高层管理团队会共享信息、共享资源和共享决策[①]，从而影响企业绩效。恩斯利（Ensley）等以70家新成立企业为对象，研究高管团队的凝聚力和冲突对于团队绩效以及组织绩效的影响。结果表明，团队凝聚力越高，新成立的企业绩效越好，而冲突则影响了团队的凝聚力。其中认知冲突有利于团队凝聚力形成，而情感冲突则会负向影响团队凝聚力[②]。

管理自主权。管理者对组织绩效的影响主要取决于管理者有多少自主权。自主权来源于环境、组织以及管理人员本身。在自主性很小的情境中，年长的首席执行官由内部晋升，津贴较低，报酬激励作用较低，战略较稳定，组织绩效的变化与任务环境的变化紧密相连。在自主性较低的情境中，最佳和最差的高层管理者之间的绩效不会存在很大的差异性，董事会会更保守地支付报酬。然而，在自主性较大的情境中，情况则相反，高层管理者人员的特征（例如经验、价值观）等对组织绩效的影响会进一步增强。同时，企业家、高层管理人员的薪酬与绩效奖金也随着环境自主权的增加而提高。在新创企业中，绩效与薪酬之间的关系会有更高的敏感度，创新企业一般采用股票期权方式来激励创业团队[③]。

第二节　多样性理论

多样性管理被认为是最热门的商业话题之一。美国在1964年通过了《民权法》，其中明确禁止了由于种族、性别、宗教等差异而存在的雇佣歧视，提出了平等就业机会的要求。随后，企业不得不遵守法律，被动地尊重差异性。到了20世纪80年代，企业从生存问题中衍生对员工多样性问题的关注。在《劳动力2000》（workforce 2000）中第一次使用了员工多样性这一术语，企业领导者开始意识到成员的构成具有多样性，更重视员工多样性对组织经济绩效、社会绩效带来的影响，并逐渐承认、尊重与利用多样性。人们对多样性的理解经历了从被动应对、主动规避、积极利用与和谐共生等阶段[④]。今天，随着从工业化大生产到数字经济的过渡，人们对个性化需求、人本主义提出诉求，员工多样性与包容性在全球范围内都日益受到重视。在实践上，员工多样性管理被看作是影响企业发展的重要课题；在理论上，也在进一步检验员工多样性与组织绩效之间的关系。

---

① 唐纳德·C·汉布里克.高阶理论的起源、迂回与教训.//肯·G.史密斯，迈克尔·A.希特.管理学中的伟大思想：经典理论的开发历程[M].徐飞，路琳，苏依依，译.北京：北京大学出版社，2016：90-104.

② Ensley M D, Pearson A W, Amason A C. Understanding the Dynamics of New Venture Top Management Teams: Cohesion, Conflict and New Venture Performance [J]. Journal of Business Venturing, 2002, 17 (4): 365-386.

③ 唐纳德·C·汉布里克.高阶理论的起源、迂回与教训.//肯·G.史密斯，迈克尔·A.希特.管理学中的伟大思想：经典理论的开发历程[M].徐飞，路琳，苏依依，译.北京：北京大学出版社，2016：90-104.

④ 瞿皎姣，赵曙明.从"多样"到"包容"：多样性管理范式的演化及展望[J].外国经济与管理，2018，40（5）：127-140.

员工的多样性(workforce diversity)是指组织中员工的差异程度。包括表层多样性与深层多样性。表层多样性主要是指人口统计学差异,包括国籍、年龄、种族、性别、民族、残疾/健全等。深层多样性是指价值观、个性、工作偏好、能力、宗教信仰、性取向等差异性[1]。员工多样性对组织的人员管理、组织绩效、战略等带来了益处(表3-1)。对于个体来说,员工多样性有利于员工的才能得到充分发挥,有助于提升团队整体能力,也有助于吸引和留住多元化背景的员工。对于组织绩效来说,既能降低高离职率、缺勤和法律诉讼相关的成本,更能提升组织整体的问题解决能力以及系统灵活性。对于组织战略来说,员工多样性有利于企业的组织创新,有助于企业更好地理解市场需求,采取更精准的营销方案,从而增加市场份额。例如,随着代际差别越来越大,为了更好捕抓新生代的需求,不少企业都会调整人力资源管理方式,雇佣新生代员工去开拓市场。进一步来说,雇佣多样性的员工,也是企业社会责任的体现。在我国政府的倡导与鼓励政策下,越来越多的企业会尊重残疾人的权益,并基于岗位需求尝试聘用残疾人。

表3-1 员工多样性的好处

人员管理
- 员工才能的更好利用
- 团队问题解决的质量有所提高
- 吸引和留住多元化背景的员工

组织绩效
- 与高离职率、缺勤和法律诉讼相关的成本较低
- 问题解决效率提升
- 系统灵活性提升

战略
- 对市场的理解加深,提升了针对不同顾客更好地营销的能力
- 提升销售额和市场份额的潜力
- 更好的创新努力带来的潜在精神优势
- 被视为高尚和有道德

出处:斯蒂芬·罗宾斯,玛丽·库尔特.管理学[M].刘刚,程熙镕,梁晗,等,译.13版.北京:中国人民大学出版社,2017:110-135.

多样性管理(diversity management)。拥有多样性的员工不仅会简单带来绩效,也会增加歧视和冲突。因此,如何对员工多样性进行管理显得更为重要。多样性管理的定义随着时代背景有所变化。早期倾向于减少歧视,保证不同群体拥有公平待遇,而近期则更强调组织对劳动力多元化的开发与利用。可以说,多样性管理主要是指组织为有效管理多样性的员工而开发和实施的一系列人力资源管理实践,旨在重视多方利益相关者的多元化关系,并基于这种积极的多元化关系来创造价值[2]。针对多样性管理主要有社会伦

① 斯蒂芬·罗宾斯,玛丽·库尔特.管理学[M].刘刚,程熙镕,梁晗,等,译.13版.北京:中国人民大学出版社,2017:110-135.

② Yang Y, and Konrad A M. Diversity and organizational innovation: The role of employee involvement[J]. Journal of Organizational Behavior, 2011, 32(8): 1062-1083.

理视角、社会关系视角与战略管理视角。

社会伦理视角。该视角从社会责任、道德伦理的角度,认为对员工实施多元化管理有助于减少歧视、保证雇用的公平性,是组织的一种社会责任和道德行为。多元化管理不仅应该强调公平,例如男女员工升职的评价,还需要重视组织对于员工的关怀,如对已婚已育女性员工采取灵活的工作时间安排、发放小孩的补贴等会使得他们对于组织的多元化氛围感知更为正面,并且能够提升员工的工作满意度、组织承诺等态度[①]。反之,有报道指出,在 2020 年初的新冠病毒疫情影响下,出现了职业女性离职潮、业绩表现明显低下等问题。其中最重要的原因是疫情期间在家办公使得家庭—工作角色边界更加模糊,使得许多女性无法胜任工作。平等的机会、反歧视的措施和组织的关怀,不仅能够减少歧视方面的诉讼,提高组织的声誉,还能够通过提升员工对公平的感知增强员工的组织承诺,从而进一步提升组织绩效。

社会关系视角。该视角强调情境因素的重要作用,主要从组织、环境及其他利益相关者互动的角度,认为多样性管理不仅是针对组织内部多元化员工的管理实践,还应该包括对组织外部环境、社会以及其他利益相关者的协调,旨在实现组织的内外包容性增长,进一步促进企业的创新[②]。

战略管理视角。该视角主要从管理实践与组织战略目标相结合的角度,提出人力资源的多样性管理。在持续变化及充满不确定性的环境中,企业为了在竞争激烈中生存下来,需要从人力资源的角度,在劳动者多样化的属性、尊重差异的人际关系、多样化才能素养培养等方面开展人力资源的战略性混合管理。具体来说,包括高层领导的重视、塑造企业文化、多元化管理部门设计、明确的招聘·晋升·培训·待遇计划、特定的晋升路径设计、促进公司内多元沟通网络形成等创新性措施,从个体、团队、组织各个层面上有效地实现多样性管理,使多元化的人力资本真正成为企业可持续竞争优势的来源,如表 3-2所示。

表 3-2 多样性管理的具体措施

内 容	措 施
高层管理	高管管理者重视,认识到多样性的战略意义
组织文化	注意公司内的语言表达、企业文化的塑造
组织构造	多元化管理部门的成立
人力资源管理	明确的招聘·晋升·培训·待遇计划。例如:明确的数字(例如外国人、女性的比例),特定的晋升路径的设计等
计划·推进	计划的制订、管理层培训、员工培训
沟通·交流	公司内多元的沟通网络、正式沟通与非正式沟通对多元化宣传

① 刘雅琦,曹霞,王凯. 人力资源多元化管理研究述评与展望[J]. 中国人力资源开发,2015(9):31-38.

② Yang Y, and Konrad A M. Diversity and organizational innovation: The role of employee involvement[J]. Journal of Organizational Behavior,2011,32(8):1062-1083.

第三节　创业胜任力理论

创业者是新企业的灵魂。创业者的素养、能力、经验等长期以来都受到关注。一些学者把组织行为学领域的胜任力概念引入创业研究,提出了创业胜任力概念。创业胜任力是组织行为学研究与创业研究有机结合而产生的一个概念,已经得到了学术界的广泛认可。胜任力意指个体领导者完成工作所必需的知识、技能、能力、动机、态度等内容。在实践中,胜任力理论被广泛用于组织招聘、选拔、绩效评估、潜力开发等人才管理工作。然而在创业领域中,创业者从 0 到 1 构建新企业,并推动新企业生存发展,创业胜任力的内涵及作用有所不同[①]。创业胜任力是创业者成功完成角色任务而必须具备的知识、技能和能力的总和。目前,对创业胜任力具体内涵的解释,学术界目前没有定论。现有研究主要从创业者特质、综合能力以及创业过程等三个视角进行分析。

创业者的特质。早期的创业研究关注"谁是创业者",对创业者个体特征展开研究,关注创业者是否有异于其他人的才能与品质。认为创业者的个人特质就是创业者胜任力的体现,具体表现在动机、性格、社会角色、人格、特质、技能和知识等方面。例如,成就动机、内控倾向、风险承担倾向、不确定性容忍、自信和创新意识等是一个成功创业者的基本素养。

创业者的综合能力。越来越多的研究者认为创业活动的特殊性体现在机会识别和开发过程中,而非体现在少数人天赋使然的特质上。因此,创业者胜任力是一种综合能力,指与开展创业活动相关的能力与组织管理能力的总和。国外研究者提出创业胜任力包含六个维度,分别为机会能力、关系能力、概念能力、组织能力、战略能力和承诺能力[②]。我国学者张炜、王重鸣等在结合我国科技企业创业实践,增加了情绪要素与学习要素。具体如表 3-3 所示。

表 3-3　创业胜任力与焦点

创业胜任力维度	焦点行为
机会要素	通过各种手段识别和开发市场机会
关系要素	通过接触、联络、沟通和人际技能构建一种合作和信任关系
概念要素	决策能力、理解和吸收复杂信息能力、风险承担和创新能力
组织要素	组织协调各种内外部人力、物力、财力和技术资源,包括团队建设、领导员工、培训和控制等

---

① 在不同文献中,常会出现创业者能力、创业胜任力、创业能力等不同用语,其主体、内涵有微妙区别,但是有些文献也会混淆使用。例如,创业者能力的主体是创业者,但是创业胜任力的主体可能是创业者,也可能是企业家、管理者,创业能力的主体范围更广,既指个体,也指团队与组织。

② Man T W Y, Lau T, Chan K F. The competitiveness of small and medium enterprises: A conceptualization with focus on entrepreneurial competencies[J]. Journal of business venturing, 2002, 17(2): 123-142.

（续表）

创业胜任力维度	焦点行为
战略要素	制定、评价和实施组织战略
承诺要素	驱动创业者持续推动业务
情绪要素	熟知个人情绪特点，并在与他人相处或压力情境中有效管理个人情绪
学习要素	从自己或他人的以往经历、关键实践中，主动学习

张炜，王重鸣.中小高技术企业创业者组合模式与胜任特征研究[J].科学学与科学技术管理，2004，(3)：92.

创业胜任力是一个复杂的概念，也有学者认为创业胜任力包括能力胜任力、心理胜任力和社会胜任力。能力胜任力是指与创业相关的智力、技能、经验等。其中，创业者的相关行业经验、创业经验被认为是影响创业者识别机会、成功创造机会价值的重要因素。其次，一般认为创业者在创业过程中需要承受巨大压力，因此心理胜任力显得尤为重要。心理胜任力主要包括创业热情、乐观、敢于冒险、自我效能、创业毅力等心理相关因素。最后，创业是创业者与多方主体互动的过程，创业者的社会胜任力会影响创业的成败。社会胜任力是指利用社交技能获取创业资源和构建社交网络，用自身反应力和洞察力对市场做出回应的能力。社会胜任力包括市场洞察力、适应能力和社交能力等①。

基于创业过程的创业胜任力。创业是一个动态的发展过程。不同阶段需要创业者扮演不同角色、完成不同任务，因此也有研究根据创业的阶段来探讨创业者的胜任力。创业者在创立组织前与组织成立后所要处理的任务及所需的能力并不一样。在创业初始阶段，创业者需要感知、发现和开发机会，因此需要创业者的机会识别能力、开发能力、运营能力。当新企业成立后，创业者肩负着运营管理新企业，构建组织能力并实现企业成长等任务，创业者需具备产品/服务开发能力、组织管理能力、战略能力、关系能力和承诺能力等。

如何获得创业胜任力？创业是在不确定的环境下克服资源约束、利用有效的资源创造价值的过程。新企业内、外部环境持续动态变化，创业者过往的胜任力往往不能再适应企业新发展的需求。创业者必须具备学习能力，开展持续性的创业学习，从而使得创业胜任力与环境所匹配。创业学习是指从各种积累的经验和学习方法中开展学习，根据创业实践不断提升自己的知识禀赋的过程。创业学习分为初始学习、经验学习、模仿学习、搜寻与顿悟学习和嫁接学习②，如表3-4所示。

初始学习（congenital learning）指在创业前开展的学习，主要表现为创业者在创业之前接受的学校教育、创业前积累的工作经验。通过初始学习，创业者为日后的创业积累能力和获取资源，并获得相应的学历文凭、证书等。

经验学习（experimental learning）指在实践中学习，从过去的经历中积累经验，并把

---

① 陈建安、金晶、法何.创业胜任力研究前沿探析与未来展望[J].外国经济与管理，2013，35(19)：2-15.

② Chandler G. N. and Lyon D. W. Involvement in Knowledge-acquisition Activities by Venture Team Members and Venture Performance[J]. Entrepreneurship Theory and Practice，2009，33(3)：571-592.

经验用于解决当前或未来的问题,因此也称之为实践学习。创业者在创业过程中经历了小成功或者挫折等关键事件,通过这些关键事件的亲身经历、反思性观察、概念抽象、积极试验等学习过程,把经验转成自身的隐性知识。例如,对于连续创业者来说,多次的创业实践有助于在机会识别、团队组建、融资、产品开发与销售、组织构建等创业过程中积累经验。创业者通过对成功或者失败的经历进行深刻的反思,总结经验,并在新的创业项目中提高绩效,从而能持续提升自身的创业胜任力。

模仿学习(vicarious learning)指通过观察别人行为获得知识并进行模仿和尝试践行,主要表现为榜样学习、与有经验的人交流、接受相关的培训等。对于创业者来说,可以模仿成功创业者的创业思维及被检验过的创业行为。同时,在不同创业阶段中,创业团队的成员构成都会不断增加并且越来越多样化。这些人员具备不同的信息或技能,他们都是模仿学习的榜样,创业者从而获得新信息,增加间接经验。

搜寻与顿悟学习(searching and noticing)指为了解决某个特定的问题而进行有针对性的信息收集,并在信息收集过程中不断学习、分析和积累经验。信息与资源的来源主要体现在创业者的社会关系网络中。创业者通过组织内外部的渠道、个人渠道或者媒体的正式渠道获得新的信息,识别创业机会。

嫁接学习(grafting)是指通过吸收掌握新知识的成员加入创业团队,丰富创业团队构成,获得多样化的知识。尤其在跨界创业中,团队需要具备不同知识背景的成员。这些多样化的成员之间的密切交流,有助于创业者获得异质性的信息。

表3-4 创业学习方式

创业学习方式	时 间	特 征	表 现	结 果
初始学习	创业前	静态,学用分开	正规学校教育、相关工作经历	学历、经验积累
经验学习	创业中	动态,学用同步	重大成功或失败时间发生以后的反思与总结	直接经验增加
模仿学习	创业中	动态,学用同步	从获得的二手信息中总结经验	获得新信息、增加间接经验
探寻与顿悟学习	创业中	动态,学用同步	通过强弱社会关系网大规模搜索内、外部信息	获得新信息、识别机会
嫁接学习	创业中	动态,学用同步	与新增或更换的创业团队成员互通有无	获得异质性知识

出处:赵荔、丁栋虹.创业学习实证研究现状探析[J].外国经济与管理,2010,32(7):8-16,9-10。

本章小结

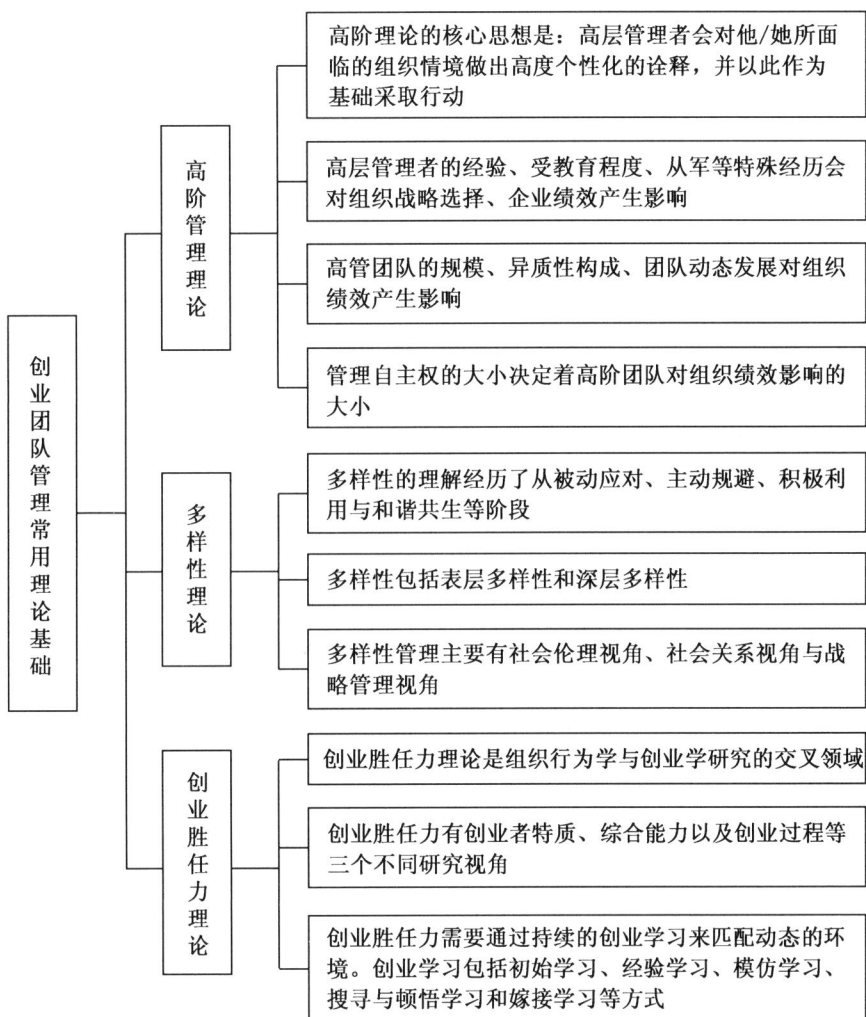

3

复习与思考

1. 如何看待创业团队在创业过程中的作用?
2. 什么是高阶管理理论? 其核心思想是什么?
3. 团队构成的多样性会带来什么利弊?
4. 如何理解创业胜任力?
5. 创业者在不同阶段,应该如何增强自身的创业胜任力?

案例分析

创业梦之队——携程四君子的接力赛

1. "梦之队"的诞生

酒店魔王季琦、技术骨干梁建章和资本高手沈南鹏因志同道合,组建团队开始他们的创业之旅。梁建章和季琦各出20万元,各占30%的股份,沈南鹏出60万元,占40%的股份。创办旅游网站的计划在他们的讨论中越来越完善,但是,又出现了一个问题,他们还缺少拼图的最后一块。团队中,技术部分由梁建章负责,融资部分由沈南鹏负责,管理公司部分由季琦负责,还差个熟悉旅游业务的人,于是团队引入了管理者范敏,团队就此成立。1999年5月,他们开始正式创办并运营网站,团队在徐家汇的一个办公楼里租了不到200平方米的办公室。当时虽然公司里的员工不到30人,但是四人的职位都很明确,梁建章担任CEO;沈南鹏投入资金最多,担任CFO;季琦担任总裁;范敏作为副总裁。四人就公司未来的发展方向展开了讨论,团队一致认准电子商务这个方向,梁建章将美国的三种旅游电子商务模式进行简单介绍,最终确定为门户网站,名字为"游狐",为了抢占先机,决定网站一开始覆盖面就要广,尽可能涉及多的内容。

2. 季琦打头阵

当时除了季琦全职创业外,其他三人都有着令人羡慕的工作,现在辞职的机会成本太高了。他们决定初期主要由季琦负责公司,另外三人协助。季琦爽快地答应了,笑称:"反正我一直在'海里',也不怕失去什么,就由我来开路。"创业公司的资金流出总是远快于资金流入,公司在季琦的带领下,很快就把最初三人投资的100万花光了。随即季琦凭借个人的人脉和管理能力成功实现了三次融资。第一次融资,章苏阳决定投资50万美元,占20%的股份,拿到第一次的风投,四位创始人开始推广自己的公司,并将之前的"游狐"改为现在的"携程"。他们为了不丢失市场,网站包罗万象,订酒店、卖飞机票、门票、旅行社的团队票。第二次获得软银、上海实业、美国兰花基金和香港晨兴集团共450万美元融资,占股29%。此后,团队把主要业务放在预订酒店上。第三次获得凯雷集团、IDG、日本软银、上海实业、兰花基金等投资者共1 200万美元的融资。

3. 梁建章精细管理

季琦已经将携程带入正轨,接下来的重点就是公司的管理。季琦善于开创,在创业方面有自己的一套,但是属于粗线条式管理,做事没有那么细致。在一次董事会上梁建章当选了CEO,季琦完成了他开创和融资的使命改任总裁。梁建章不仅是一个技术控,还是一个管理控,做事很细腻,有自己的管理理念,"一个成熟公司的CEO最重要的不是做了多少事,而是做对了多少事"。

为了降低成本,梁建章凭借其计算机技术领域的优势,促成携程建立了呼叫中心、商务旅行管理系统(CTMS),从此携程有了一流的预订系统。同时,梁建章追求服务上的精益求精,为了提供完美的服务,他们将接线员的对话录下来,几个高层围在一起一遍一遍地听,一个字一个字地斟酌,最后才形成了目前的标准。公司制定了专门的服务用语培训教材,对各种可能出现的情况都做了统一的规定回复,严格要求时间和回复语,尽一切可能让客人在接通电话时感受到的是尊重和舒适。

4. 沈南鹏携携程上市

在拿到第三次风投时,投资人建议马上上市,但是沈南鹏有着自己独到的想法,认为现在着急上市也不是什么好事,股票市场低迷,现在不是上市的好时机,等到市场回暖,携程业务进一步成熟之后再做准备。2002年,互联网欣欣向荣,携程终于等来了上市的时机。

沈南鹏选择到美国上市,选择了一家证券公司作为主经销商,为了确保万无一失,他还选择了几家副经销商。在美国路演,一天近十场见面会,沈南鹏凭借着对行业的熟悉,几乎是不问自答,他的表现让证券商大吃一惊。美国上市实行的是审核制,程序也是很严格,但是沈南鹏的讲解,激发起了投资者的兴趣,很快就通过审核,并且调高了他们拟定的发行价格,上市首日股票价格上涨了88.6%。

5. 范敏继续革命

携程成功上市之后,季琦、梁建章和沈南鹏相继完成了自己的使命,将携程交给了精通旅游业的范敏。梁建章开始到国外游学,季琦自创汉庭酒店,沈南鹏打理红杉资本,范敏留在携程,继续接下来的革命。携程"鼠标+水泥"的这种商业模式现在看来很简单,低门槛,容易复制,现在与携程商业模式相似的企业很多,但是携程从来没有被超越过。这是因为公司把每一件事情做得非常到位、把简单的事情做到极致。

范敏把这次的守业看作是第二次创业,他说:"实际上,一直到现在,我还是以一种创业的心态在做事。我们高管内部也一直在说,一定要保持创业的执着、激情。""如果不保持创业的激情,我相信我们肯定会做不好。因为,现在我们并不是说一切都做得很成熟、完美了,我们依然需要不断地去开发、创新,这是一个继续革命的过程。"

资料来源:https://mp.weixin.qq.com/s/xRQHDc8h78hs71R74GSjIg

视频资料:海龟姐妹合伙创业:志同道合、能力匹配

视频资料来源:https://v.qq.com/x/page/m3077uhjgrl.html

讨论:

1. 高绩效的创业团队具有哪些特征?

2. 通过文字及视频案例,请分析多样化构成的团队的利弊。

3. 你认为应该用什么方式充分发挥多样化团队的优势?

第四章 创业团队管理

学习目标

➢ 理解创业团队的内涵；
➢ 理解创业团队的发展阶段及各阶段特点；
➢ 理解和掌握创业团队合伙人选择的标准和渠道；
➢ 掌握创业团队组建的程序。

开篇故事

俞敏洪：创业团队组建之道

1993年，俞敏洪在北京创办了新东方培训学校。创业伊始，他单枪匹马，且仅有一个不足十平方米的漏风办公室。寒冷的冬天，俞敏洪一个人拎着糨糊桶到大街上张贴广告，招揽学员。

那时，北京已经有三四所同类培训学校。由于对个别讲师过分倚重，每个讲师都可以开一个公司，但是每个公司都做得不大。俞敏洪认为，一个人可以走得很快，但一群人才可以走得更远，每一家成功的创业公司，无不经历过创业团队的组建、成长和更新。所以，俞敏洪决定寻找更多的合作伙伴，帮他把控英语培训各个环节的质量。然而，这样的人不仅要有过硬的专业知识和能力，更要和俞敏洪有共同的办学理念。他首先想到的是远在美国的王强和加拿大的徐小平等人，这些人不仅符合业务扩展的要求，而且他们作为自己在北大时期的同学、好友，在思维上有着一定的共性，比其他人能更好地理解并认同自己的办学理念，合作也会更坚固和长久。

就在此时，他遇到了一个和他有着共同梦想且惺惺相惜的朋友——杜子华。杜子华像一个漂泊的游侠，研究生毕业后游历了美国、法国和加拿大，凭着对外语的透彻领悟和灵活运用，他在国外也得到了不少让人羡慕的机会。1994年在北京做培训的杜子华接到了俞敏洪的电话，几天后，两个同样钟爱教育并有着共同梦想的"教育家"会面了。谈话中，俞敏洪讲述了新东方的创业和发展、未来的构想、自己的理想和对人才的渴望等内容，这次会面改变了杜子华原本想通过单打独斗实现教育梦想的生活，他决定在新东方实现自己的追求。

1995年，俞敏洪来到加拿大温哥华，找到与他曾在北大共事的朋友徐小平。这时的徐小平来到温哥华已经 10 年之久,生活稳定且富足。俞敏洪不经意地讲述自己创办新东方的经历,温文尔雅的徐小平突然激动起来:"敏洪,你真是创造了一个奇迹啊!就冲你那 1 000 人的大课堂,我也要回国做点事!"

随后,俞敏洪又来到美国,找到当时已经进入贝尔实验室工作的同学王强。1990 年,王强凭借自己的教育背景,3 年就拿下了计算机硕士学位,并成功进入著名的贝尔实验室,是留学生中成功的典型。白天王强陪着俞敏洪参观普林斯顿大学,途中,只要碰上中国留学生,竟都会叫俞敏洪一声"俞老师"。王强对此感到非常震惊,俞敏洪劝他不妨回国,做点自己想做的事情。

就这样,徐小平和王强都站在了新东方的讲台上。1997 年,俞敏洪的另一个同学包凡一也从加拿大赶回来加入了新东方。

从 1994 年到 2000 年,杜子华、徐小平、王强、胡敏、包凡一、何庆权、钱永强、江博和周成刚等"牛人"陆续被俞敏洪网罗到了新东方的门下。新东方就像一个磁场,凝聚起一个个年轻人的梦想,这群在不同土地上为了求学、洗过盘子、贴过广告、做过推销、当过保姆的年轻人,终于找到了一个突破口,他们身上积蓄的有待爆发的能量在新东方充分得到了释放。

对处在教育行业之中的新东方来说,师资构成了其核心竞争力。俞敏洪秉持"比别人多做一点,比别人做得好一点"的朴素的创新思维,合理架构自己的团队,寻找和抓住英语培训市场上别人不能提供或者忽略的服务,从而让这支高精尖的队伍最大限度地发挥作用,使新东方的业务体系得以不断完善。

徐小平、王强、包凡一和钱永强等人分别在出国咨询、基础英语、出版、网络等领域各尽所能,为新东方搭起了一条顺畅的产品链。徐小平开设的"美国签证哲学"课,把出国留学过程中大家关心的一个重要程序问题上升到一种人生哲学的高度,让学员在会心大笑中思路大开;王强开创的"美语思维"训练法,突破了一对一的口语训练模式;杜子华的"电影视听"培训法已经成为国内外语教学培训极有影响力的教学方法。新东方的很多老师都根据自己教学中的经验和心得著书立说,并形成了自身独有的特色,让新东方成为一个有思想、有创造力的地方。

俞敏洪敢于选择"牛人"作为创业伙伴,组建创业团队,并且真的在一起做成了大事,成就了一个新东方传奇。他知道新东方人多是性情中人,从来不掩饰自己的情绪,也不愿迎合他人的想法,打交道都是直来直去。因此,新东方形成了一种批判和宽容相结合的文化氛围,批判使新东方人敢于互相指出问题,纠正错误;宽容使新东方人在批判之后能够互相谅解,互相合作。这种文化是新东方成功的关键因素之一。而另一个关键因素就是俞敏洪本人所具备的包容性,这帮助他带领着一帮比他厉害的"牛人",将新东方带到了美国的资本市场,成为中国第一个在海外成功上市的民营教育机构。

资料来源:https://wenku. baidu. com/view/fb56965fb81aa8114431b90d6c85ec3a87c 28b86.html,有删减和改动。

请分析:

1. 新东方创业团队有哪些特征?

2. 俞敏洪选择创业团队合伙人的标准是什么?

3. 创业团队合伙人的获取渠道有哪些?

第一节　创业团队概述

一、创业团队的含义与核心要素

(一) 创业团队的含义

一个好的创业团队对于企业发展有着至关重要的作用。创业团队的凝聚力、合作精神和立足长远目标的敬业精神能帮助初创企业渡过危难时刻,加快成长步伐。目前,创业团队的界定主要包括广义和狭义两个方面。

狭义的创业团队通常被界定为初创合伙人团队,是指由两名或两名以上能力互补、追求相同目标,共同创办新企业并从中共享收益、共担风险的人构成的特殊团队。广义的创业团队除了包括狭义创业团队外,还包括与创业过程有关的各种利益相关者,如风险投资家、供应商、专家顾问等。

(二) 创业团队的核心要素

1. 团队目标

团队目标表达的概念是:"我们为什么存在""我们的价值是什么"。团队目标能够引导团队成员的思想和行为,将团队成员的努力凝聚起来,是团队存在的价值和意义,是创业成功必不可少的因素。创业团队需要有一个既定的共同目标,为成员指明方向,将他们在工作中联系起来,形成合力,以便发挥更大的价值。从本质上来说,创业团队的根本目标就在于创造新价值。

2. 团队成员

团队成员在初创企业阶段主要是指初始创建者。人是知识的载体,是构成创业团队最核心的力量。团队成员素质和能力的高低往往决定着团队目标能否顺利高效地实现,且他们所拥有的知识和技能对创业团队的贡献程度将决定初创企业在市场中的命运。创业团队必须充分认识到人力资源的重要性,并将人力资源有效地转化为人力资本,从而为初创企业创造更多的价值。

3. 团队成员的角色分配

团队成员的角色分配是指明确各成员在团队的角色定位,确定各自在初创企业中担任的职务和承担的责任。在创业团队进行角色分配的过程中,只有团队成员的能力和岗位特征相匹配时,才能更好地发挥其自身优势,为团队创造更多价值,从而实现团队效益的最大化。成员在团队中扮演的角色一般有 9 种,包括栽培者、资源探索者、协调者、塑形者、监控者、团队工作者、贯彻者、完成者和专家。当团队具备这 9 种角色时,就能够良好运作。实践中,创业团队往往难以全部具备如此优良的成员结构,但是我们可以从能力互补的角度进行参考并灵活运用,如一人担任多种角色和成员间的角色轮换等,从而确定更优的角色分配。

4. 创业计划

创业计划是为了实现目标而做出的具体安排和工作程序,是未来行动的方案和指南。创业计划的制定可以帮助团队成员把握创业思路,更加明确地知道自己在未来各个阶段需要完成的工作内容和清晰地认知自己的具体职责和权限。团队成员可以根据创业计划分工协作,避免工作内容上的重复和职权上的冲突,从而减少不必要的麻烦。

二、创业团队的特征

1. 创业团队是一种特殊的团队形式

不同于一般团队,创业团队的最直接目的就是为了创立新企业。创业团队成员因为这一共同目标凝聚起来,对团队拥有着深厚的感情和较高的组织承诺。同时,与一般团队相比,创业团队成员与团队之间的心理契约更为重要,这使得团队成员能够自觉感知到各自的责任和义务,能够在心理和行为上相互影响且加以规范,从而影响企业决策的制定和实施。

2. 创业团队的工作绩效大于所有个体成员独立工作时的绩效之和

创业团队成员往往具有不同的能力与特质,这有利于他们在团队工作中分工合作,形成优势互补。同时,基于优势互补的分工合作可以将每个人的力量凝聚起来,形成合力。此外,当团队成员从事与其能力相匹配的工作时,能够发挥出更多的个人优势。此时,团队的工作绩效将不再仅仅依赖于成员的个人贡献,而是基于每个团队成员的不同角色和能力产生的乘数效应。

3. 创业团队是高层管理团队的基础和最初组织形式

一般来说,创业团队成员均为企业的高层管理者,往往拥有公司股份,能够共享股权利益,直接参与企业战略决策。他们在企业创立初期掌握着企业的发展命脉,是高层管理团队的基础和最初组织形式。随着企业成长,由于某些原因,创业团队的成员可能会发生变化,为了进一步发展企业或开拓其他事业而新组建的高层管理团队则是创业团队的延续,继续对未来企业发展起带头作用。虽然最后组成的高管团队中可能仅仅包括少数甚至不包括初始创业团队成员,但创业团队的团队精神和管理风格仍会继续影响后来的成员,在企业的管理实践中扎根发芽。

4. 创业团队在竞争中面临着较大压力与不确定性

相较于成熟的大企业来说,创业团队在资金和人脉资源等方面都十分有限,这也给未来新创企业的创立和发展带来一定的挑战。在如今"大众创业,万众创新"的时代背景下,创业环境不确定性越来越高,各类初创企业层出不穷,但成熟企业仍然在行业中占据有利地位,创业团队在未来发展过程中面临着较大压力与不确定性。

三、创业团队的类型

1. 异质性创业团队和同质性创业团队

按照团队成员的不同特质,可以将创业团队分为异质性创业团队和同质性创业团队。异质性创业团队是指团队成员在年龄、技能、经验、专业背景、认知模式和价值观等方面存在差异的创业团队。其优点在于,成员之间的差异化能够为创业团队带来多元化的技能、经验、社会网络和创业初期的社会资本与人力资源。此外,成员们在技能和性格等方面的互补也有利于团队从不同角度看待和解决问题,提升团队决策质量和整体绩效。其缺点在于,异质性创业团队成员在认知和价值观等方面存在差异,容易促使他们之间产生冲突,形成偏见,破坏信任与合作关系,削弱团队凝聚力,导致团队整体绩效的降低。

同质性创业团队则是指团队成员在年龄、技能、经验、专业背景、认知模式和价值观等方面具有一定相似性的创业团队。其优点在于,成员们的同质性使他们拥有更多的共同话题,容易在交流中产生亲切感,从而相互吸引,这有助于团队凝聚力的提升和合作关系的形成。其缺点在于,同质性创业团队成员在性格、技能和经验等方面的差异性较小,不利于发挥"1+1>2"的互补优势。

2. 领导创业者推动型团队和群众型创业团队

按照从最初创业者发展成实质性创业团队的渠道不同,可以将创业团队分为领导创业者推动型团队和群众型创业团队。领导创业者推动型团队是一位或多位创业者先进行创业探究和设计,之后再寻找新的创业团队成员进行创业活动的团队。群众型创业团队是拥有共同创业目标的几位创业者为了相同的创业目标集中在一起,探究讨论创业的基本流程,并且寻找合适的创业机会开始创业的团队。

3. 关系驱动型创业团队、要素驱动型创业团队和价值驱动型创业团队

按照组建模式的不同,可以将创业团队分为关系驱动型创业团队、要素驱动型创业团队和价值驱动型创业团队。

关系驱动型创业团队是指主要基于人际关系组建而成的创业团队。以创业领导者为核心的人际关系圈内的成员因为相似的兴趣和经历等而结缘,一同发现了某种创业机会,并结成合作伙伴,共同进行创业活动。

要素驱动型创业团队是指主要基于要素互补组建而成的创业团队。团队成员具备不同的知识、技能和经验等个人优势,并基于各自特长分别贡献创业所需要的创意、资源和操作技能等要素,在团队合作中能够形成优势互补。

价值驱动型创业团队是指主要基于价值观念组建而成的创业团队。团队成员具有相似的价值观念,他们将创业视为一种实现自我价值的手段,共同为实现创业目标而奋斗,在创业过程中具有很强的使命感和信念感,对创业成功有着强烈的渴望。

4. 领袖型创业团队、伙伴型创业团队和核心型创业团队

按照创业团队成员之间的关系,可以将创业团队分为领袖型创业团队、伙伴型创业团队和核心型创业团队。领袖型创业团队又称星状创业团队。在团队中,有一个核心人物充当领袖角色,对团队的各项工作和发展方向起主导作用,而其他成员一般为领袖者在团队组建前经过深思熟虑所选出的,在团队中多担当支持者角色,成员相互之间的独立性较强。领袖型创业团队的优点包括:第一,领袖人物的态度和行为对其他成员有强烈影响,团队向心力强,组织结构紧密,稳定性较好;第二,领袖人物具有较大话语权,不易形成权力重叠;第三,团队决策程序相对简单,决策速度快,组织效率高。领袖型创业团队的缺点包括:第一,权力过分集中于领袖人物,增加了决策失误的可能性;第二,领袖人物权威性较高,其他团队成员往往处于被动地位,当团队成员和领袖人物发生严重冲突时,可能会选择离开团队。

伙伴型创业团队又称网状创业团队。团队成员一般为在创业前就较为熟悉的朋友、家人和同事等,他们可能由于相同的兴趣爱好或相似的经历结识,一同达成创业意愿,从而进行共同创业。在团队中,没有一个明显的核心人物充当领袖角色,大家根据自身能力和特质自发地进行角色定位,负责相应工作,各团队成员主要担任协作者或伙伴角色。伙伴型创业团队的优点包括:第一,团队成员关系密切,情谊深厚,不易产生冲突矛盾,较为容易达成共识;第二,团队成员地位相对平等,有利于沟通交流和分工合作;第三,团队通常在进行大量沟通和讨论后达成一致意见,降低了决策失误的可能性;第四,对待矛盾与冲突,团队一般采取平等协商的态度主动解决,成员不会轻易离开团队。领袖型创业团队的缺点包括:第一,没有明显的核心领导者,容易导致多头领导的出现,形成权力重叠;第二,团队决策时,多采用共同协商的集体决策方式,效率较低;第三,团队一旦产生严重冲突,某些成员的离开可能对创业团队造成严重打击,甚至导致整个团队的涣散。

核心型创业团队又称虚拟星状创业团队,是由伙伴型创业团队演化而来,一般为领袖型创业团队和伙伴型创业团队的中间形态。在核心型创业团队中,有一名核心人员,但又不同于领袖型创业团队中起主导作用的高权威性领袖人物,该核心人员是由团队人员协商后共同选出的,在某种意义上来说,他是整个团队的代言人,其所做出的决定必须充分考虑其他团队成员的意见,主要负责协调和统筹内部管理工作。此外,团队成员之间相互依赖,地位差距不大。核心型创业团队的优点包括:第一,核心成员是在创业过程中由大家共同选举出来的,具有一定威信,能够领导团队,避免团队涣散,同时不易形成权力重叠;第二,核心成员的存在一定程度上加快了团队决策速度,增强了团队执行力,同时充分考虑了成员意见,也降低了决策失误的可能性。核心型创业团队的缺点包括:当核心成员和其他成员发生意见冲突时,普通成员较为被动,冲突严重时可能会退出团队。

总的来说,创业团队类型的划分不是绝对的,一个创业团队的类型有可能介于两种类型之间。不同类型的创业团队也有可能互相演变,如核心型创业团队是由伙伴型创业团队演化而来。其实,在企业发展的特定阶段,创业团队在不同类型之间演变对企业来说是非常有利的,这在一定程度上能够增强企业对外界环境的适应性,迎合企业现阶段的发展需求。

四、创业团队的发展阶段

一般来说,创业团队的发展都会经历 5 个阶段,分别是形成期、规范期、震荡期、凝聚期和发展期。在创业过程中,创业者需要认清团队所处的发展阶段,了解其特点和规律,根据每个阶段的不同特征采用恰当的领导方式和有针对性的策略进行团队规划,减少团队内耗,以确保创业活动的顺利进行。

1. 创业团队的形成期

基于人际关系需求、个人能力与资源的不足和风险高等原因,创业者更倾向于组建创业团队开展创业活动。创业团队的形成期主要指初步形成团队的内部框架,并与外界建立联系的时期。在该时期,对于团队成员来说,他们面对未知的创业活动既兴奋又紧张,整体处于一种激动、困惑、矜持和观望的状态当中,成员间有效沟通较少,在短期内无法快速提升工作默契程度。此外,创业团队在形成期通常缺乏清晰的工作流程,团队成员的工作职责和标准也尚不明确,团队整体生产力较低。此时,团队负责人适用于"指挥型"的领导风格,为团队定目标、做分工和设指标,还应注重加强团队成员之间的沟通与交流。

2. 创业团队的规范期

在创业团队初步形成之后,就需要根据团队整体概况对分工、职权、工作内容、规章制度等要点进行考量。创业团队的规范期主要指对团队规范化管理进行探索,并通过成员间交流协商和反复讨论去制定团队规章制度、明确团队成员分工和划分职位权限的时期。在该时期,团队成员彼此之间开始深入交流,对各自工作的内容与分工等有了更加清晰的认识,逐步进入角色状态,能够互相支持和理解,并逐渐适应工作环境、技术需求和各种规范要求。此外,团队在初步制定了规章制度、工作流程和团队角色定位与分工等内容之后,仍需要在后续事件中继续考察其有效性、合理性和与团队的匹配程度,进而及时调整不足之处,有意识地解决问题,从而逐步完善整个规范流程。此时,团队负责人适用于"激励型"的领导风格,鼓励成员参与到团队建设中来,从而加强创业团队的流程化、制度化和责任化。

3. 创业团队的震荡期

团队开始初步运营,前期隐藏的一些问题也开始显现出来,这在一定程度上使团队的组建受到冲击。创业团队的震荡期主要指由于团队中的隐藏问题逐渐暴露而使团队处于一种动荡状态的时期。在该时期,团队负责人应该善于引导,以身作则,主动加强成员间的有效沟通,鼓励成员对争议问题发言,共同解决矛盾冲突,创造合作向上的工作氛围,改善成员关系。此外,在团队成员出现变动时,团队负责人要镇定面对,安抚人心,按照团队规范制度办事。此时,团队负责人适用于"辅导型"的领导风格,对团队成员提供指导和帮助,必要时帮助成员一对一解决问题,表达对团队成员的尊重,促使大家达成共识。

4. 创业团队的凝聚期

经过了创业团队的震荡时期,团队成员之间已经进行了充分磨合,越来越开始信任和认可彼此,团队发展也顺利过渡到下个阶段。创业团队的凝聚期主要指进一步明确职权划分并逐渐形成有力的团队文化的时期。在该时期,团队成员适应了工作规范和流程,同时对于自身工作也越来越得心应手,他们具有强烈的主观能动性和集体荣誉感,在面对困难和挑战时能够齐心协力,共同攻克难关。在该时期,团队生产力水平得到快速提升,企业运行较为顺利。此时,团队负责人适用于"参与型"的领导风格,适当放权,使成员进行自我管理和自我激励,肯定成员的成果与进步,积极支持他们的建议,同时也要把控大局,规范整个团队的行为。

5. 创业团队的发展期

在经过前四个发展阶段之后,所有工作基本已经步入正轨,创业团队的发展进入稳定提升阶段。创业团队的发展期主要指不断进行团队优化,着重应对各种挑战并获取创业成果的时期。在该时期,团队应该重点考虑如何进行团队优化,进一步提升团队效率和效益,同时也要探索更适合团队的发展方向,为下一个目标进行筹备,向更远的目的地出发。此外,团队在完成日常工作的基础上,还应当把更多精力放在迎接挑战、解决困难和获取更多团队成果等方面,从而提升团队核心竞争力,谋求企业的更好发展。此时,团队负责人适用于"授权型"的领导风格,可以在日常工作中适当授权,给予团队成员足够的权力。

第二节 创业团队合伙人的选择

一、创业团队合伙人选择的标准

如何选择创业合伙人,是每个创业者都要面对的问题。创业者如果能够聚集更多优秀的合伙人,就能使团队整体的资金、市场和技术三大创业要素更加完备,从而提升团队的核心竞争力。因此,合伙人的选择对企业的长远发展至关重要,那创业团队合伙人选择的标准包括哪些呢?

1. 德才兼备,彼此信任

德才兼备,彼此信任有利于创业团队合伙人建立稳定的合作关系,实现权益共享和风险共担。"德才兼备"要求创业团队合伙人具备良好的道德品质和突出的个人才能。因为创业是一个艰辛漫长的过程,为了公司整体的发展,需要合伙人做出牺牲和奉献,如果团队合伙人不具备良好的道德品质,总是想着为自己谋取小利,就可能会做出有损团队利益的事情。此外,只有具备突出的个人才能,创业团队合伙人才能为团队创造更多的收益与价值。"彼此信任"要求创业团队合伙人之间应当相互信任,能够包容对方的缺点,支持对方的合理决策。如果合伙人之间无法彼此信任,每日提防对方,不仅容易产生矛盾和冲突,还可能会导致未来利益分配与责任分配的不平等,从而影响合作关系的长久性和稳定性,为企业发展带来不必要的麻烦。

2. 创业理念与价值观一致

创业团队合伙人创业理念与价值观一致有助于合伙人长远合作和企业长久发展。合伙人有必要进行关于企业运营价值观层面的交流,如果他们创业的初衷、经营理念和企业愿景相差巨大,那么一定会在未来的团队工作中产生矛盾与冲突。一致的创业理念与价值观能够使合伙人之间的沟通更加顺畅,理解彼此,有利于解决工作中出现的误会,化解危机,使团队合作走向更远。如何判断合伙人的创业理念与价值观是否一致呢? 可以将其转化为一些具体问题,便于理解,如:企业是追求小而美赚钱,还是追求先做大规模;如果企业运营遇到困难,暂时亏损,请问是否坚持,止损线在哪里;合伙人是按约定规则办事的人，还是过于强调人情的人；如果通过牺牲一定的品质来控制成本，可以换取更好的生存利润，能妥协的底线是什么？对这些问题的回答反映了合伙人的创业理念和价值观。

3. 优势互补，取长补短

创业团队合伙人之间优势互补不仅有助于弥补创业者自身不足，还能够避免产生资源上的浪费与重叠，并减少在同一专业领域引起分歧的概率。优势互补不仅包括能力与资源上的互补，还包括性格与经历方面以及年龄和性别上的互补。首先，对于企业来说，一个业务能不能做起来，需要市场能力、研发能力、服务能力和管理能力多方面的人才，而一个人往往很难具备以上所有能力，因此，创业者就需要选择与自己优势互补的团队合伙人，弥补自身能力的不足，从而实现取长补短和资源共享。此外，性格与经历方面的互补同样能帮助团队形成合力，更好地完成工作。举例来说，如果合伙人都是表现型人格，那么团队中需要耐心、细心的相关工作就无法踏实完成；如果合伙人都是急性子，那么很容易决策草率，冲动行事。最后，年龄和性别的差异也会带来思维的碰撞，有利于团队成员在讨论中拓宽思路，发散思维，减少局限，丰富创意。

4. 具有较强的专业能力、学习能力和沟通能力

专业能力、学习能力和沟通能力是创业者在判断创业团队合伙人能力时应当重点考察的三项内容。首先，创业团队合伙人应当具备较强的专业能力。合伙人的专业能力是一个创业团队实干的基础，合伙人的能力瓶颈会成为整个企业发展的天花板，只有合伙人具备较强专业能力才能做出更加专业科学的决策。其次，创业团队合伙人应当具备较强的学习能力。创业是一个长期持续的过程，外界环境不断变化，合伙人需要不断学习以适应企业当下发展需求，跟随企业一同成长。因此，个人的学习能力是判断未来价值最核心的指标，在选择合伙人时不能只看他当前的价值，还需要考量其未来的潜在价值。最后，创业团队合伙人应当具备较强的沟通能力。在创业过程中，团队内部无时无刻不在沟通，从目标到细节，都是通过不断沟通得以最终明确的。此外，团队合伙人也需要接触各种各样的利益相关者，如顾客、供应商、合作伙伴和投资人等，及时高效的沟通可以省力地解决许多问题。因此，选择一个具备优秀沟通能力的合伙人，在处理许多事情时能够达到事半功倍的效果。

二、创业团队合伙人选择的渠道

创业团队合伙人选择的渠道可以分为线下渠道和线上渠道两种。在寻找创业合伙人之前，创业者应当大致评估自己需要什么能力的合伙人，合伙人需要给团队带来哪些资源，团队能够给合伙人带来哪些利益等问题。对目标合伙人的类型有一个较为清晰的认识，再根据合适的渠道进行寻找，避免盲目选择。

1. 线下渠道

关系渠道是创业者在线下寻找创业团队合伙人最常用的渠道之一。创业初期的强执行力，往往来自创始团队的相互熟悉与信任。与志同道合的熟人合伙创业能够减少了解对方所花费的时间成本，强大的关系纽带也能帮助合伙人在创业过程中彼此信任、互相支持和攻克难关。在具体方法上，创业者可以通过"三老原则"，即老同事、老同学、老朋友来

寻找合伙人,找寻身边有相同创业意愿且符合自己选择标准的熟人,或者邀请熟人帮忙推荐。但需要注意的是,合伙人在创业活动中需要划清工作和私人关系的界限,明确分工、职责和权限,制定团队规章制度来规范和约束大家的行为。

猎头公司可以精准有效地帮助创业者寻求心仪合伙人。猎头模式已经逐渐成为一种寻找创业团队合伙人的普遍方式。猎头公司掌握大量的人才信息,可以根据创业者的委托做出快速筛选,有针对性地帮助创业者物色符合要求的人选,为其提供专业建议。

活动交际也是一种寻找创业团队合伙人的常用方法。创业者可以参加与自己创业项目高度相关的行业内活动或是以团队搭建为目的现场活动,在线下与他人进行面对面沟通交流,直接寻找与自己合拍的合伙人。

2. 线上渠道

线上渠道主要是指通过一些合伙人平台、网站、论坛与 App 来寻找创业团队合伙人。这些线上媒介聚集了大量不同行业的高质量优秀创业者,创业者可以在线上与他们建立联系,进行沟通交流。但需要注意的是,虽然线上渠道能够帮助创业者更加容易地获得线索,但是网络中鱼龙混杂,因此,创业者需要注意所使用平台的专业性和正规性,要能够甄别信息的真假。

三、创业团队合伙人关系的维护

(一) 创业团队合伙人分歧

创业活动是一个漫长而曲折的过程,随着创业团队的发展,合伙人之间可能会产生矛盾,破坏团队凝聚力,给企业发展带来各种各样的问题。创业团队合伙人分歧主要包括以下 4 种情形:

1. 经营意见的分歧

在创业初期,企业的决策往往是由创业团队合伙人共同决策,但是当企业步入正轨并逐渐扩张之后,面对更为复杂的各类工作,合伙人对公司未来的发展走向、经营风格、制度制定、决策思路和资源分配等可能会持有不同意见,团队内部的认知分歧会逐步加深,甚至产生争吵。起初,这些经营意见上的分歧可能会因合伙人之间的情谊而被暂时压住,但随着时间的推移,思想差异终究会演变成更大的矛盾,处理不当时最终将引发合伙团队的瓦解。

2. 利益分配的分歧

企业发展规模越大,其盈利能力越强,股权和利益的分配问题就越容易产生。如果创业团队合伙人在企业创立初期没有对彼此的权责做出明确划分,就可能产生合伙人为获取个人私利而将团队利益据为己有和忽视长远利益的不良现象,从而出现利益分配的分歧,产生团队内讧。

3. 角色定位的分歧

在创业初期,团队成员数量较少,资源有限,且内部架构划分尚不清晰,创业团队合伙人往往身兼数职,需要参与到企业发展的各项工作中去,多扮演"开拓者"的角色。当企业不断发展壮大并步入正轨时,内部制度逐渐成形,合伙人需要承担更多行政、人事和战略方面的任务,扮演"高层管理者"的角色。但是,在市场开拓和客户维护等方面,有时仍需要合伙人亲自出面斡旋。这时,合伙人极易陷入迷茫,产生角色迷失和角色定位上的分歧。此外,不同合伙人之间的角色重叠也是导致角色定位分歧的一个重要原因。

4. 权力层级的分歧

随着创业企业的逐步壮大,权力地位上的高低之分往往不可能避免。这种上下级相区别、主要人物和次要人物相区分的结构是商业组织成长的必然结果。在确立谁是主要合伙人时,创业团队合伙人可能各持己见,产生分歧。而在确立了主要合伙人之后,如果次要合伙人声望逐渐提高,侵蚀了最高领导者的权威性,或者次要合伙人的权力逐渐膨胀,动摇了最高领导者对企业的掌控和其权益,形成了功高震主的情况,那么分歧和冲突将再次产生,一旦双方无法达成一致,位居上游的合伙人就很容易出于保护自身的需要,将处于该结构下游的合伙人赶出合伙人团队,最终使合伙团队分崩离析。

(二) 创业团队合伙人关系维护的基本原则

创业失败最主要的原因之一就是创业团队合伙人之间的关系破裂,因此创业团队合伙人关系的维护对于团队关系的和谐甚至企业的长远发展起到了重要作用。合伙人团队组建不易,合伙人应当在内部纠纷未出现时积极预防,出现时及时应对解决。创业团队合伙人关系维护的基本原则包括以下两个方面:

1. 制定规则,明确规矩

"无规矩不成方圆。"在创业之初,创业团队合伙人之间就应当制定明确的规章制度,事先做好约束,包括职权划分、利益分配标准、分工细则和角色定位等。首先,合伙人之间需要对彼此的职责与权力进行详细划分,避免职权上的冲突,其中在决策权的分配方面,应当对每位成员的决策权占比进行明确规定,并确定最终决策权的所属人。其次,合伙人之间应当明确利益分配标准,设置合理的股权比例;同时,随着企业的发展壮大,利益分配是否需要动态变化以适应不断变化的外界环境,这也是创业团队合伙人需要考虑的问题。此外,创业团队合伙人应当明确分工和角色定位,避免角色重复而造成人力上的浪费和工作内容上的冲突。分工需要落实到公司规章制度之中,每一个合伙人都可拥有一项事务的决定权,甚至在他所属的领域拥有一票否决权,这不仅能够充分满足合伙人的归属感,也能够充分发挥合伙人之间的互补优势。最后,创业团队合伙人可以签署一份对所有权、股份兑现、责任分工、决策权、退出机制和团队解散等内容都有所规定的合伙人协议,加强合伙人彼此之间的约束,并为之后的各项决定提供依据和证据。

2. 有效沟通,包容忍让

有效沟通是预防和化解创业团队合伙人矛盾的重要手段,包容忍让是保证创业团队合伙人之间和平共处的重要原则。首先,创业团队合伙人可能会因各自创业理念和工作思路的不同而产生矛盾,这就需要有效的沟通机制来化解分歧,从而消除矛盾。同时,有效沟通也能帮助合伙人充分了解彼此的想法和需求,这在一定程度上预防了冲突的出现。其次,创业团队合伙人之间需要频繁互动,彼此之间的交流沟通有助于形成良好的团队合作氛围。最后,团队合伙人之间存在相互约束和利益捆绑的关系,彼此之间不仅要加强沟通的频次和质量,还要包容和忍让别人的不足,以互相学习和取长补短的心态相处,从而减少团队冲突,实现和平共处。

第三节 组建创业团队

一、组建创业团队的原则

1. 目标的明确与可实现原则

创业团队要制定明确的创业目标,以使团队成员清楚地认识到奋斗方向。"洛克定律"指出,当目标既是未来指向的,又具有挑战性的时候,它便是最有效的。因此,最佳的目标是那种一般情况下够不到,但是跳一跳还是可实现的目标。

2. 互补匹配原则

建立一个优势互补的团队是创业成功的关键。创业者在寻求团队合作时,应针对现有能力和创业目标的差距,寻找所需要的成员,从而实现团队成员间的优势互补。此外,只有团队成员能力与所承担的任务相匹配时,才有可能通过相互协作实现"$1+1>2$"的效果。

3. 精简高效原则

本着精简高效的原则组建创业团队能够降低信息不对称性,打破沟通壁垒,从而降低企业的运作成本。创业团队在创业初期尽量采用"小米加步枪"的方式,其人员构成也应在保证企业能够高效运作的前提下精简。

4. 职责分工明确原则

创业工作的复杂性和个人能力有限性决定了一个人不可能从事创业的所有工作,而应该根据成员的特点进行角色分配。分工明确的最佳状态是成员间的工作不交叉重叠,所有工作都由最佳人选来做。职责明确要求各成员清楚自己的职权和应当承担的责任。

5. 动态开放原则

创业过程充满了不确定性,团队成员中可能因为能力和观念不合等多种原因而离开。此时,就需要新鲜血液注入。因此,创业团队的组建,应注意保持团队的动态性和开放性。

二、组建创业团队的影响因素

1. 创业者

创业者自身具备的能力和想法从根本上决定了他是否要组建创业团队和选择什么类型的成员。当创业者意识到组建团队可以弥补自身能力与创业目标之间的差距时,才有可能考虑是否需要组建创业团队和何时需要引进何种人员才能与自己形成互补。

2. 团队目标

共同的目标是组建创业团队的基本前提。目标是一个团队存在的关键,没有一致的目标,创业团队即使组建起来,团队成员也无法达成共识,就不能有效发挥协同作用。如果团队成员不认可团队目标,他们就不可能全心全意为此目标的实现与其他团队成员相互合作和共同奋斗。

3．团队成员

团队成员的能力决定了创业团队的整体能力和发展潜力。当团队成员的能力与承担的职责相匹配时，团队才能得到发展。此外，团队成员之间的相互信任是形成团队的基础。如果成员之间缺乏信任，团队成员间的协作就会出现障碍，对团队产生不利影响。

4．外部环境

政治环境、经济环境、社会环境、技术环境和市场环境等多种外部环境会影响创业团队的生存。变幻莫测的外部环境为创业团队带来了更多机遇，但也对创业团队的认知、创新和风险承担等能力有了更高的要求，从宏观方面间接影响了创业团队的组建和发展。

三、组建创业团队的程序和方法

创业团队的组建是一个比较复杂的过程，创业类型不同，其创业团队组建的步骤也不完全相同。总的来说，创业团队的组建程序大致如图 4-1 所示。

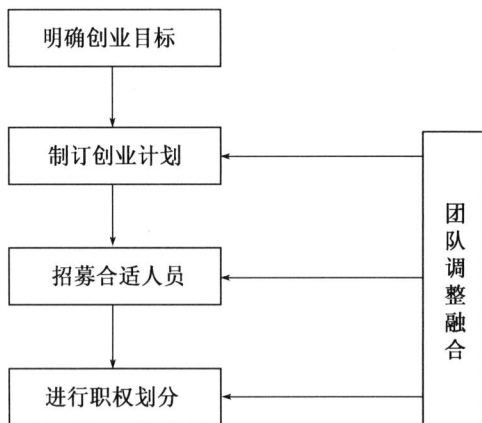

图 4-1　创业团队组建的程序

1．明确创业目标

目标是团队运作的核心动力。为了吸引合适的创业伙伴加入创业团队，一方面，创业者应当使自己的创业思路明晰；另一方面，创业者必须将自己掌握的创意规划成一个总的创业目标。然后，创业者还需对总目标加以分解，设定若干个具体可行的阶段性子目标。

2．制订创业计划

在明确创业目标之后，就需要制订创业计划来研究实现总目标和阶段性子目标的方式。在创业者对创业目标进行具体分解的前提下，创业团队需要考虑团队的整体计划，确定创业的不同阶段中需要完成的阶段任务，并通过逐步实现这些阶段性目标来最终实现创业目标。

3．招募合适人员

招募的人员应该是互补匹配的，既需要与其他成员在能力或技术上形成互补，又要胜任所在岗位和承担相应的工作责任。创业团队应当通过招募合适的人员强化成员间的合作，保证整个团队的战斗力，从而更好地发挥作用。

4. 进行职权划分

明确的职权划分能够使成员各司其职和各担其责。创业团队要根据创业目标和创业计划确定每个团队成员所要担负的职责和相应所享有的权限,避免职权上的冲突和工作上的疏漏,从而保证创业团队的协作进取和高效运行。

5. 团队的调整融合

创业团队并不是创业一开始就能建立起来的。更为常见的是企业在创立一定时间后,创业团队随着企业的发展而逐步形成。随着企业的发展,创业之初在人员配置、职权划分等方面的弊端会逐渐暴露,这时就需要对创业团队进行调整融合。

4

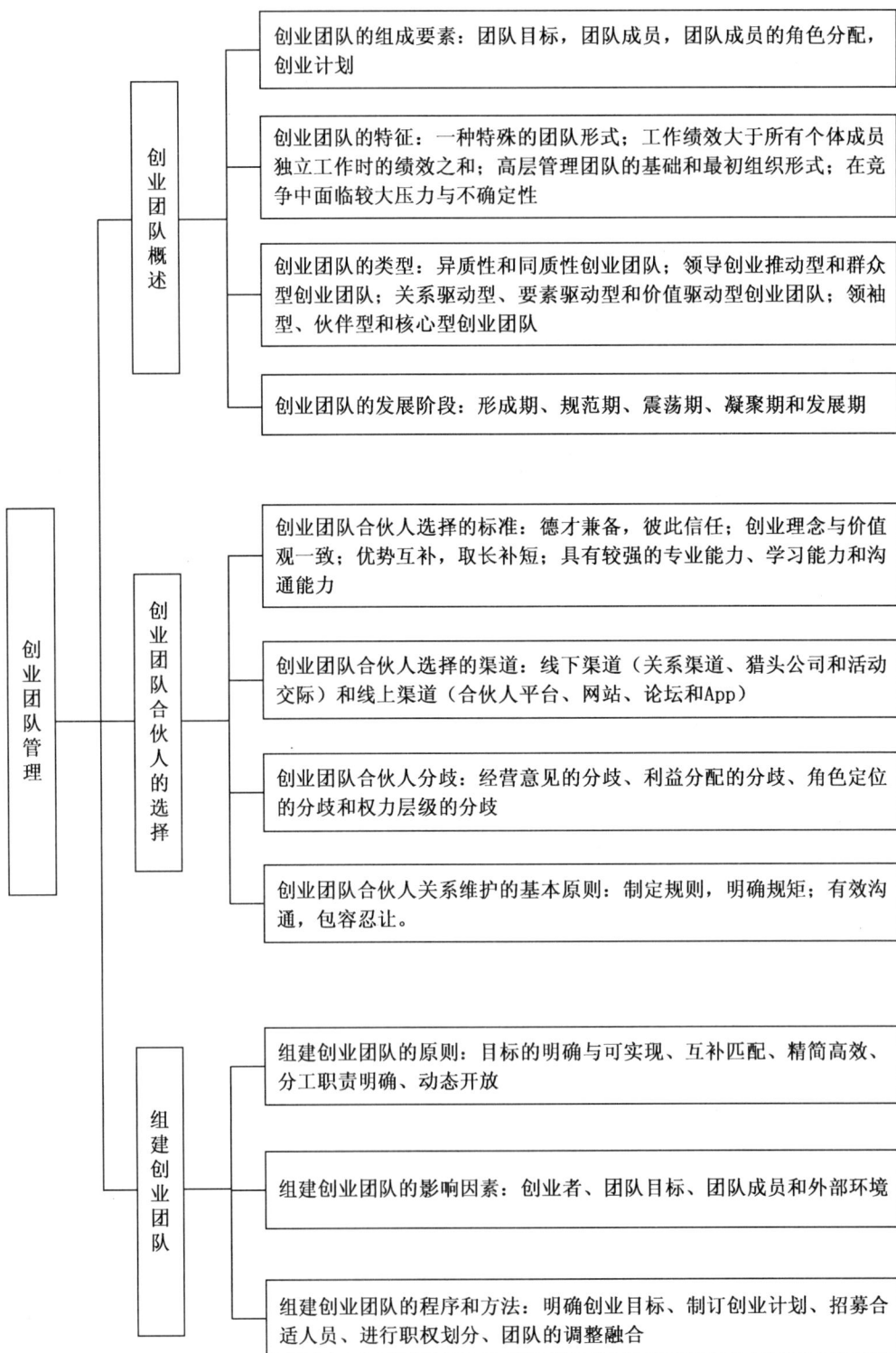

本章小结

```
创业团队管理
├─ 创业团队概述
│   ├─ 创业团队的组成要素：团队目标，团队成员，团队成员的角色分配，创业计划
│   ├─ 创业团队的特征：一种特殊的团队形式；工作绩效大于所有个体成员独立工作时的绩效之和；高层管理团队的基础和最初组织形式；在竞争中面临较大压力与不确定性
│   ├─ 创业团队的类型：异质性和同质性创业团队；领导创业推动型和群众型创业团队；关系驱动型、要素驱动型和价值驱动型创业团队；领袖型、伙伴型和核心型创业团队
│   └─ 创业团队的发展阶段：形成期、规范期、震荡期、凝聚期和发展期
├─ 创业团队合伙人的选择
│   ├─ 创业团队合伙人选择的标准：德才兼备，彼此信任；创业理念与价值观一致；优势互补，取长补短；具有较强的专业能力、学习能力和沟通能力
│   ├─ 创业团队合伙人选择的渠道：线下渠道（关系渠道、猎头公司和活动交际）和线上渠道（合伙人平台、网站、论坛和App）
│   ├─ 创业团队合伙人分歧：经营意见的分歧、利益分配的分歧、角色定位的分歧和权力层级的分歧
│   └─ 创业团队合伙人关系维护的基本原则：制定规则，明确规矩；有效沟通，包容忍让。
└─ 组建创业团队
    ├─ 组建创业团队的原则：目标的明确与可实现、互补匹配、精简高效、分工职责明确、动态开放
    ├─ 组建创业团队的影响因素：创业者、团队目标、团队成员和外部环境
    └─ 组建创业团队的程序和方法：明确创业目标、制订创业计划、招募合适人员、进行职权划分、团队的调整融合
```

复习与思考

1. 什么是创业团队？创业团队具有哪些特征？
2. 创业团队有哪些类型？
3. 创业团队的发展包括哪些阶段？各阶段的特点是什么？
4. 创业者应该如何选择创业团队合伙人？在组建创业团队后应该如何进行关系维护？
5. 组建创业团队时需要考虑哪些影响因素？
6. 组建创业团队包括哪些步骤？

案例分析

惠里菲无线公司(Wherify Wireless)：不断完善初创企业团队

对年幼孩子的父母来说，最可怕的事莫过于刚离开孩子不过一分钟，转身却发现孩子不见了。阿兹海默氏症患者的监护人也会遇到同样的问题。

惠里菲无线公司是成立于1988年的一家硅谷创业企业，它的产品可以减少上述种种担心。公司发明了一种可以固定在小孩或成年人手上的装置，运用GPS技术为父母或其他监护人指出携带者的具体位置。这个被称为GPS探测器的装置最初的目标市场群体是年幼孩子的父母，它的工作原理是：一旦该装置被戴到孩子手腕上，它就开始与全球定位卫星和Sprint公司的无线网络进行信号通信。父母可以通过拨打惠里菲公司的免费服务电话或登录公司网站，与该装置进行信号通信，并确定孩子所在的具体位置。反之，孩子们可同时按下两个按钮来发送紧急信号。

蒂莫西·内尔(Timothy J. Neher)是惠里菲公司的创建者。在建立这家公司之前的10多年里，内尔一直为一些公司开发和销售新型消费品。他最后的职位是在CTH塑料消费品公司担任营销和销售副总经理。

内尔创办惠里菲公司不久，就开始招募员工。他的首批三位核心成员如下：

安东尼·拉罗谢尔(Anthony L. LaRochelle)，首席技术官。拉罗谢尔负责产品设计、制造和分销。他是一名经验丰富的工程师，曾经管理过上百个产品的设计。在加盟惠里菲之前，他曾任职于西屋电气公司和哈里斯半导体公司。

马太·内尔(Matthew J. Neher)，副总裁。内尔负责企业发展业务。在加盟惠里菲之前，他是Windy City Products公司的执行副总裁，负责公司成长业务。

罗伯特·雅各布森(Robert Jacobsen)，首席信息官。雅各布森负责领导惠里菲定位服务中心。在此之前，他曾在康柏、Tandemhe和Sprint通信公司工作。

内尔和他的团队面临的首要任务是完善惠里菲的商业模式，证明GPS跟踪设备与定位系统是确实可行的。1998年底，惠里菲公司申请了第一项专利，对于这家初创企业来说,这是一个具有里程碑意义的事件。为了促进发展,内尔和他的团队在1999年初期开始招募更多的员工来推动公司产品和独特跟踪系统的开发。

内尔在进行首次招募的同时,还组建了初创企业团队的其他构成部分。惠里菲已经实行公司制,拥有自己的董事会。一开始,企业就吸收了几位非常著名的人物加入董事会,包括百思买前高层主管韦德·菲恩(Wade Fenn)。惠里菲还有许多商业伙伴与他们一起开发产品,主要的合作者有AMD、巨积公司和瑟孚公司。

为了提升惠里菲的资信并让更多人了解公司产品,内尔积极地联络儿童安全保护组织,寻找更多的合作伙伴。现在,惠里菲公司已经与55家儿童安全机构建立了合作关系,帮助企业传播儿童安全信息。公司的合作伙伴之一是失踪儿童信息网(Lost Children's Network),该组织致力于帮助寻找失踪或被拐卖的儿童。惠里菲公司与该网站的目标相似:保护儿童。通过为失踪儿童信息网提供资金支持并帮助网站达到工作目标,惠里菲公司的GPS定位系统受到了广泛认可。

在向消费者销售GPS定位产品之后,惠里菲公司获得了良好的市场反馈。同时,公司开始筹划包括专门为阿兹海默氏症患者设计的产品以及专为女性慢跑爱好者设计的运动型产品。

讨论:

1. 你认为内尔在组建惠里菲初创企业团队方面做得如何?创业团队的构成有缺陷吗?如果有,缺陷是什么?你认为应该如何弥补和修正?

2. 你认为内尔组建的初创企业团队能否很好地为企业管理提供指导?为企业产品和商业模式提升资信?并说明理由。

3. 惠里菲公司开始多元化生产GPS定位系统,其目标群体开始转向阿兹海默氏症患者和体育爱好者(如女性慢跑者)时,初创企业团队应该如何调整以应对这种变化?

文中案例来源

资料来源:https://wenku.baidu.com/view/fb56965fb81aa8114431b90d6c85ec3a87c28b86.html,有删减。

案例来源:http://www.docin.com/touch_new/preview_new.do?id=8940951148&html=1.

案例来源:http://www.360doc.com/content/13/1009/10/3528518_320019780.shtml.

第五章 创业企业员工的胜任特征模型

5

学习目标

➤ 理解胜任特征的内涵和特点；

➤ 掌握胜任特征模型的内涵、构建流程和构建方法；

➤ 理解创业企业所处的内外环境对员工胜任特征的影响；

➤ 掌握创业企业员工胜任特征模型构建的思路；

➤ 掌握创业企业员工胜任特征的动态演化过程；

➤ 熟悉创业企业员工胜任特征模型的应用。

开篇故事

人力资源总监的困惑

Z公司是一家国内新创立的计算机网络服务有限公司,王某是该公司的创始人兼董事长。起初,Z公司规模小,员工不多,但随着公司的发展,王某认识到了招贤纳士的重要性。在最近一次的招聘活动中,王某为公司物色到了两名清华大学硕士毕业生,李某和张某。由于李某和张某之前都有5年以上相关的工作经验,并且在校期间成绩都十分优秀,王某将二人招入公司。

年末,Z公司绩效考核,两名清华大学高才生的考核结果却大相径庭。人力资源总监的评价是这样的:李某工作积极主动,专业功底毋庸置疑,但是团队意识较为薄弱,绩效考核结果为A—;张某的思维活跃,创新意识强,善于与同事打成一片,利用集体力量完成工作,但是工作积极主动性欠佳,绩效考核结果为B+。对此,王某十分不解,同样是一等一的人才,为什么考核结果却如此不同呢?

事实上,经过考核,王某发现公司内与李某、张某情况相同的大有人在,这个问题已成为Z公司人力资源管理的棘手问题。于是王某组织人力资源管理部门召开了针对此类问题的意见征集会,大家就公司在招聘、选拔、任免以及激励员工的方式上展开了激烈的讨论。有的主管认为过去的学历背景并不代表什么,事实证明,所谓"高学历"和"高能力"并不能带来令人满意的"高绩效";有的主管提出部门先后组织了无数次有针对性的培训,但是员工时常反映培训与实践根本不是一码事,所学的技能到现场大多不好用,"培训水土不服"的现象已经使部门不堪负累;有的主管还发现部分员工工作不够热情,对所从事的工作并不热衷等。在最后的总结中,大家一致认为以往纯粹的"能力标准"已然不能准确高效地为公司招贤纳士,人力资源管理部门需要重新审视公司的用人标准。

虽然李某和张某的能力毋庸置疑,但却并没有达到高绩效的水平。由此可见,能力已经无法单方面促成员工的高绩效,特别是对于高度不确定性环境下的创业企业来说,这样的情况非常凸显。

请分析:结合上述案例,究竟是员工的何种特征影响着创业企业员工的绩效水平?创业企业未来在选人、用人、育人和留人等一系列人力资源管理实践中应该着重关注什么?创业企业应该关注员工的哪些特征才能保证创业活动的顺利开展?

第一节　胜任特征理论概述

一、胜任特征的起源与发展

(一) 胜任特征的起源

在古罗马时代,战乱频繁,为了能打胜仗,人们需要英勇无敌的战士。人们为了对战士有一个统一的描述,便设计出了一张剖面解析图来阐释"一名好的罗马战士"应当具备什么样的属性和优点,然后军队就可以据此来挑选英勇无敌的战士参与战斗。这便是胜任特征最早的雏形。20 世纪初,"科学管理之父"泰勒(Taylor)对科学管理进行了研究,后来也被称为"管理胜任特征运动"(management competencies movement),被人们普遍认为是胜任特征研究的开端。

胜任特征的应用起源于 20 世纪 50 年代初期,当时正值美国国务院选拔外交官,但是美国国务院感到过去以治理因素为基础选拔外交官的效果不太理想。作为哈佛大学有名的教授,McClelland 应邀帮助美国国务院设计一种能够有效地测试实际工作业绩的人员选拔方法。他首次采用了行为事件访谈方法调查了 50 名官员,结果发现,带来优秀绩效的胜任特征并非以往人们熟知的那些管理技能,而是跨文化的"人际敏感性""政治判断力"和对他人的"积极期待"等潜在的个性特征。在此基础上,他通过对工作表现优秀和一般的外交官的具体行为特征进行比较分析,识别出能够真正区分工作业绩高低的个人特征。最终,美国国务院将这些个人特征作为优秀外交官的选拔标准。1973 年,McClelland 在 *American Psychologist* 杂志上发表了 *Testing for competence rather than for intelligence* 一文,首次正式提出了胜任特征的概念。自此,胜任特征引起了理论界和实业界的广泛关注。

(二) 胜任特征的发展

胜任特征的概念被正式提出后,引起了众多学者的关注。在胜任特征要素归纳方面,Boyatzis 通过大量的文献检索和实证研究,归纳出优秀管理者的胜任特征集,并在其著作 *The Competent Management:A Model for Effective Performance* 中进行了系统介绍;

在胜任特征研究领域方面,Raven 将胜任特征的研究引入从业者领域,使之不再局限于理论界;在胜任特征模型构建方面,Spencer 提出了胜任特征的冰山模型(the iceberg model)和洋葱模型(the onion model),形成了胜任特征模型数据库;在胜任特征的应用领域方面,Schippmann 的一项调查研究发现,75%左右的被调查公司已经在不同程度上将胜任特征的思路应用于企业人力资源管理实践,并取得了很好的成效。

在中国,胜任特征的研究起步较晚,但发展很迅速。通过中国知网(http://www.cnki.net)的文献检索发现,1998 年有关胜任特征的研究开始受到国内学者的关注。从2002 年开始,关于胜任特征研究的文献呈现大幅增长的态势,而且在对胜任特征内涵的理解和研究方法上逐渐与国际研究接轨。截至 2020 年,关于胜任特征研究的各类文献(包括中国知网上收录的期刊、报纸、会议、硕士论文和博士论文)已达 4 168 篇。

二、胜任特征的定义与特点

(一) 胜任特征的内涵

胜任特征(competency)一词最早来源于拉丁语 Competere,是"适当的"的意思。20世纪 70 年代,美国哈佛大学教授 McClelland 首次正式提出"胜任特征"的定义。他认为,胜任特征是与工作或生活中其他重要成果直接相似或相联系的知识、技能、能力、特质和动机。自"胜任特征"的定义被正式提出后,不少学者对胜任特征进行了深入研究,针对胜任特征的定义也提出了各自的观点。

目前认可度较高的是学者 Spencer 对胜任特征的界定:胜任特征是能将某一工作中表现优秀者和表现一般者区分开来的个人潜在特征,它可以是动机、特质、自我形象、态度或价值观、某领域知识和认知或行为技能等任何可以被可靠测量或计数的,并且能显著区分优秀和一般绩效的个体特征。

(二) 胜任特征的特点

1. 综合性

胜任特征由多种要素组成,是员工外在的知识和技能、内在的态度和自我概念及行为动机等心理品质的有机结合,打破了以往研究单个能力和绩效关系的思路。胜任特征是知识、技能、能力、动机、信仰、价值观和兴趣的混合体。

2. 动态性

胜任特征在很大程度上会受到工作环境、工作条件和岗位特征的影响,与员工所在工作岗位的要求紧密联系。在某一工作岗位上非常重要的知识技能,换在另外一个工作岗位上就可能会成为制约发展的因素。同时,动态性还体现在胜任特征具有可习得性和迁移性上,即可以通过一系列"干中学"或培训开发,不断提高胜任特征的广度和深度。

3. 可识别性

从胜任特征的定义可以看出,并非任何技能、知识和个性等都是胜任特征,只有那些能够显著区分优秀绩效者和一般绩效者的技能、知识和个性等才称为胜任特征。胜任特征必须可以被组织准确识别,以便应用到员工招聘、培训、薪酬制定、绩效考核和晋升中。

4. 绩效关联性

胜任特征可以预测员工未来的工作绩效,即胜任特征和优异绩效有因果关系。

三、胜任特征模型的内涵与构建

(一)胜任特征模型的内涵

胜任特征模型是指个体为了要达成组织的某种目标或要完成某项具体工作所要求具备的一系列不同胜任特征的组合,即依据该工作岗位表现优秀者所具备的所有要素总和所建立的胜任特征结构。它可以帮助企业将目光聚集在与岗位高绩效最为相关的能力素质和工作行为上,进而合理引进和培养优秀的企业人才,是一种检验人才标准和人事决策的人力资源管理工具。目前国际上公认的有代表性的胜任特征模型有三种:冰山模型、洋葱模型和词典模型。

(二)胜任特征模型构建的流程

1. 明确构建模型的目标

一般在开始工作之前,员工首先要明晰工作的动机或目标是什么? 那么对于胜任特征模型的构建也是同样的道理。胜任特征模型构建的动机或目标不仅是为了给企业带来更高效的员工管理、建立更合理的人才培养机制和录用体系,也是为员工的职业发展规划提出参考建议,使员工对自身的发展有更加清晰的认识等。这样,企业的管理层和员工之间就可以更容易进行沟通交流,共同助力工作的顺利完成。

2. 确定构建模型的标准

在胜任特征模型构建的过程中,会涉及大量的数据调查工作。在调查过程中,必须注意到,如果没有一个明确的调查标准,则会导致被调查者的茫然和数据的不准确,最终导致整个调查工作的失败。站在员工的角度,不少企业以"绩效"作为员工胜任特征模型构建的一个参考标准,完善的绩效考核体系是构建胜任特征模型的基础。通过对目标岗位的各项构成要素进行全面评估,区分员工在目标岗位绩效优秀和绩效一般的行为特征,确定绩效水平,然后再将其拆分细化到各项具体任务中去,最终得出员工产生优秀绩效的行为特征要素。

3. 选取数据样本

选取数据样本就是确定调查对象,这决定了数据的质量。通常根据岗位要求,在从事该工作岗位的员工中,分别从绩效优秀和绩效一般的员工中随机抽取一定数量(3~6 名)的员工作为数据样本进行调查,并且这些员工要具备一定的代表性。

4. 收集、分析数据信息

收集、分析数据信息是构建胜任特征模型的核心工作,通常运用行为事件访谈法、情景判断测验法、问卷调查法和职位分析法等方式来获取与样本有关的胜任特征的数据资料,并将获得的信息与资料进行归类和分析。

5. 建立胜任特征模型

在分析数据信息(访谈信息编码、调查问卷分析)的基础上建立胜任特征模型。首先,对行为事件访谈报告进行内容分析,记录各种胜任特征在报告中出现的频率,提炼出胜任特征要素。其次,对优秀组和一般组的要素指标发生频次和相关性程度进行比较,找出两组的共性和差异特征。最后,根据不同的主题进行特征归类,并根据频次的集中程度,估计各类特征组的大致权重,进而确定要素等级。

6. 验证胜任特征模型

胜任特征模型初步构建之后,需要对模型进行验证。从员工实际情况出发,根据胜任特征模型的结论对其进行验证,如果验证结论是一致的,则模型构建成功;如果不正确,则需要进一步明确问题出在哪里,需要对模型进行二次构建。直到构建的模型经得起实际数据的测评,模型验证通过。验证胜任特征模型可以采用层次分析法、问卷调查法或其他相关的验证方法,采用已有的优秀员工和一般员工的有关标准或数据进行检验。验证的关键在于企业选取什么样的绩效标准。

(三) 胜任特征模型的构建方法

纵观目前国内外胜任特征模型的构建方法,最主要采用的有行为事件访谈法、情景判断测验法、问卷调查法和专家小组意见法四种方法。

1. 行为事件访谈法

行为事件访谈法是由 McClelland 首先提出的,Boyatzis、Spencer 和 Schroeder 等几位学者对该方法进行了发展。行为事件访谈法是一种开放式的行为回顾式探察技术,要求被访者列出他们在工作中发生的关键事例,包括最成功事件和最失败(或最棘手、最有挫折感)事件各三项,并让被访者详尽地描述整个事件的起因、过程、结果、时间、相关人物、涉及的范围、影响层面和自己当时的想法。该方法的具体步骤包括确定绩效标准、选择效标样本、获取与效标样本有关的胜任特征的数据资料、分析数据资料并建立胜任特征模型和验证胜任特征模型五个步骤,其中胜任特征模型的验证通常采用的方法有"交叉效度""构念效度"和"预测效度"三种。

行为事件访谈法可以直接和表现优秀者对话,通过访谈的方式得到切实可信的材料,从而获得较高的信度和效度,拟合度较好。但同时也存在一定的局限性,如操作难度大、操作周期较长和对访谈者的专业素质要求高等。

2. 情景判断测验法

胜任特征作为与工作职位紧密关联和能区分工作绩效的综合能力,其评价和测量离不开实际的工作情景。情景判断测验法就是设置一个社会实际工作(生活)的问题情景,并提供解决具体问题时可能会产生的几种行为反应。情景判断测验法具有低度仿真性、情景多样性和工作关联性三个方面的特征。

情景判断测验法能够对大量的反映不同实际工作的情景进行测试,使获得的信息较为详尽全面,并且该方法的实施难度相对较小,简便易行而且费用较低。但在一定程度上会使被测者不能完整真实地表达自己的想法,这在一定程度上影响了模型的效度和信度。

3. 问卷调查法

问卷调查法是通过书面形式,以严格设计的心理测量项目或问题向被调查者收集研究资料和数据的一种方法。它主要采用量表进行定量化的测定,也可以运用提问方式,让被调查者自由地做出书面问答。研究者要围绕调查主题设计相应的测量和考察题目,题目之间要有关联性,题目的编辑要合理、逻辑清晰。自编问卷只有在达到了规定的信度和效度后才是可以使用且有效的。此外,在确定问卷的可行性后,需要先进行预测试,再根据预测试的结果对问卷修正改进后进行正式测试。然后回收问卷来收集被调查者的基本情况和题目答案,回收得到的数据要先整理好,以便后续对其进行分析和讨论,最终构建胜任特征模型。

问卷调查法对被调查者要求较低,采用客观统一的方式使得调查结果一致性较高,避免了开放式调查方法中容易出现的大量复杂数据而带来巨大工作量和错漏度等问题,而且该方法操作程序简单、规范和费用较低。但是当被调查者是企业人员时,由于时间、经费和涉密等方面的原因,获得的样本数量通常较少。同时,横截面性质的调查数据不仅使得一些研究结论难以普遍化,而且难以从动态的角度理清研究变量之间的相互关系。

4. 专家小组意见法

专家小组意见法是研究者在构建胜任特征最开始的阶段,对胜任特征进行广泛的搜集和调查,然后以研究对象和研究内容作为参考依据,并邀请众多此领域的专家们共同组成一个评定小组的方法。专家小组详细地分析在此之前得到的资料,并对其做出修改,提供一些较为权威和有用的建议,最后将胜任特征模型构建出来。

专家小组意见法的优点在于实用性强,众多专家多回合的协调讨论能够确保模型的信度和效度,同时该方法适用的范围较广。然而,该方法的有效性在很大程度上依赖于对专家的选择、专家的权威性、专家小组组成的合理性和如何避免专家主观倾向性因素的影响,这些都是在实际操作中需要解决的问题。同时,聘请专家所需费用较高,操作周期也较长。

第二节 创业企业员工胜任特征模型的构建

一、创业企业所处环境对员工胜任特征的影响

(一) 创业企业外部环境分析

创业企业所处的外部环境对企业的影响是间接的,在为企业带来机遇的同时也会带来挑战,同时对员工的胜任特征提出了更高的要求。因此,创业企业必须关注外部环境的变化,提升员工的胜任特征水平,帮助企业更好地把握发展机遇,迎接未知的挑战。创业企业的外部环境分析可以利用 1998 年英国学者 Johnson 和 Scholes 在其著作"Exploring Corporate Strategy"中提出 PEST 分析法,分别从政治、经济、社会和技术四大环境因素分析创业企业的外部环境。

1. 政治环境

国家或地区的政治制度、方针政策和法律法规等因素影响并制约着创业者的创业行为和创业活动的发展。我国将"大众创业、万众创新"写入《政府工作报告》,并在下发的

《中共中央国务院关于深化体制机制改革加快实施创新驱动发展的若干意见》中提出,到2020 年基本形成适应创新驱动发展要求的制度环境和政策法律体系,为进入创新型国家行列提供有力保障。随后,各地政府都出台了相应的政策来扶持创业企业,比如税收优惠政策、创业鼓励性政策、金融贷款政策和支持特色创新创业载体建设优惠政策等,从而促进更多的人群进行创业。同时,扶持政策易受到中央政策和国际形势的影响而发生阶段性的变化,创业企业的发展战略需要不断地调整。

2.经济环境

企业是经济发展的主体,在感知经济环境细微变化的同时,也受到经济环境的影响。近年来,针对国内外风险挑战上升的复杂局面,国家明确提出以市场化为导向和以市场所需供给约束为标准的供给侧改革,要求降低市场准入门槛;降低垄断程度和放松行政管制;降低融资成本和减税让利民众;减少对土地、劳动、技术、资金和管理等生产要素的供给限制,这些措施都为创业企业提供了契机。同时,经济环境也会为创业企业带来挑战,中国正处于经济中低速增长的“新常态”和改革的阵痛期,对外部项目资金依赖程度较高的创业企业容易受到冲击,需要承担更多的外部压力。

3.社会环境

社会环境影响着创业团队的组建和创业活动的开展,主要包括创业教育、创业培训和创业氛围。一方面,许多高校都设置了创业指导课程,培养了高校学生的创业思维,奠定了高校学生创业的理论基础;另一方面,在政策鼓励下形成高校创业基地和孵化器等载体,逐渐发展成区域创业文化,营造出创业氛围,有利于激发创业者的创业动机和人才加入创业企业的热情。同时,社会环境也会为创业企业带来挑战,目前人才要素的流动容易受到地区的影响,我国中东部地区在地理位置、气候环境、城市化程度、基础设施完善和社会保障等方面优于西部地区,导致中西部经济社会发展不平衡较为显著,因此创业企业所处的位置不同,人才和资源的流失率不同。

4.技术环境

新一代信息技术、生物技术、新材料技术和新能源技术广泛渗透,带动众多领域发生以绿色和智能为特征的群体性技术革命,催生了新的商业模式,进一步引发和形成新业态和新产业,创业企业也变得越来越多。同时,在数字组件、数字平台和数字基础设施的赋能下,创业者能够以较低的成本获得所需的信息和知识,从而积累创业企业的人力资本。然而,技术环境也会为创业企业带来挑战,行业整体技术水平的上升会加速市场的变化,创业者需要对其所在行业的技术变化趋势进行实时了解和把握,从而做出合理科学的决策和计划。

(二)创业企业内部环境分析

1.创业企业的资源分析

创业企业在创业初期面临着缺乏经营业绩和未来高度不确定的现实问题,与现存企业和大公司相比,在资源获得方面处于劣势。首先,创业是在高度不确定环境中开拓新事业的过程,它所具有的颠覆性、创造性和混乱的状况都难以预测,即使是有过创业经历的创业者,也不能够简单地将过去的经验复制到创业企业的管理中。其次,创业面临融资难的问题,创业企业的财务资源主要来自创业者个人、家庭成员或者朋友,由于缺乏抵押物等多方面的原因,创业者从外部获得大量财务资源比较困难,即使借助国家政策的扶持,也会因为种种制度条件给融资带来困境。最后,创业企业难以找到合适的人才,由于创业团队的组织内部管理系统建设不健全,创业团队的核心员工往往需要创始人亲自寻找。

2. 创业企业的能力优势分析

创业企业在创业阶段拥有许多独特的能力优势。首先,创业企业是机会导向的,一有机会就会做出反应,而不是有计划、有组织和定位明确地开发利用自己所创造的机会,即创业者的创业警觉促使企业获取有价值的信息,并且凭借优越的信息处理能力识别其中蕴藏的商机,从而开拓市场;其次,虽然创业企业的规模较小,组织结构也不完善,但创业员工多以"完成任务"为导向,职责分工、资源调配和沟通交流都比较灵活,从而使得创业企业的运转效率得以提高;最后,创业企业的员工因共同的目标聚集在一起,一定程度上保证了员工之间的配合度,也使得创业企业更具有团队精神和凝聚力。

3. 创业企业的文化分析

文化建设在初创公司是经常被忽视的一方面,但是在市场高速变化和竞争激烈的环境下,创业企业中的每一个员工所做的决定和判断都会对公司的未来产生影响。而且,初创期企业正处于塑造企业文化的"机会窗口"期,在这个时期树立健康向上的文化理念是企业高效运转的有效推手。对于创业企业而言,公司文化常常带有创始人浓重的个人色彩,一般创始人看重什么,希望实现怎样的梦想,公司就会产生怎样的文化和价值观。企业根据这样的价值观找到认同公司文化和目标的团队成员,在沟通成本最低的情况下共同制定战略。企业文化的产生与最初的创业团队有很大的关系。例如,1999年底,阿里巴巴举行了一次创始人大会,会上提出了"可信、亲切、简单"的口号,这是阿里巴巴全体成员的行为准则和价值观雏形。"可信、亲切、简单"的价值观对阿里巴巴团队建设起到了非常重要的作用,它让阿里巴巴杜绝了拉帮结派、小山头的现象产生,大大减少了沟通成本,降低了内耗,增强了团队的凝聚力和战斗力。

通过对创业企业所处的外部环境和内部环境进行分析,我们可以发现创业企业呈现出三个显著的特点:首先,创业企业具有创新性,致力于发掘和捕捉新机遇,同时也不断地产生新技术和新产品;其次,创新企业具有高成长性,虽然创业企业在初期阶段处于资源匮乏的状态,但是由于创新企业的创新性,以及在外部环境和内部环境的促进作用下,创业企业会逐渐拥有自己的盈利模式和"产品",进入高速成长的状态;最后,创业企业具有高风险性,在创业的初期需要投入大量的资金,并且在短期内没有回报,此外,面对不确定的商业环境,创业企业很可能出现资金链断裂、研发失败等情况,即使进入市场也会面临无法满足消费者需求或被竞争企业排挤等风险。

创业企业呈现出的显著特点对员工提出了新的要求,不仅要求员工在经验、技能等方面符合标准,而且要求员工的价值观、性格特点等方面也要符合标准。因此,与传统的企业相比,创新企业需要重新构建适合企业的员工胜任特征模型。

二、创业企业员工胜任特征模型构建的必要性

（一）创业企业人力资源管理中存在的问题

1. 创业企业员工的招聘缺乏科学性

如何引进、开发和保留适合的人才，关系到创业企业长期的发展甚至是生存。但是，由于创业企业自身资源匮乏，缺乏足够的经验和专业的人力资源工作者，常常在人才岗位设置和选拔上存在定位模糊的情况，对人才应该具备的胜任特征不够清晰，缺乏符合创业企业自身情况的人才选拔标准，导致员工与岗位的匹配性不高。另外，创业企业往往忽略对招聘流程的建设，招聘流程过于简单，在用人选择上存在很大的主观性和随意性。

2. 创业企业员工的培训缺乏针对性

创业企业受到资金和资源的限制，投入到员工培训上的资源是有限的，为了节约成本，开展培训工作时最好具有针对性。但是由于员工的胜任特征不明晰，培训方案的制订不能实现因人而异，导致在培训的过程中不能很好地将培训课程与员工岗位的要求和实际能力差距等连接起来，使得培训过程中的目标模糊，培训效果不理想。

3. 创业企业员工的考核机制缺乏标准

大多数的创业企业缺乏完善的考核机制，不仅没有明确的考核标准和规范的考核方式，而且在考核时间上也比较随机。不完善的绩效考核机制会降低员工在工作中的竞争意识和危机意识，员工很难把握当前的工作范围和重点，缺乏明确的工作方向和自我提升路径。这样不仅容易对员工的积极性造成伤害，而且容易导致人力资源的浪费，造成员工的离职。

（二）创业企业员工胜任特征模型构建的作用

1. 有利于建立科学性的招聘流程

创业企业员工胜任特征模型的构建有助于明确员工能力和素质的构成。在员工招聘环节可以利用胜任特征模型指标，突出每个岗位考核的重点，针对性地对应聘者进行考核，科学地做出甄选的决定，有助于招到与企业岗位匹配的员工，提高企业招聘的效率和质量。

2. 有利于实施针对性的员工培训

创业企业基于员工的胜任特征进行员工培训，有助于判断员工实际工作能力和胜任特征之间的差距。通过这些差距，企业可以了解员工培训的需求，在制订培训方案时能够正确选择培训课程和培训方式，使得培训的目标更加明确，针对性更强，能够快速有效地提高员工的核心竞争力。

3. 有利于建立绩效考核的标准

创业企业基于胜任特征制定考核标准对员工进行考核，有助于员工明确岗位的绩效考核指标和考核标准，同时企业也能够以此为工具对员工的工作能力和实际业绩进行科学客观的评价，通过公正地判断员工的贡献并且给予奖励，可以有效地激励员工，提高员工的积极性。

三、创业企业员工胜任特征模型构建的思路

胜任特征模型需要按照一定的思路逐步构建。一般采用行为事件访谈法确立创业企业员工胜任特征要素，构建出创业企业员工胜任特征模型，再通过统计分析对模型进行验证和修正，最终确定符合创业企业的员工胜任特征模型。具体的构建思路如下：

（一）确立创业企业员工胜任特征要素

创业企业员工胜任特征模型构建的首要问题是提取要素。在遵循实际性、规范性和可行性原则的基础上，主要开展以下两项工作：

第一，通过检索相关文献资料，获得关于创业企业员工胜任特征要素的词条，再对上述获得的词条频率进行统计，按出现频率从高到低进行排序，初步选取创业企业员工胜任特征要素。

第二，对创业企业员工工作行为事件访谈。首先，通过对优秀的创业企业员工进行行为事件访谈获得素材，并且对访谈素材中涉及的胜任特征要素进行归纳提取；其次，对提取的多个创业企业员工胜任特征要素进行筛选，删除内容重复和含义模糊的指标，并且对不准确和存在歧义的胜任特征名称进行修改；最后，将筛选与修改后的胜任特征要素按出现频率高低进行排序，再与前面通过文献检索得到的胜任特征要素进行对比，得到相吻合的员工胜任特征要素，作为最终建立创业企业员工胜任特征模型的要素。

（二）建立创业企业员工胜任特征模型

通过借鉴国内外学者在该研究领域构建胜任特征模型的成果，结合对创业企业优秀员工的访谈，充分考虑创业员工在企业的创立和发展时期所起到的关键作用以及面临的创业环境高风险性、员工角色多样性等特点，对创业企业员工胜任特征进行维度划分并命名，从而构建起创业企业员工胜任特征模型。

（三）验证创业企业员工胜任特征模型

对模型的验证通常有三种方法：第一是"交叉效度"，选取第二个效标样本，再次用行为事件访谈法来收集数据，分析确定的胜任特征是否能够区分第二个效标样本；第二是"构念效度"，针对胜任特征编制测验或情境评价等方法来评价第二个样本在上述胜任特征模型中的关键胜任特征，其评价结果是否与效标一致；第三是"预测效度"，使用行为事件访谈法或测验进行选拔，或运用胜任特征模型来进行培训，然后跟踪这些人，观察他们是否在以后的工作中表现得更好。

四、创业企业员工胜任特征的动态性演化过程

创业企业会经历一个动态的成长过程，根据创业企业从创意产生到创业机会评价筛选、组织形成、发展扩张到走向成熟的过程，将创业企业动态成长的过程分为种子期、创建期、成长期和成熟期四个阶段。与此同时，创业企业为了适应企业内外部环境的变化，准确识别和把握各种市场的机会，并且积极地获取企业发展的各种资源，创业企业员工在企业的不同阶段要拥有不同的胜任特征。

（一）创业企业种子期阶段员工的胜任特征

在种子期的创业企业，创业时机是否成熟尚不明确，很多的想法、创意和商业模式都处于构想阶段，缺乏细节的规划且未经市场检验。同时，创业团队尚未正式建立，并且创业企业制度文化不完善。此外，创业企业的资源不足且缺乏主打产品，以致企业没有固定销售收入。此时，面对高不确定性和高风险性的环境，员工的创业激情、抗压能力、发现机会能力和创新能力最为关键。

1. 创业激情

创业激情表现为员工对新生事物不害怕，敢于挑战具有难度的问题，期待看到创业的成果。在高不确定性和高风险的环境下，创业者是否具备创业的姿态、激情和冒险精神直接决定了创业活动是否能够展开。

2. 抗压能力

抗压能力表现为员工面对创业过程中的不确定性因素和风险，能够坚定自己的信念，在逆境中分析问题，并且根据企业现状找到解决办法。创业员工是否对创业活动充满信心，是否对高风险和不确定性具有容忍度，是否为风险和挑战承担必要的义务是创业团队组建的关键。

3. 发现机会能力

创业因机会而存在，而机会是具有时效性的，创业者识别创业机会就是要敏锐地注意到有利的情况，捕捉甚至创造出创业机会。这就要求员工能够利用各自不同的先前知识和个性特征提高对市场的警觉性，并且能够从不同的角度对创业风险和创业收益进行科学的评价。对于创业企业而言，能否识别并抓住商业机会是创业成功的关键，在多变的商业环境下，员工对商业机会灵敏的警觉性能够增加创业成功的概率。

4. 创新能力

创新是创业企业最重要的特征，创新带动了创业，创业是创新的根本动力。在种子期阶段的创新行为不能只凭一股激情，创业者和员工需要有创意，提出具体可行的方案，设计出具有创新性的产品和商业模式。企业的产品、服务、流程和制度的不断创新和改进，需要创业员工时刻保持好奇心，思考如何为客户和企业创造价值，对市场进行合理的评估和判断。

（二）创业企业创建期阶段员工的胜任特征

在创建期的创业企业，管理逐步规范，并且产品和商业模式也已经在市场上得到了初步验证，规模效益初显。然而，人力资源流动性大，人力资本积累和存量很难沉淀下来。此外，企业运营对于资金的需求量逐渐加大，在技术研发实力薄弱和市场运营经验缺乏的困境下，不仅需要对内部资源进行有效配置，而且需要积极从外部寻找和获取新资源，面临的风险较大。此时，员工的人际关系能力、解决问题的能力和知识共享能力最为关键。

1. 人际关系能力

创业企业为了吸引投资人注入资金帮助企业经营，需要创业企业员工能够拥有高超的沟通说服能力和人际关系处理技巧，充分向投资方清晰地展示企业的发展计划和战略，让投资人充满信心地与企业建立利益共生关系。同时,创业企业开始招聘新的工作伙伴来增加企业所需要的技能资源,不断地完善企业的组织架构。员工需要有较好的沟通能力和人际关系处理能力,吸引其他人员加入企业。

2. 解决问题的能力

马化腾曾说"在腾讯过去的创业历程中,在基本确定了企业战略方向后,未来的发展过程,能否克服来自外部和内部的各种障碍和挑战,是腾讯持续成功的关键",也就是说,员工解决问题能力的提升是应对内外部挑战的关键。因此,在这一阶段,创业企业员工如何组织好企业内部的人、财、物等资源和团队建设,增强自己的决策能力和知识应用能力是非常重要的。员工需要不断地吸纳新成员、建立新社会关系和优化资源,在创业者的带领下提高组织整合人、财、物和技术资源的能力,比如在追求低成本的组织中,员工就需要有很强的成本节约意识和执行力;在设计产品时,员工要善于与组织中不同的人员合作,利用多方面资源设计符合客户需求的产品。

3. 知识共享

多频高效的互动能够加速不同的知识、技能和经验在创业团队成员间的流动和共享,促使团队在面对选择和决策时能够从多角度考虑,从而减少在不确定环境下创业决策的失误。同时,成员间的知识共享有助于创业团队整合资源,也有助于增加创业企业的凝聚力。这种通过知识共享来实现优势互补,不断地优化企业成员构成的方式是一种使团队知识价值最大化的有效路径。同时,员工之间的知识共享有助于提高成员之间认知一致性的水平,减少合作过程中的冲突,助力成员之间形成良好的协作关系。

(三)创业企业成长期阶段员工的胜任特征

在成长期的创业企业,管理队伍已经成型,员工的角色和任务更加明晰,并且产品和商业模式在一定程度上获得了市场的认可。然而,人员大量增加,跨部门的协调越来越多,并且企业产能和销售能力的局限性,使得企业的边际成本较高。为了实现规模效益,创业企业在本阶段对外部资本和核心人力资本产生了巨大的需求。此时,员工的承诺能力和风险共担能力最为关键。

1. 承诺能力

在创业企业的成长期阶段,员工的角色和责任较为清晰,彰显出企业的治理方式和企业成员之间的相互承诺。同时,员工逐渐认可企业的愿景,也更加明确承诺奉献自己的力量,从而驱使创业企业实现永久经营,表现出典型的承诺能力胜任特征。此外,不论创业过程如何艰辛,员工都会将企业愿景作为支撑,去承受创业过程中的经济和心理压力,以实现组织的目标。

2. 风险共担

在创业企业的成长期阶段,创业者挑选出最能迎合客户需求的产品和服务,致力于形成企业的商业模式。由于企业业务的快速发展,企业人员逐渐增多,跨部门之间的协调合作也越来越复杂和困难,企业面临的主要问题就是不断更新客户的需求和进行跨部门协作。这就要求员工在多变复杂的情况下能够保持稳定的心态,积极地应对,忍受较大的工作压力,与不同部门的成员共同分担风险,坚持完成既定的目标。因此,风险共担是员工在创业企业的成长期所需具备的关键胜任特征。

（四）创业企业成熟期阶段员工的胜任特征

在创业企业成熟期阶段，成熟阶段企业的商业模式已经比较成熟，公司的盈利能力凸显，核心竞争力强；创业团队开始稳定下来，企业的组织结构与制度开始变得规范，形成了企业的文化和价值观；在此阶段的融资方式和渠道逐渐呈现多样化的特点，企业的人力资本技能和素质达到峰值。此时，员工的领导力、学习能力和社会责任感是关键的胜任特征。

1. 领导力

在创业企业的成熟阶段，员工之间建立了一套规范的控制和激励机制。创业企业员工在清晰的权力和责任归属下积极互动，促进认知、情感和行为互动的整体统一。在此过程中，创业企业员工能够影响他人的工作效率，但也要接受他人的影响。

2. 学习能力

在 VUCA 时代①，创业企业所处的环境更加易变、不确定、复杂和模糊，无论是市场行情还是知识技术，更新换代一日千里。"创业者的时钟，总是要快半拍"，创业企业想要实现可持续发展，必须打造一支学习型团队，要求员工不断地充实和提高自己，从而更加合理地利用资源促进团队的发展。

3. 社会责任感

格力电器董事长董明珠说"企业具有越强的社会责任感，则其竞争力就会越强"。处于成熟阶段的创业企业已经步入正轨，但是由于新兴领域技术的变化会对企业造成影响，创业企业需要不断迭代自身的战略管理，考虑社会效益，具有长远的目光。企业员工要具备社会责任感和奉献精神，这不仅有利于他们在组织中实施角色外行为，而且使得组织文化更容易被社会认可和支持，企业在未来才能够获得更大的发展空间。

综上，结合创业企业每个阶段的特点，总结出相应阶段员工的关键胜任特征，如表 5 - 1 所示。

表 5 - 1　创业企业各阶段员工的关键胜任特征

创业企业发展阶段	创业企业各阶段特点			创业企业员工的胜任特征
	企业规模	管理机制	盈利能力	
种子期	组织未正式建立	制度不健全	无	创业激情 抗压能力 发现机会能力 创新能力
创建期	较小 人员流动高	制度不健全 管理幅度小 管理水平较低	无或较弱	人际关系能力 解决问题能力 知识分享

①　VUCA 时代是指易变不确定（Volatility）、不确定（Uncertainty）、复杂（Complexity）和模糊（Ambiguity）的时代。

（续表）

创业企业发展阶段	创业企业各阶段特点			创业企业员工的胜任特征
	企业规模	管理机制	盈利能力	
成长期	逐渐壮大 人员趋于稳定	规章制度建立 管理水平提高	快速增长	承诺能力 风险共担
成熟期	规模较大	制度较完备 管理水平稳定	增长缓慢	领导力 学习能力 社会责任感

第三节　创业企业员工胜任特征模型的应用

一、在员工招聘中的应用

创业企业的员工招聘是至关重要的人力资源管理活动，为企业的运转提供最基本的人力支持。传统的招聘主要考察应聘者的专业知识、技能和经验，员工与企业之间建立的仅仅是劳动契约关系；而基于员工胜任特征模型的招聘，不仅考察应聘者的知识、技能和经验，而且更倾向于考察应聘者的个人特质、动机和价值观等，员工与企业之间建立的是劳动契约和心理契约的关系。折扣网站 Groupon 的创始人 Andrew Mason 曾说"价值观会使员工在利益冲突的情境下，能够自觉地做出与创始人同样的决定"，创业企业对员工与企业的价值观一致性需求较高，因此，创业企业与员工之间建立以价值观为基础的心理契约关系是企业成功的必要条件。

创业企业在招聘时，首先，可以利用员工胜任特征模型设计招聘信息，精确地描述企业所需人才应具备的特征，并根据这些特征针对性地选择信息发布的平台和方式；其次，基于胜任特征模型来开发面试题库，在面试过程中，以胜任特征模型的各项胜任特征作为评价指标，对应聘者的能力、个人特质和价值观进行考察；最后，紧扣员工胜任特征模型，对应聘者进行整体的评价，确定录用人员。

二、在员工培训中的应用

依靠科学的培训体系留住人才并发挥人才的最大作用是创业企业长久发展的重要保障。不断变化的商业环境要求创业企业的员工不断地更新自己的知识技能，为创业企业的发展提供源源不断的动力。基于员工胜任特征模型的培训体系，不仅能够帮助员工快速地了解创业企业的愿景、价值观和共同的目标，而且能够帮助创业企业根据不同的阶段需求对员工进行针对性的培训，提高员工的综合能力。

创业企业在培训员工时，首先，利用员工胜任特征模型明确培训的目的和方向，同时也让员工明确胜任自己工作所需要的知识和技能，找到自己与岗位实际需要胜任特征之间的差距;其次,根据评估出的差距制订培训的计划,实施针对性的培训计划,提高培训的效率,加速员工的成长;最后,根据员工胜任特征模型确定评估指标和方法,对培训效果进行评估。

三、在薪酬激励中的应用

薪酬激励是最直接有效的激励方式,对员工的创新能力、创业激情和价值创造能力等具有很大的刺激作用。创业企业需要根据自身的实际情况设计相应的薪酬激励体系来激发员工的各项能力,提高员工的忠诚度。传统的薪酬体系更多的是以岗位的价值大小确定薪酬,而创业企业则基于员工胜任特征构建薪酬激励模式,综合考虑员工的表现、潜质和个人特质,提升了激励政策的指向性。

创业企业在实施薪酬激励的过程中,以员工的胜任特征的评价结果确定薪酬的差距。创业企业的组织结构一般是扁平化结构,可以采用宽带薪酬体系。首先,根据员工胜任特征模型把每个宽带分为若干等级;其次,根据各个员工实际表现将他们放置在不同的宽带等级中,将企业的薪酬管理与胜任特征进行有效衔接。

四、在人才盘点中的应用

企业的战略和目标是靠人去实现的,而创业企业人少活多,资源有限,更需要把"好钢用到刀刃上"。企业通过定期的人才盘点,实施针对性的行动计划,有助于不断发现和更新人才体系。创业企业的组织结构往往比较扁平化,人们工作的重心往往是在业务的生死存亡上,创业企业利用员工的胜任特征模型形成的统一标准来评价人和招聘人,形成逐渐对标的过程,对企业的长远发展是具有深刻意义的。

创业企业在进行人才盘点时,主要利用员工胜任特征模型确定人才标准。创业企业会利用员工胜任特征模型提出企业文化和价值观对员工的行为要求,明确员工的岗位角色和能力指标,同时会详细阐述能力指标的行为等级要求,其中包括指标定义、核心要求和指标维度。在确定企业人才标准后,会进一步选择盘点工具,召开盘点会。

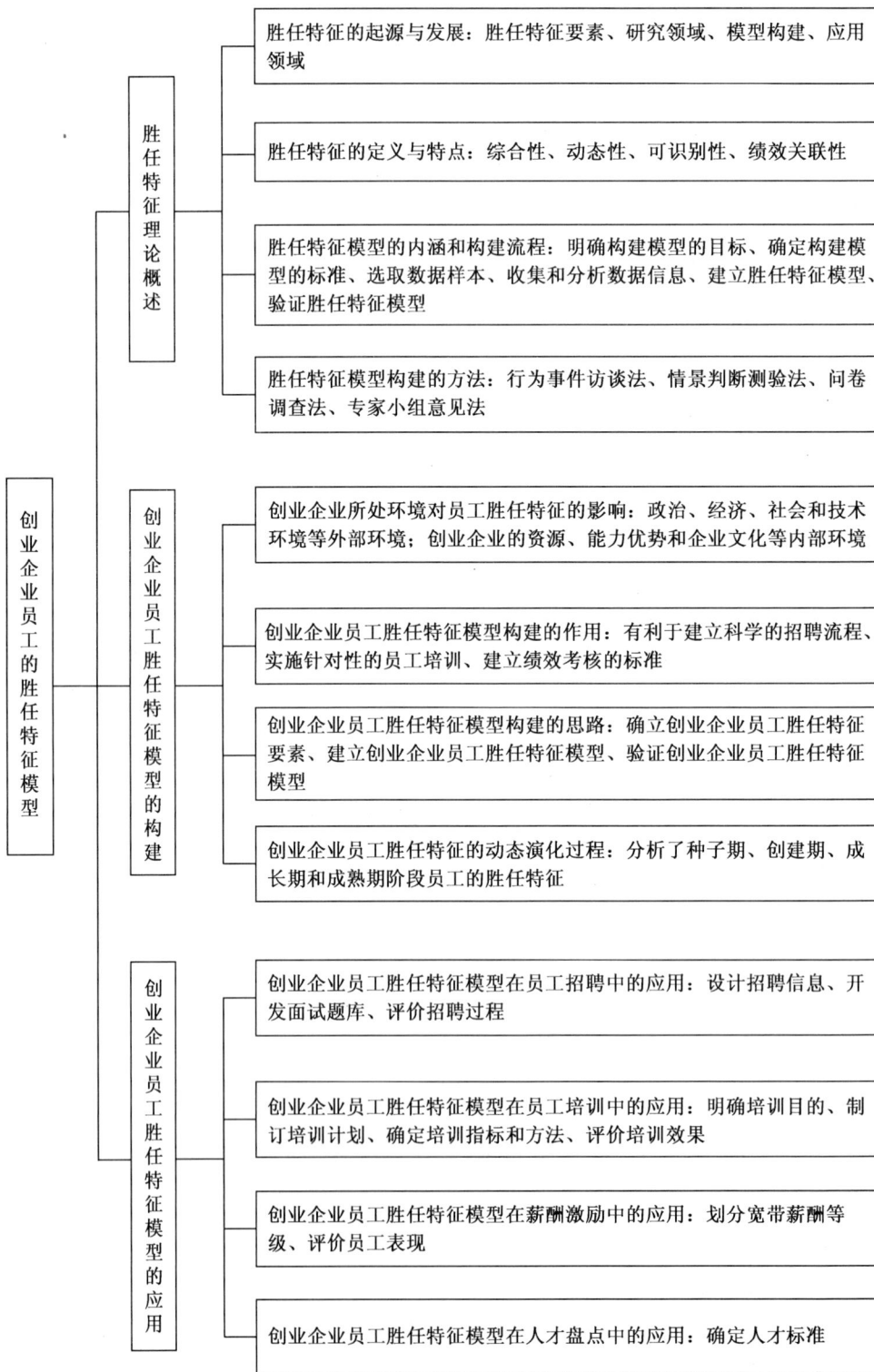

本章小结

5

创业企业员工的胜任特征模型
├─ **胜任特征理论概述**
│ ├─ 胜任特征的起源与发展：胜任特征要素、研究领域、模型构建、应用领域
│ ├─ 胜任特征的定义与特点：综合性、动态性、可识别性、绩效关联性
│ ├─ 胜任特征模型的内涵和构建流程：明确构建模型的目标、确定构建模型的标准、选取数据样本、收集和分析数据信息、建立胜任特征模型、验证胜任特征模型
│ └─ 胜任特征模型构建的方法：行为事件访谈法、情景判断测验法、问卷调查法、专家小组意见法
├─ **创业企业员工胜任特征模型的构建**
│ ├─ 创业企业所处环境对员工胜任特征的影响：政治、经济、社会和技术环境等外部环境；创业企业的资源、能力优势和企业文化等内部环境
│ ├─ 创业企业员工胜任特征模型构建的作用：有利于建立科学的招聘流程、实施针对性的员工培训、建立绩效考核的标准
│ ├─ 创业企业员工胜任特征模型构建的思路：确立创业企业员工胜任特征要素、建立创业企业员工胜任特征模型、验证创业企业员工胜任特征模型
│ └─ 创业企业员工胜任特征的动态演化过程：分析了种子期、创建期、成长期和成熟期阶段员工的胜任特征
└─ **创业企业员工胜任特征模型的应用**
   ├─ 创业企业员工胜任特征模型在员工招聘中的应用：设计招聘信息、开发面试题库、评价招聘过程
   ├─ 创业企业员工胜任特征模型在员工培训中的应用：明确培训目的、制订培训计划、确定培训指标和方法、评价培训效果
   ├─ 创业企业员工胜任特征模型在薪酬激励中的应用：划分宽带薪酬等级、评价员工表现
   └─ 创业企业员工胜任特征模型在人才盘点中的应用：确定人才标准

复习与思考

1. 什么是胜任特征？胜任特征有哪些特点？
2. 什么是胜任特征模型？胜任特征模型的构建方法有哪些？
3. 创业企业员工的胜任特征会受到哪些因素影响？如何影响？
4. 为什么要构建创业企业员工的胜任特征模型？
5. 创业企业员工胜任特征模型构建的思路是什么？
6. 创业企业的发展有哪些阶段？每个阶段的员工胜任特征有哪些？
7. 创业企业员工胜任特征模型是如何应用到招聘甄选中？

案例分析

折足覆餗：问心公司为何创业未半而中道崩姐？

成立前夕的公司

2015 年的圣诞夜，在杭州西溪创意产业园的一座办公别墅内，方总与小张、小江、王姐和林老师等五人，就构想的创业项目进行了第一次例会讨论。这个创业项目是方总在自己同学和朋友的介绍下一步步谋划的。

创业团队成员基本情况

成员	背景
方总	问心公司发起人，著名大学 MBA，连续创业者，有 10 年线下教育培训行业从业经验，已办公司状况良好。
小张	著名海外高校本科，创业激情高昂，吃苦耐劳，问心公司唯一全职人员。
王姐	著名大学在读生 MBA，10 余年品牌管理经验，有家族企业。
小江	著名大学在读生，营销专业，创业激情高昂，有人脉资源。
林老师	国内知名心理产品研发专家，广州某著名大学教师，有丰富的教学经验。

第一次参加创业例会，每位成员都满怀期待，充满信心。由于方总一直从事教育培训，创业的大体方向也选定在教育领域。在例会中，大家一致认为，应试教育在国内依然是刚需，在提升效果的深度上仍有空间，企业可以打造心理学产品，并将其定位为教学插件，为应试教育服务。大家共同选定了"问心公司"为公司名称，并确定了以方总为领导的公司股权架构。

兴奋开局后的隐患

问心公司的阶段目标就是抓紧时间将公司正常运营起来。每周的团队例会都会讨论公司需要完善的地方，在头脑风暴环节大家的思维都能碰撞出火花，灵感不断涌现。大家对创业项目的构想都很满意，也对未来充满了憧憬。

林老师是公司的核心人员,心理产品的负责人,他一直怀着一颗创业的心。但林老师是大学的全职老师,通常在处理完自己的事情后,才能够回过神来处理问心公司的事情。所以,尽管有些事情看上去很简单,可以很快处理好,林老师却会拖上几天,直接影响其他成员的工作进度。公司希望能尽快找到一位全职的心理产品负责人。林老师推荐了一位据说非常可靠的人,但很快得知,这次找到的人又是"兼职"的,无法全心为公司付出。

这些看似细小的操作性问题,大家刚开始并不在意,总觉得一旦上路,自然水到渠成,但恰恰是这些具体的小事,不断阻碍着公司的顺利发展。林老师在其他团队成员眼中的光辉形象逐渐受到影响,大家开始在公开和半公开的场合抱怨,一时间公司的人际关系突然变得微妙起来。

层出不穷的问题

公司还没有步入正轨,除林老师之外的其他成员也暴露出各种问题。首先是工作的积极性,团队的几位成员大多不愿意加班,会以有事情为由,迟到早退,甚至有时候不来上班;同时,团队成员之间的能力不太互补。这些情况让方总感觉到和第一次激情洋溢的会议气氛相比,情况似乎有点不太对。但是,方总自己也有很多事情要做,根本没有太多时间和成员慢慢沟通,只能在开会时口头上要求大家尽量投入一些。

有一天,雨下得很大,小张去银行处理一些业务,当湿漉漉的小张回到公司后,无意中看到了其中一位团队成员在逛淘宝,心里的种种不快慢慢挂在了脸上。为了不发生争吵,小张到方总的办公室找方总谈话。到了办公室后,小张直言不讳地说道:"方总,家里本来安排我去银行上班,我拒绝了,我想创业。时间就是我们大家付出的成本,现在这个样子,让我心里很不快乐。到目前,产品线还没出来,是不是应该让林老师那边加紧和我们进行沟通。公司成立已经一个多月了,没有任何进展,除了把宣传海报设计了一遍又一遍,微信公众号、推文、销售都没有进行,需要赶紧解决这些问题。还有,小江经常请假,她总是说学校要上课,要写毕业论文,交代她的事情总是要往后拖,答应别人的计划书也拖这么久都没有写好,更别提业务了。虽然,王姐的想法是最多的,总结能力最强,但是,王姐除了要忙家里一大摊事情外,还经常要去医院,唉,都是解不开的问题。"方总皱着眉头听着,表情凝重,这些话句句戳中方总的心。

很快,方总在例会上提出了这些问题,七嘴八舌之下,似乎每个人都有着无可厚非的理由,最后大家讨论出了一个方案:不强制要求来办公地点,以结果为导向,把自己的工作完成即可。可是,后来发现,用碎片化时间来处理工作,工作效率很低,工作仍会一拖再拖。

蹒跚前行的矛盾

转眼到了2016年3月中旬,团队成员对这段时间的迷茫和纠结进行了深刻反思,虽然公司还未能进入正常运营,但是工作还需继续推进。通过讨论,大家一致决定转变现阶段公司的业务方向,主攻线下业务。在线下业务中,方总发现了团队成员在工作态度上有很大不同。比如,方总和小张将一线工作视为历练机会,满腔热血去一线工作,但王姐和小江似乎都不愿意,她们更加愿意策划。意识到这些问题之后,方总和小张对王姐和小江颇有微词,但一直没有很好的措施去改变这种状况。

面对不断积累的矛盾和冲突,团队的士气有些低落。方总认为,每位团队成员都非常有能力:小张为人踏实,工作热情,工作积极性高;王姐经验丰富,懂得各种行业,能够一针见血地给出自己的独到见解;小江主动结交人脉,对于营销有独到见解,引荐了不少资源。但现实情况是,除了小张之外,团队中的其他成员都不是完全投入到工作中,这对大家的执行力造成了消极影响。

无法解开的争执

公司的工作仍需继续,但公司内部的各种矛盾日益加深。于是王姐对公司的不满爆发出来了,向方总打了一个招呼说到朋友公司去了。而林老师则还在广州上班,没有过多的精力投入到工作中。

最合得来的创业战友小张和方总之间也生出了嫌隙。小张认为方总也不能全心投入工作,让他一个人坐在办公室干着急。对于小张而言,最痛苦的事情就是有力不知道往哪里使,他很想尽自己一份力,可是当方总不在时,缺乏经验的他却不知道该如何去完成工作。

终于,小张在一件事情上和方总直接扛上了,方总不仅上班总是迟到,而且也没有按照规定时间完成工作。小张大声地吼到:“自公司创建以来,都过去这么久了,方总你就这么舍不得花钱去招人,就我们两个,事情也做不完,你周五转身就走了,事情都扔给我,我又做不来,你是不用着急,还有其他工作,我就这一份工作,我现在不想干了,我明天就去银行工作。”说完这些话后,小张头也不回地走了,再也没出现在公司里。

问心公司走到如今,已经是人困马乏、山穷水尽的状态了。

落寞结局后的反思

创业就是这样迷茫,这种迷茫让人很痛苦、自责与焦虑。问心公司的创业项目基本上宣告失败。面对如此结局,方总有点想不明白:都是优秀的人,高学历、高能力,经验又丰富,这么好的条件组合在一起,想想都觉得能够顺利将公司办好。但是,为什么会出现团队成员陆续离开、工作满意度下降、业务起色慢、成员之间矛盾冲突难以处理等情况呢?

方总一个人孤单地坐在冰冷的办公室里,久久难以释怀……

资料来源:http://www.cmcc-dut.cn/Cases/Detail/3825(有删改)

讨论:

1. 在案例中,问心公司经历过哪些发展阶段?在这些阶段员工具备哪些胜任特征?
2. 为什么问心公司创业未半而中道崩殂?
3. 假如你是方总,你会怎么做才能避免问心公司创业失败?

第六章　创业企业价值观管理

学习目标

➢ 掌握创业企业价值观管理的内涵；

➢ 理解和掌握企业价值观管理的难点；

➢ 掌握创业企业价值观管理的途径；

➢ 理解创业企业价值观管理模型。

开篇故事

阿里巴巴CEO卫哲引咎辞职事件

2011年2月21日下午,阿里巴巴B2B公司宣布,为维护公司"客户第一"的价值观及诚信原则,2010年公司清理了约0.8%逾千名涉嫌欺诈的"中国供应商"客户,公司CEO卫哲、COO李旭晖因此引咎辞职,原淘宝网CEO陆兆禧接任。阿里巴巴表示,公司决不能仅仅变成一家赚钱的机器,让天下没有难做的生意才是其使命所在。

事件起因:1 107名供应商涉嫌诈骗

阿里巴巴B2B公司发现从2009年底开始,平台客户的欺诈投诉有上升趋势。近一个月前,B2B公司董事会委托专门的调查小组,对上述事件进行了独立调查,查实2009、2010年两年间分别有1 219家(占比1.1%)和1 107家(占比0.8%)的"中国供应商"客户涉嫌欺诈。上述账户已经被全部关闭,并提交司法机关调查。

在调查环节中,有迹象表明B2B公司直销团队的一些员工,为了追求高业绩高收入,故意或者疏忽而导致一些涉嫌欺诈的公司加入阿里巴巴平台。先后有近百名销售人员被认为负有直接责任。这些人员将按照公司制度接受包括开除在内的多项处理。

事情的发展

• CEO及COO双双辞职

公告董事会认为,这种大面积出现的组织性问题需要本公司继续强化价值观管理才能解决。"基于对客户第一的使命感和阿里人为了组织健康的责任感",公司CEO卫哲、COO李旭辉主动承担责任向董事会申请辞职。原淘宝网CEO陆兆禧将接任卫哲出任B2B公司CEO。同时,公司也严肃处理了近百名负有直接责任的销售人员。

卫哲为事件进行公开道歉时表示,"这四五年里,我刻骨铭心地体会到以客户第一为首要的阿里巴巴的价值观是公司存在的立命之本！尽管我们是一家上市公司，但我们不能被业绩所绑架，放弃做正确的事！阿里巴巴公司存在第一天就不在乎业绩多少，业绩是结果，不是目标！我学习到作为阿里人要勇敢地面对并承担自己的责任"。

• 马云发邮件重申价值观

阿里巴巴B2B董事会主席马云随后在写给员工和客户的邮件中痛斥了这种行为，称"对这种触犯商业诚信原则和公司价值观底线的行为，任何的容忍姑息都是对更多诚信客户、更多诚信阿里人的犯罪！"

"过去的一个多月，我很痛苦，很纠结，很愤怒……但这是我们成长中的痛苦，是我们发展中必须付出的代价，很痛！但是，我们别无选择！我们不是一家不会犯错误的公司，我们可能经常在未来判断上犯错误，但绝对不能犯原则妥协上的错误。

如果今天我们没有面对现实、勇于担当和刮骨疗伤的勇气，阿里将不再是阿里，坚持102年的梦想和使命就成了一句空话和笑话！"

——引自马云内部邮件

请分析：阿里巴巴董事会主席马云为什么如此重视价值观管理？

第一节　价值观与组织价值观

价值观（values）是一种用于引导人们选择、评估一种行为或者一种情况的信念。价值观会对行为产生影响，可以促使个体或者组织更好地适应环境，同时价值观也是态度和行为的根本基础。价值观分为个人价值观、组织价值观和社会价值观。组织是指人们为了实现一定的目标，互相协作结合而成的集体或者团体。比如：工会、组织、企业、军事组织等。Schein（1985）将组织价值观定义为从组织共享价值观和信仰中提炼出来的一组核心价值观，是组织成员所共享的用来指导行为和决策的理念，是用于指导组织各项活动的哲学。组织的价值观决定了组织的行为，会影响组织在众多方法和目的中如何做出选择。

组织价值观的功能主要表现为：首先，价值观可以对置身于组织中的个体起到一定的约束作用。在组织价值观的支配下，组织的成员会自觉地按照组织的价值观对自身的行为进行一定的规范。第二，价值观将员工的自我价值实现与组织的价值目标的实现结合起来，组织通过激励机制为组织成员提供价值实现的平台。第三，组织价值观类似于一种理性的黏合剂，把组织成员固定在同一信念目标上，以其大量微妙的方式沟通组织成员的思想，创造一个共同合作的平台，把组织内部各种力量汇聚到一个共同的方向，齐心协力地实现组织目标。第四，组织价值观作为一种价值目标、价值取向为组织内部提供一种走向共同目标的指导性意识，为组织成员的日常行为规范提供一定的方向。最后，组织价值观可以协调组织与组织成员之间的人际关系。总体而言，组织价值观在组织管理中起到了对组织经营管理的导向作用、对组织生存与发展的精神支柱作用、对组织成员潜在能力的释放作用以及对改善上下级关系的协调作用。

一、价值观的内涵

早期,人们认为价值观是一种认知理念,具有外显或内隐的存在形态,对个体或群体在选择行为方式、方法和目的时产生影响。价值观能支持人们去做正确的行为,指引人们分辨好坏、判断正误,并做出决策。

价值观的内涵分为三个层面。一是,价值观是人的观念,既是内隐的,隐藏于人的内心;也是外显的,能通过人的行为表现出来。二是,价值观是一种评判行为正误和事物好坏的标准。三是,价值观具有导向作用,能影响个体的行为。通俗地来讲,价值观就是个人进行判断并指导行为的心理倾向系统。作为心理倾向系统,价值观在很大程度上影响着个人的行为动机和决策,甚至直接决定行为。也就是说,我们有什么样的价值观,就会有什么样的态度,进而产生什么样的行为。对于企业员工而言,他们进入企业后,对于该做和不该做、重要和次要的等问题的思考,都会受到个体价值观的影响。

二、工作价值观、职业价值观和企业价值观

工作价值观是员工在进行与工作相关的是非判断时采用的一系列标准,是一种直接作用于行为的工作价值取向。职业价值观指人们关于职业生活和选择的价值取向。企业价值观是企业员工经过内化了的共有规范性信念。

工作价值观、职业价值观的范围界定虽存在一定差异,但其共性都是从个体的角度出发,探讨个人在工作或职业上的价值观。企业价值观是从组织或企业的角度出发探讨超越员工和企业家个人层面的"群体意识"。在某一具体企业中,由于个体价值观千差万别,而企业价值观在一定时期内会保持相对稳定,员工在其职业生涯发展中会根据企业价值观修正自己的工作价值观和职业价值观。

三、企业价值观管理

企业对价值观的管理相比于价值观本身更能对企业绩效产生积极影响。价值观管理是指管理者通过建立、推行组织共享价值观,形成相应制度影响员工价值观一致性,以更好地实现组织各种管理职能和组织目标的过程。价值观管理的概念整理如表6-1所示:

表6-1　价值观管理的基本概念

类型	作者	概念
管理方式	斯蒂芬·罗宾斯 (1997)	价值观管理是管理者建立、推行组织共享价值观的一种管理方式
	叶泽川(2002)	价值观管理是一种对员工思想的软性管理手段
	保罗·格里斯利 (2002)	(1)发现员工的价值观念是什么;(2)推动员工与企业倡导的管理价值观念一致
	戴圣鹏(2012)	企业把企业的价值观作为管理对象,把企业的价值观内化到企业的生产、经营、管理活动中去的一种新的企业管理模式

(续表)

类型	作者	概念
管理方式	刘鑫(2015)	价值观管理体系是通过社会角色、从众、服从和说服等社会影响机制来维持员工企业价值观一致性
	栾贞增(2015)	价值观管理是对利益相关者的价值理念进行管理的动态过程
核心论	单孝虹(2002)	价值观管理作为企业文化建设、目标定位的核心,是企业凝聚力的黏合剂,是企业发展的精神支柱,在现代企业管理中具有核心作用
	乔东、吴倬(2003)	价值观管理理论是一种以价值观的管理为核心,以全面提高组织和人员的综合素质为目标,以更好地服务于社会大众和推进人类社会可持续发展为己任,制定和实施组织竞争战略的理论
战略领导工具	Shimon Dolan; Salvador Garcia(2002)	价值观管理是一个新的战略领导工具,其核心内容是"让公司员工在日常工作中共同传递和沟通公司的价值观"
	冯周卓(2003)	价值观管理是立足于价值观之上,起着简化、导向、诱导、忠诚作用的一种新的战略领导工具

资料来源:张梦蝶.基于扎根理论的企业价值观管理过程研究[D],北京:首都经济贸易大学,2018.

第二节 企业价值观管理的功能与意义

6

企业价值观是企业文化的核心要素。1992年,哈佛商学院的詹姆斯·赫斯克特和约翰·科特教授出版《企业文化与经营绩效》,总结了他们在1987—1991年对美国22个行业72家公司的企业经营状况和文化状况的深入研究,列举了不同类型企业文化对企业长期经营业绩的影响,并用一些著名公司的失败与成功案例,力证企业文化对组织长期经营业绩有着重要的影响,并预言企业文化将成为决定组织成败与兴衰的关键因素。

美国学者特伦斯迪尔和阿伦·肯尼迪在《西方企业文化》一书中指出"价值观是任何一种企业文化的基石,价值观是一家公司成功哲学的精髓"。因此价值观与企业绩效密切相关。企业的价值观是价值观管理的基础,企业的未来是由企业各个层次和职能部门的管理者与员工在日常进行的价值创造活动当中,通过共同沟通与传递公司的价值观而形成的。企业的绩效不仅来源于企业的高效率,还来源于员工的创造力、信任和诚实等价值观元素。

一、价值观管理重塑绩效文化

诸多企业大力推行和提倡价值观管理,取得了巨大的商业成功。企业通过"价值观与业绩"两个维度来评估与描述不同类型的员工特点与贡献,根据其价值观与业绩情况做出判断,充分反映价值观与业绩的重要关系。企业定义绩效时的首要关键就是明确倡导什么、反对什么。没有这种符合组织价值观的绩效文化明确落地,就很难使绩效真正做好、深入人心。

二、价值观管理保障组织战略实现

组织的管理实践只有体现组织的价值观,才能有效地规范和引导员工的行为,从而对企业的战略目标实现起到保障作用。如在涉及员工核心利益的绩效考核与晋升方面,将员工行为与组织价值观的匹配性作为考察与管理标准,引导员工按照组织价值观认同的方式实现组织目标;在客户价值创造方面,根据市场和客户需求的变化,围绕组织价值观,对组织的客户经营行为进行反思与改善,更加有效地指导各级员工的管理与运营行为;在薪酬福利保障制度方面,每隔一段时间在组织价值观分析与盘点的基础上,对公司的薪酬福利进行适当调整,保障相关利益;在内部审计方面,依靠审计流程,纠正和制止违反组织价值观的行为,使价值观保持持续的生命力。

三、价值观管理引导员工行为

组织价值观对约束不利于组织的行为具有重要意义。哪些钱能赚、哪些钱不能赚、哪些事该做、哪些事不该做,不仅仅取决于认知水平,更取决于态度,态度背后就是整个组织的价值观。所以,方向不能错,方向一错,再好的绩效管理技术,都必然适得其反。在一个组织中,每个员工的个人岗位绩效指标可能各不相同,但形成绩效背后的行为特点、行事理念是相同的,这就是所有员工应该共同遵守的组织价值观。

能把具有不同经历、背景和知识结构、不同行事理念的员工,在具体行动上做到统一调度、能够真正自动自发地工作的黏合剂,就是组织价值观。如果组织相信"创造性"的价值观,但管理层不对创造性工作给予刺激与奖励,即使口头上大肆宣传创新的重要性也毫无意义。鼓励与约束员工最重要的手段就是激励与绩效考核制度,其对组织价值观的内化具有最强的影响力。建立面向价值观管理的绩效考核制度,可以在组织价值观的引导下,对价值观指标进行量化设计,设置指标并纳入员工定期的绩效考核过程,奖励被鼓励的行为,惩罚被约束的行为。员工会受到自身的社会角色、从众、被说服与服从、利导等社会影响机制的影响,产生对组织价值观认同的内心动力,主动与组织倡导的价值观与个体的价值观进行深入的整合。通过价值观管理,一方面能够使员工对价值的认知逐渐到达统一的标准,另一方面也能够使员工对实现价值的过程符合组织价值观的要求,用正确的方式与方法保证组织价值目标的实现,最终促使组织产生高质量的结果绩效水平。尤其当相关工作的手段与结果关系比较明显时,创业企业更需要开展面向价值观的绩效管理体系和激励体系。

第三节　创业企业价值观管理的挑战与难点

建立基于价值观的管理方式是实现基业长青的一个重要途径。

——科林斯《基业长青》

创业企业价值观管理,是指创业企业在追求经营成功过程中,企业创始人对企业性质、目标、经营方式等价值取向做出选择后,推动员工行为与企业价值取向达成一致,最终形成企业全员推崇的稳定信念的管理过程。创业者对企业价值观管理的不断深化,能够为创业企业注入更加持久的精神支撑力。

一、创业企业价值观管理的挑战

处于初创阶段的企业要解决的首要问题是生存问题,这为价值观管理带来极大挑战。为了正确地理解创业企业价值观管理的含义,我们必须明确这一时期价值观管理的三个特点:

1. 创始人个人色彩浓厚

企业文化一定意义上被认为是企业家的文化。企业越是独立自主地经营,企业的自主权利就越大,企业家责任就越大。在创业企业中,这一点更加得到证实,创业企业的创始人在初创时期,对企业的运作事必躬亲,从决策到执行,创始人的行为都会直接影响企业文化。很多创始人在创业之初并未注重企业文化,这时的企业文化是粗犷的、自发的,企业价值观几乎完全与创始人个人相挂钩。如果这种个人色彩长期发展下去,就会抹杀企业员工的创造性,降低组织的学习能力。

2. 价值观呈现不成熟状态

企业在创业阶段主要解决如何在竞争环境中的生存和扩张问题,把重要资源放在开拓市场和获取利润上。结合创业企业自身的特殊性,大多数创业企业管理流程不完善,制度建设不系统,使这一时期企业价值观并未能深入到制度和物质层面。

3. 创业企业员工群体价值观日益多元

当前 90、00 后年轻人逐渐成为创业企业员工主体,这些新生代员工有活力,有抱负,有激情,但同时追求独立与自由,物质主义倾向较强。与此同时,创业企业提倡艰苦工作、奉献在前、回报在后的工作理念,许多新生代员工难以接受和认同这样的管理模式。新生代员工与管理者存在比较明显的价值观差异,这对于创业企业价值观管理形成较大挑战。

二、创业企业价值观管理的难点

价值观管理的难点是组织价值观的内化。组织价值观的内化指组织通过各种渠道将组织所建立的价值观灌输给组织成员,使组织成员接受并认同,并依照组织价值观来规范自己的日常行为的过程。组织价值观的内化,本质上就是组织的成员接受组织价值观的过程。一旦组织的成员能够接受、理解组织的价值观,那么组织成员在面对不同的情境时仍然能够做出正确判断并运用正确行为,使得组织的行为具有可预测性与稳定性,减少组织内部的行为冲突和行为不确定。个人与组织价值观的协同能帮助组织成员理解工作的意义,引导他们尽自己的最大努力,尽职地完成工作,从而改善组织效率低下,竞争力弱的状况。因此只拥有一个正确的价值观并不是价值观管理的全部,更重要的是让价值观为组织成员所接受,成为组织成员行为的准则,这样价值观管理才能发挥其应有的成效。价值观内化过程分为价值观认知、价值观认同和价值观整合三个阶段。

(一) 价值观认知阶段

价值观认知是价值观内化的基础。个体在加入组织之前,已经形成个体自身的价值观。根据梅奥的社会人假设,个体在加入组织之后渴望获得同事及组织的认可,这一过程的前提是接受组织所倡导的主流价值观。那么在接受之前,个体首先要对组织价值观进行准确的认识。心理学的相关研究指出:情感与认知相辅相成,互相影响。坏的情感会影响人们观察、记忆的效率,而好的情感将会加强个体对于某事物的认识。这就对组织价值观宣传方式、灌输手段提出了一定的要求,组织应当结合情感特征,激发组织成员的情感因子,不断强化其对价值观的认知。

(二) 价值观认同阶段

一般而言,价值观认同方式分为自觉认同、引诱认同和强制认同。自觉认同对组织成员招聘过程提出了一定的要求,组织在进行招聘时应当注重应聘者的价值观与组织价值观的匹配。同时组织需要进行价值观灌输手段的设计以达到诱导组织成员认同组织价值观的目的。而强制认同则需要组织依据组织的价值观来进行制度的设定,为组织成员的行为设置边界。把价值观指标纳入员工绩效考核内容的构想就是一种强制认同管理手段。

(三) 价值观整合阶段

价值观整合是指个体在前两个阶段的基础上,将组织价值观与个体价值观整合。价值观整合是组织成员真正接受组织价值观,并将其作为自己的日常行为准则,指导日常工作以及行为的过程。主要通过以下三种途径来整合:一是通过不断地践行来对价值观进行强化,使得个体对组织价值观有更深的认识和理解;二是组织的正面评价。员工是社会人,重视社会对自己的评价。当自己的行为受到组织或者周围人的正面评价或者赞扬时,就会强化这一行为。当组织不断地对遵从价值观的决策或者行为进行正面评价后,组织成员就会更加积极的遵从组织价值观;三是对已经认同的价值观提供反复表达的机会和场合。当组织成员将组织价值观整合为自己的价值观后,即使没有组织的监督也能做出符合组织价值观的决策。

在价值观管理过程中,存在一些痛点,主要有以下两点:

1. 价值观缺失或者表述不清

虽然目前大部分的组织领导者都意识到了价值观对于组织长期发展以及组织财务增长的重要性,并开始在组织内部实施价值观管理,但在创业企业中往往存在组织价值观缺失的现象。如果组织缺乏价值观,那么组织就缺乏联结组织和组织成员的黏合剂,使得组织的各项活动混乱,组织内部士气不高,组织成员的忠诚度降低。还有相当多的组织存在价值观表述不清的状况。一些创业企业对价值观的认识模糊,不能正确地对价值观进行提炼和表述。

2. 价值观"口号化"

一些创业企业在价值观管理过程中,印刷在文件中、宣传材料中的价值观与组织成员在日常实际行动中反映的价值观存在差异,组织价值观管理止步于价值观内容的提炼环节。组织没有把提炼出来的价值观落实到日常的行为以及决策中去,只是让组织价值观高高地悬挂在上层,成为一句空洞的口号。价值观要通过行动体现,而不是仅仅停留在口头上,行为表现出来的价值观才富有生命力,而名义上的价值观只是空洞口号。如果创业企业在实际运营过程中不遵循组织价值观,就很可能会出现为了组织的短期利益而盲目决策,做出一些损害组织名誉,甚至将组织引向毁灭之路的行为。

第四节　创业企业价值观管理策略

一、创业企业价值观管理的方法

做好价值观管理能够将企业的精神内化在员工心中,使员工在工作时自觉将企业理念、价值观应用在实际工作中,规范自己的行为,帮助企业实现健康发展。那么,如何更好地进行价值观管理呢? 创业企业可以通过以下几种途径对价值观进行管理:

1. 健全相应规章制度,落实到组织行为

创业企业通过制订相应的行为规范和管理制度,在实践中不断强化,努力转变员工的思想观念及行为模式,不断加深企业价值观对员工的影响。例如,华为的《华为基本法》对创业企业具有重要借鉴意义。

2. 对企业价值观进行反复宣传和强化

首先,公司的布局、员工衣着、办公室的陈设等都可以面向员工传递价值观信息。其次,仪式、典礼和故事象征着组织更深刻的价值观。例如,加州大学伯克利分校给获得诺贝尔奖的教授颁发特别的停车证,拥有此停车证,就有了在校园内随意停车的特权。最后,语言也可以体现企业价值观。随着时间的推移,组织内部往往会创造出自己特有的名词来描绘关键的人和物,还可以通过如组织宣言、标语等书面语言表达企业核心价值观,强化企业价值观的宣传与发展。

3. 通过组织领导者或模范榜样的示范进行强化

在上海申菲激光光学系统有限公司创立之初,公司总经理应永伟"亲力亲为",自己亲自起草公司的《基本法》、发展战略、企业文化、设计公司对外的形象……早在公司成立之初,申菲还没有走上正轨,一切都处于创始阶段,管理还很不到位;但就是这样的企业,世界驰名的荷兰飞利浦公司想和它合作,共同来开拓世界市场。申菲凭什么获得飞利浦的青睐呢? 答案就在于应永伟凭借自己的"文气"来建设企业文化。

4. 设计仪式,组织群体活动

优秀的企业文化中的一些仪式表达强化了核心价值观。通过一些恰当的仪式或群体活动,加深组织成员对组织核心价值观的理解与认同。一个企业最大的困难是如何让公司的理念变成员工的理念,仅从口头倡导是远远不够的。很多企业说企业文化只是在墙上挂挂、嘴上说说的事,其实不是企业文化无用,而是企业不知如何让企业文化有效。价值观推广活动(Values Recognition Program)是 A. O. 史密斯公司发起的,该活动是为了鼓励那些认同公司价值观并为之做出贡献的员工。活动效果非常显著,员工开始主动了解自己公司文化,更重要的是,这些文化渐渐成了员工的行动指南。这个活动连续举办了27年,已经成为 A. O. 史密斯公司最受欢迎的活动之一。在 A. O. 史密斯,价值观推动活动已是一项成熟的人力资源管理实践,主要有四个步骤:第一,根据公司发展需要,规划本年度的价值观推动活动;第二,鼓励员工互相提名"价值观践行者";第三,管理层集体讨论;第四,奖励和宣传获奖的个人或团队。

二、创业企业价值观管理的步骤

1. 企业价值观的提炼

创业企业首先需要提炼企业价值观。创业企业价值观的提炼应该遵循以下的流程:厘清企业发展的历程,找出在企业发展历程中起关键作用的管理模式和管理理念;对起关键作用的管理模式和管理理念进行分析,找出起关键作用的原因;确定这些关键的管理模式和管理理念被员工接受程度的高低;设计让这些管理理念被员工接受的管理实践和管理制度;最后根据环境的变化,不断丰富和发展自身的管理理念。

2. 确立以价值观为基础的雇佣理念

在已建立的企业价值观体系的基础上,创业企业应确立一个符合企业价值观的雇佣理念。一方面,对于创业企业来说,一名符合企业价值观的新员工的加入能减少员工管理成本,提升组织人力资本。另一方面,由于价值观是相对稳定的,新员工加入企业后,如果其价值观与企业价值观协调一致,则会较快地接受企业的文化,如果其价值观与企业价值观不一致,则后期的企业培训也很难有效。所以,这就要求创业企业要使雇佣的整个进程都与企业价值观相匹配,并借助先进可靠的工具,对求职者的价值观进行识别,筛选出符合企业价值观的应聘者。

3. 把价值观管理融入员工培训的全过程

当创业企业招聘到与企业价值观相匹配的员工后,下一步就是把价值观管理融入员工培训的全过程,使每一位新入职的新员工都清楚地知道自己所在企业的价值观追求。创业企业把企业价值观融入新员工培训的全过程会比成熟企业更有效,有利于让企业价值观深入人心,让每个新员工认识到自己是公司价值观的维护者。需要注意的是,对于接受过相对完整的教育、思考独立、追求成就欲望相对强烈的新员工来说,简单的培训教育可能难以有效地塑造企业价值观。因此,在把价值观管理融入员工培训的过程中,创业企业还要紧密结合新员工的专业、特征和兴趣特征,通过教育、培训和工作岗位设置等多种方式进行引导。

4. 加强对员工价值观的日常维护

创业企业要特别重视对员工价值观的日常维护,将企业价值观贯彻到晋升和解雇员工的整个人力资源管理的过程中。创业企业对员工的价值观进行维护,就是要建立规章制度和奖惩措施来规范员工的行为,使其在遵守企业规章制度的行为中自觉不自觉地形成与企业一致的价值观。对违背企业价值观、阻碍企业价值观传播的员工进行惩罚甚至将其解雇。如此,创业企业员工的价值观才能与企业价值观一致,才能使企业价值观在员工心中生根、开花、结果。

5. 不断丰富和发展企业价值观的内涵

随着企业内外部环境的变化,创业企业还应当不断丰富和发展企业价值观的内涵,提升或改革已过时的企业价值观,赋予企业价值观新的内涵,使企业价值观与时俱进,持续推动创业企业的发展。创业企业价值观管理的过程应该成为一个循环的系统,涵括企业价值观的提炼→确立以价值观为基础的雇佣理念→把价值观管理融入员工培训的全过程→加强对员工价值观的日常维护→不断丰富和发展企业价值观的内涵这一过程。经过不断地重复该过程,企业价值观管理臻于完善,最大限度地激发员工的内在积极性,使创业企业获得持久的竞争优势和长远的发展动力。

三、企业价值观管理的运作模式

关于价值观管理的过程和运作模式,理论界和实践界提出了一些主张,主要内容如表6－2所示。

表6－2　价值观管理的运作模式

学者	内容
肯(Ken Blanchard)	价值观管理的实施可归结为三个步骤:核心价值观的确立、价值观的传播和价值观的建立
豪斯(R. J. House)	领导与下属之间应该建立一种以共享价值观为基础的新型关系,领导者通过向组织注入核心价值观并引导、教育职员,使他们认可并将此价值观内化成为个人的行动准则
唐玛丽·德里斯科尔 & 迈克·霍夫曼	强调价值观必须先行的前提下给出了包括十步方案的价值观管理模式:自我评价;最高领导的支持;伦理规则;沟通;培训;资源;价值观的组织化;一贯的标准与执行;审查与评价;修正与改革
休·戴维森	价值观的形成有六个步骤:① 确立真正的价值观;② 判断组织关键的成功因素;③ 着眼于愿景,确定哪些价值观将驱动它前进;④ 形成价值观雏形,支持关键成功因素和愿景;⑤ 与员工一起对价值观雏形进行广泛讨论并修改;⑥ 一旦价值观取得了一致同意,采用同样的方法支持价值观的实践
乔东,李海燕	价值观管理过程主要是组织价值观的塑造、形成、创新和传播的过程;价值观管理是以价值观的批判与建构活动为核心的综合管理
吴剑平、张朝洪等	从人力资源管理立场出发,主张价值观管理的基本流程应包括:企业价值观的塑造,以价值观为基础的雇佣,对员工的价值观培训,对员工价值观的维护,企业价值观的发展等步骤
凌文栓	组织价值观的确立、以价值观为基础的雇佣、对员工的价值观的培训、维护以及价值观的发展
黄超	通过清晰组织基本假设及使命构建;简明扼要的价值观体系;沟通、认知;认同、深化植入;价值观品牌化;评估结果和过程;螺旋式提升七个步骤,价值观管理将价值观落实到企业管理的每一个方面

总体而言,价值观管理包括价值观构建和落实两个阶段。基本思路是:领导者将思想

嵌入企业价值观，以价值观对员工进行理念引导和行为约束，通过"价值观构建—价值观管理—价值观落实"过程，提高员工忠诚度，减少员工和企业对于领导者的依赖，实现企业稳定发展。其中，价值观管理的结果是员工价值观和企业价值观一致，同时形成制度；制度管理的结果是保证员工执行相关制度，使价值观对员工行为产生约束。

在价值观构建阶段，领导者将思想嵌入企业价值观，在组织中形成有效领导力。当价值观形成后，制定制度并执行，从而形成制度领导力，保持组织内部管理一致性及企业持续稳定发展。

在价值观落实阶段，领导者通过价值观管理，使组织利益相关者接受组织愿景和使命，促进价值观一致性，实现对价值观的传递和落实。在价值观管理实践中，领导者通过任务实践、危机处理、率先垂范、典礼仪式以及教育和再教育体系等方式简化组织复杂性，指导员工明确组织目标，维持员工忠诚。企业价值观和领导者思想为企业价值观管理提供一致性主题，企业将价值观、总结、提炼、加工和固化，形成制度雏形，以固化流程和标准操作指导员工处理常规问题，并使员工在面对不确定性时，基于企业核心价值观，借鉴优秀流程进行操作，并发挥主观能动性处理问题。

价值观管理能为组织应对复杂性、不确定性和模糊状态提供有效指导，同时能使组织文化中的经济实用、社会道德和情感发展三个维度与组织目标相一致。要使价值观在组织实践中发挥作用，领导者需要通过价值观管理，使组织利益相关者接受组织愿景和使命，并基于对价值观的认同和被授权，依据自身能动性做出符合价值观的行为。在经济全球化、需求多样化的今天，中国企业受到西方管理科学与中国传统文化的共同影响，面对市场的复杂多变和风险的不可预知，构建自身独特的价值观并进行价值观管理尤为重要。

本章小结

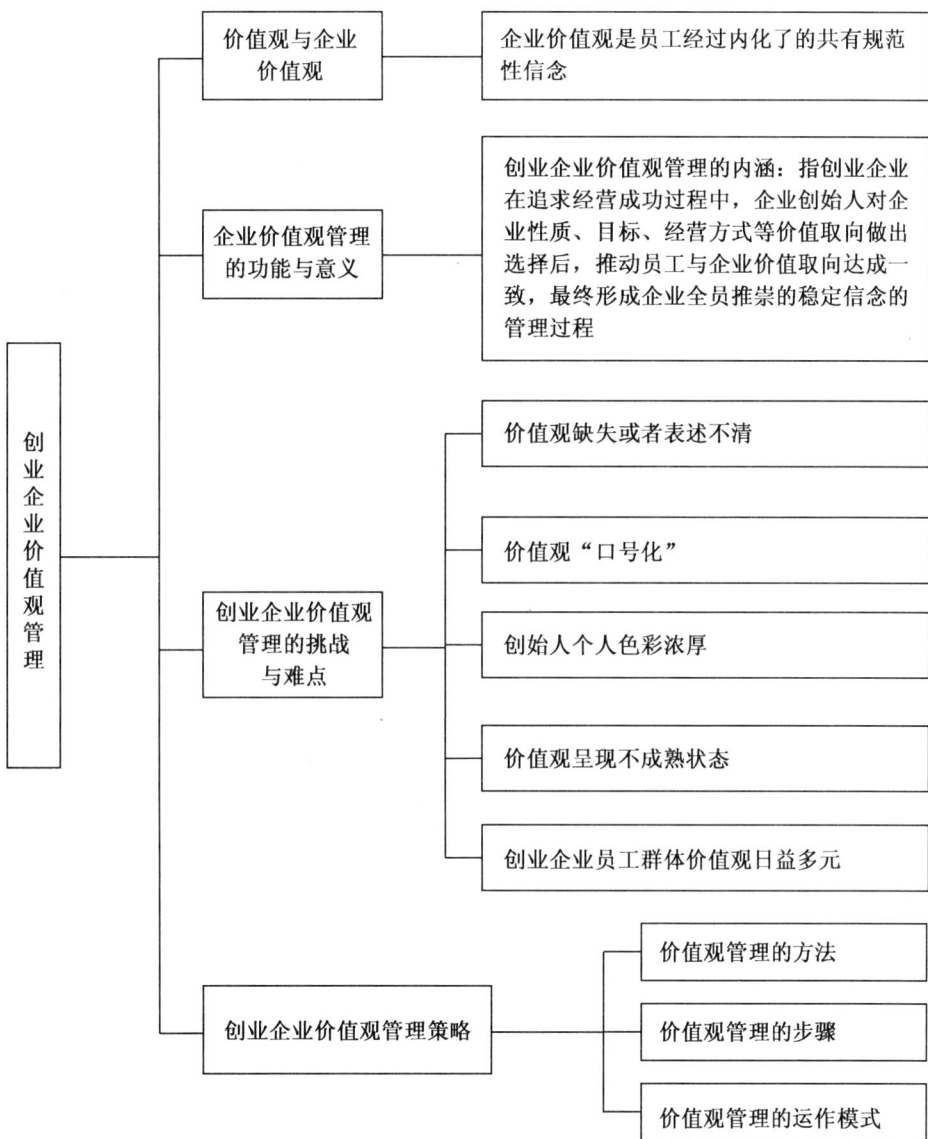

复习与思考

1. 什么是创业企业价值观管理？
2. 创业企业价值观管理有哪些突出的难点和痛点？
3. 创业企业可以通过哪些途径开展价值观管理？
4. 创业企业价值观管理的运作模式有哪些？通常分为几个阶段？

案例分析

案例1:"置"观重要:车置宝以企业文化和价值观打造铁军团队

2018年10月,南京市政府颁布了市独角兽名单,此次活动堪称是对新生代企业最高规格的肯定。名单中涌现出的企业作为各行业领域的翘楚代表,备受瞩目。其中江苏车置宝,这个榜单内唯一一家二手车电商平台企业,更是引起了行业内的广泛关注。

车置宝被冠以了很多有趣的标签:创业铁军、高效团队、敢死队式的工作节奏等。纵观如火如荼、群雄逐鹿的二手车行业,瓜子成立于2015,易鑫起步于2014,车置宝早在2012年已正式成立。六年的时间,这个看似默默无闻的蓝色军团,一直主打务实、高效的口号,打磨出了专业极致且影响着行业的检测标准、上线了便捷系统化的网上竞拍、打造了夯实稳固的线下团队,领跑了二手车C2B交易模式。人们不禁开始探索和研究,车置宝这家南京壮大起来的企业,其强悍战力和高速发展源泉究竟是什么?

车置宝一直被誉为二手车行业的"黄埔军校"。从人力角度来看,这一系列里程碑式的成就,都离不开内部团队建设。此前各大媒体也报道过车置宝一直崇尚"价值观"的打造与企业文化的塑形。企业文化历来被各家企业奉为立足之本,企业纷纷呼吁打造切合自身的企业文化体系。的确,员工是所有运营的核心,孙子曰:"兵者,国之大事也。死生之地,存亡之道,不可不察。"

6

凝聚千军万马,发挥最大战力KPI和价值观双维度管理

企业文化是企业与员工间的纽带,它的核心是价值观,围绕价值观的落地开展的系列活动是企业文化的具体表现方式。从古到今,无论是陶朱公范蠡还是星星之火可以燎原的中国军队,都将价值观的塑造作为立身之本。阿里的企业文化和价值观管理中的"五行拳""六脉神剑",一直被各行各业争相效仿,但领悟到真谛的企业却凤毛麟角。

"置"观重要是车置宝内部一直提倡的战略思想。车置宝的价值观由五个词汇组成:"激情、专注、利他、诚信、担当",也是企业一路走来的总结与感悟。创业之路靠的是激情热血,工匠精神讲究专注与聚焦,团队协作必须利他互助,为商之道是诚信待客,团队领导更是勇于担当。十字箴言充分彰显着这个团队的核心特色。

当然,口号是一方面,这十个字又是如何落地的呢?在KPI与KSF两大阵营争论的当前,车置宝采取了KPI和价值观的双维度评价。同时也开展了"政委"机制,但是车置宝的模式类似阿里却又不同于阿里。从双维度角度来说,每个员工的月评估分都是由KPI+价值观字母等级得分组成。100A或者80B的表现方式让管理者可以一目了然员工当月两个维度的综合表现。

创业团队为应对瞬息万变的市场环境往往会快速决策,频繁地出现人员升降。双维度的评价最有助于360°了解储备干部,有利于干部的选拔与调用。价值观得分每月先由员工自评,再由直属业务领导复评,最后由"政委"复议。对于涌现的优秀代表,公司更会授予"车轮"之称号,即连续三个月双维度得分较高的"种子"选手会被列为候选人,由中心内部各负责人选举投票决策,再由人力资源中心的"陪审团"复议核查。选中的"车轮"均授予定制化礼品并且为每人生成独立纪录片作影像留存,循环播放。

以价值观沉淀和输出行业英才,仁者无敌、所向披靡

车置宝之所以成为汽车交易电商领域独角兽并领跑C2B模式,除了固若金汤的业务壁垒和优势外,也与企业文化和价值观为根基的选贤任能密不可分。

在硝烟弥漫的战场,树立值得称颂的"英雄人物"。在近四千人的团队里层层筛选出"可歌可泣"的动人案例,将企业文化烘托至前所未有的高度,将人文情怀与业务运营有机结合,形成了头部示范效应。据了解,类似蒙牛打造的"牛圈儿",车置宝正在筹备"车窗"这一员工频道社区,集合公司大事记、车轮榜、培训课程、员工心声等多元化一站式平台,将其作为员工了解公司的窗口,亦是企业贴近员工的纽带,更是企业文化最好的诠释。

相比其他一些二手车电商平台,车置宝内部破格提拔和选用人才的机制有着独特优势。例如车置宝现任客户服务总监潘悦,是2013年加入车置宝的90后创始员工,从一个客服专员一路晋升,以傲人业绩和卓越的价值观,一路获得提拔,成为主管、经理、片区经理,直至总监;现任车置宝线下运营中心负责人孙瑞雍,更是从运营基层岗位成长起来的公司元老,一路成长,凭借对车置宝信条的坚守和个人的成绩,成长为车置宝线下运营的掌门人物。他们的共同点是从一线战斗岗位成长,经过6年的沉淀和价值观趋同,彰显了内部任用制度和价值观的优越性。

吴兢提及"治天下者,以人为本",稻盛和夫说过"作为人,何为正确",就连金庸的《鸳鸯刀》里也阐述着"仁者无敌"的理念。在企业管理中,以人为本的企业文化是皇冠,价值观的打造又是皇冠上的明珠。"300多座城市覆盖、全国10万多名经销商、13%的交易转化率、65%的跨区域成交率、90%的金融复用率、55%的物流订单转化率……"这一切的行业领先数字,均来自车置宝这只狼性铁军。

除了内部价值观沉淀孵化运营人才梯队外,对外部人才的合理引进,也成为车置宝人才管理的另一个核心。有很多产品、技术、产品团队来自BAT(百度、阿里巴巴和腾讯)、华为、亚马孙这些知名的企业。在外部人才引进上,车置宝也是比较开放的。

致力于成为二手车行业黄埔军校的车置宝,也有人才输出。据悉,目前在汽车消费市场一些成长迅速且优秀的企业中,就有车置宝培养的人才,而这些企业和车置宝在业务上也有着密切的合作,在人才交流、产业链条上都形成了良性的正向循环。

行业人士预计,在2020年左右,中国的二手车交易量会超过新车,并且能够占到全国3%的GDP,5年内,中国将迎来一个至少3万亿量级的二手车市场。但在二手车行业进入快速发展轨道的同时,人才的稀缺成为不可忽视的问题。此前中国汽车流通协会披露的数据显示,仅二手车评估鉴定师一类人才,在市场就达到了十几万的人才缺口。

车置宝创始人兼CEO黄乐此前曾表示,车置宝五年战略分为人才战略、业务发展战略、未来战略三部分。提出人才战略的原因是,如今中国二手车行业从业人员百万,在汽车消费市场还有很大的人才缺口,但是这块领域未来一定是千万人员级别的市场。为此,车置宝将联合业内精英共同孵化优秀人才,打造二手车交易界的"黄埔军校",满足二手车

行业爆发性增长的人才需求。

资料来源:http://www.geekpark.net/news/235089

视频案例:

1. 视频案例:马云创业纪实《Dream Maker》

资料来源:https://v.youku.com/v_show/id_XMTYyODQ0ODEzNg==.html

2. 向企业中的每位员工灌输企业的价值观及文化

讨论:要让创业企业价值观真正融入至员工的一言一行中,创业者需要做什么? 有哪些具体的途径和方法?

6

第七章 创业企业员工招聘

学习目标

➢ 掌握创业企业员工招聘的含义及原则；

➢ 理解创业企业员工招聘的特殊性；

➢ 掌握创业企业员工招聘的流程及影响因素；

➢ 掌握创业企业员工招聘的渠道；

➢ 理解创业企业员工甄选的含义及流程；

➢ 掌握创业企业员工甄选的方法。

开篇故事

创业企业面临的人才窘境

小林是一所211大学传媒专业的毕业生，毕业后进入一家创业企业工作，他在企业主要负责媒体宣传。尽管只有他一个人负责这方面的工作，企业给他的头衔却是"公关经理"。

不过，让小林没想到的是，他这个"公关经理"除了媒体宣传，还得负责企业人事、行政，甚至还兼任老板助理，就连外出跑腿和写各种材料也都是他负责。

结果小林坚持了不到一年就离职了。

说起离职的原因，小林吐槽说："企业处于初创阶段，人力、财力有限，所以每个人干得都很杂，我感觉学不到东西；此外，创业企业不确定性因素太多，说不定哪天就关门了，实在让人没有安全感。"

小林的例子其实就是创业企业招人难、留人更难的一个缩影。某互联网猎头企业曾调查发现，现在市场有一万人想跳槽，最终流向符合"二八定律"。即：80%的人是想去大企业的，他们认为大企业薪水中上，轻松稳定；20%的人想去创业企业，其实很多是被前同事、老同学们忽悠，加入了创业团队，他们认为风险虽然大，但是觉得熟人靠谱点。在国内几大知名社区上，关于"毕业后应该先到大企业工作还是去创业企业"的问题也不乏讨论，而排名靠前的回复几乎都是提倡去大企业的："宁在国企混日子，也不在私企创业"，"有机会去大企业，谁愿意去小企业啊"？

资料来源：https://mp.weixin.qq.com/s/fQ44Jqxwnk_kPCsSMW61cg(有删改)

请分析："招人难"是创业企业面临的普遍问题。试分析其原因。

第一节　创业企业员工招聘概述

一、创业企业员工招聘的含义及原则

(一) 创业企业员工招聘的含义

创业企业员工招聘就是在企业创业初期,根据业务需要确定相应的职位空缺,并寻找、吸引和鼓励符合要求的人来填补这些职位空缺的过程。

(二) 创业企业员工招聘的原则

1. 匹配最优

创业企业招聘的目的是寻找最合适的人共同努力来达成目标。合适意味着与企业的需求相匹配,但并不一定是最优秀的。一方面,寻找最优秀的人加入企业需要耗费巨大的成本,这对资源相对缺乏的创业企业来说是吃不消的;另一方面,如果一个人的知识、技能和经验无可挑剔,但是不能认同企业的价值观和经营理念,那对企业后期的发展是非常不利的。

合适的人不仅在经验和技能等硬性标准上合适,而且在价值观和性格特点等软性标准上也合适。当有人提出一个想法的时候,大家很快就能明白,这样能省去不少沟通成本,从而高效率地开展工作。因此,创业企业招人不应对优秀有所执念,而应该在合适的区间里,尽量寻找与企业匹配最优的人才。

2. 德才兼备

自古"德才兼备"为上上人才,难得之才。刘邵在《人物志》中曾提出"德才兼备,聪明平淡"。稻盛和夫先生也曾重新定义了君子与小人,德才兼备属于君子,德才不匹配则属于小人。创业企业是最经不起折腾的,对于一个刚刚组建、经常要"打仗"的创业企业来说,齐心合力的重要性不言而喻,如果来了一个道德欠缺的人来搅局,那对企业的破坏性也是显而易见的。

Google招聘的原则之一就是雇佣那些道德高尚、坦诚沟通的人,不要雇佣那些趋炎附势、工于心计的人。因此,良好的品德应该是员工的基本要求,有才无德最危险,创业企业应该充分地考察,慎重地取舍。

3. 宁缺毋滥

相较于成熟、稳健发展的大公司,创业企业的资源没那么充裕,招聘相对较难,但这不能成为企业降低招聘标准的理由,反而要更为慎重,因为你无法让一个"锤子"发挥"钉子"的作用。

如果招到了错的人,企业不仅要付出很大的解聘代价,还要承受因此耗费的时间成本和机会成本。因此,一个职位宁可暂时空缺,也不可让不合适的人占据,否则后患无穷。

二、创业企业员工招聘的流程

为了保证创业企业员工招聘的合理性和规范性,招聘的流程可以分为以下五个步骤,如图 7 - 1 所示。

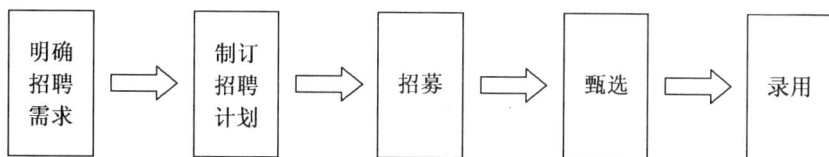

```
明确          制订
招聘    ⟹    招聘    ⟹    招募    ⟹    甄选    ⟹    录用
需求          计划
```

图 7 - 1 创业企业员工招聘流程图

(一)明确招聘需求

明确招聘需求主要包括明确空缺职位、空缺职位的数量和所要求的任职资格。对创业企业来说,人才画像越清晰,招聘越容易。创业企业不可盲目把自己的需求定位于行业里的专家、总监甚至顶级人才,因为他们具备的能力和经验可能并不是企业目前所需要的,盲目招来会导致很高的试错成本。因此,创业企业要根据公司定位和业务需求明确需要的人才,并且明确其需要具备哪些方面的技能。

(二)制订招聘计划

为了保证招聘的效率,创业企业在招聘工作开始之前要做好制度化保障,建立正规系统的招聘计划。首先,根据公司的发展要求和空缺职位确定所需人才的数量和需求时间;其次,根据所需招聘的人才类型和招聘预算确定适合的招聘渠道;最后,确定空缺职位的招聘要求和招聘标准,同时确定考核时间、考核内容和考官组成等。

(三)招募

招募是吸引合适的人才来企业应聘的过程。创业企业在进行招募工作时,可以根据不同的职位要求和特点去选择不同的招募渠道。创业企业创立初期内部人员较少,应该主要选择外部渠道。在外部渠道当中,企业应当结合自身的实际情况,对社交网络招聘、网络平台招聘、校园招聘和猎头公司等有所取舍。

(四)甄选

甄选是运用一定的技术手段和方法来筛选出合适的人才。甄选是员工招聘流程中至关重要的环节,甄选质量的高低决定了企业能否招到合适的人才。创业企业在甄选员工的过程中,除了审查员工的知识、技能和经验外,还应该格外注意对员工价值观的审查。价值观是每一个人成长过程中形成的长久且稳定的态度,很难在短时间内发生改变。如果录用了价值观与企业不匹配的应聘者,以后很可能发生矛盾,可能需要再次招聘,增加了招聘成本。

(五)录用

录用是在经过面试、背景调查和体检等一系列的甄选活动后,人力资源负责人把录用决定传达给录用者。录用人员名单最好是由创业者和人力资源部门共同确定,录用者接受录用后就可以办理入职、转正和签订劳动合同等手续。

三、创业企业员工招聘的影响因素

一般情况下,企业的招聘工作是在特定的环境中进行的,必定会受到环境条件的制约。创业企业员工招聘的影响因素可以分为外部影响因素和内部影响因素两个方面。

(一) 外部影响因素

1. 国家政策

国家政策对创业企业招聘工作的影响是巨大的,比如各地会根据国家提出的创新创业战略制定出创业者落户和人才引进等政策,随着战略实施的深入,创业企业会得到更多的优待,从而可以在招聘过程中获得更多的机会。

2. 经济形势

国家的经济形势对创业企业招聘工作的影响颇深。当国家经济处于下行趋势的时候,创业企业很有可能受到冲击。例如,2020 年,受新冠肺炎疫情的影响,创业企业作为经济环境中的弱势群体,发展可能因此停滞,对人才的需求自然大大降低。相反,当国家经济上行的时候,创业企业效益通常较好,企业快速发展,对人才的需求也会逐渐增加。

3. 科学技术发展

科学技术的发展会催生出很多新兴职位。2020 年 2 月 25 日,人力资源社会保障部与市场监管总局、国家统计局联合向社会发布了智能制造工程技术人员、工业互联网工程技术人员、虚拟现实工程技术人员和连锁经营管理师等 16 个新职业。因此,科学技术发展对创业企业的岗位结构将会产生很大影响,对应聘者的综合素质和学历水平也会有更高的要求。

4. 竞争对手

招聘是双向选择的过程,不只是企业在挑应聘者,应聘者也在挑企业。如今信息资源的流传度较广,求职者可以获得更多的招聘信息,并且对众多招聘信息进行比较。创业企业如果提供的薪酬和福利等与竞争对手存在差距,就会在招聘中处于不利地位。

(二) 内部影响因素

1. 企业文化

企业文化是企业成员广泛接受的价值观念以及由这种价值观念决定的行为准则和行为方式。虽然创业企业初期可能没有形成可视的企业文化,但企业文化会在员工互动中无意识地内化在他们的思维方式中,并最终体现在他们的行为准则上。心理学上有个原理是"不值得定律",意思是一个人只会对符合自己价值观的事情满怀热情;否则,就会敷衍了事。因此,招聘员工的价值观是否契合企业文化是创业企业在选人时需要考虑的重要因素。

2. 薪酬待遇

创业企业所提供的薪酬待遇对招聘也有很大的影响。通常来说,薪酬待遇越好,对人才的吸引力越高,这也是企业吸引人才最直接的办法。薪酬待遇的好坏可以在一定程度上体现创业企业的实力,如果创业企业能提供比较有竞争力的薪酬待遇,那么应聘者会认为企业有良好的发展基础。

3. 招聘策略

创业企业的招聘渠道、招聘预算和招聘人员等也是影响招聘过程的因素。如果创业企业的招聘预算不足,那么能够选择的招聘渠道就比较狭窄,招聘工具也比较简单,也就意味着可供选择的应聘者少。另外,招聘人员的专业能力也会影响招聘的质量,创业企业的人员通常会身兼多职,可能存在招聘人员不够专业的状况,给应聘者留下不好的印象。

第二节　创业企业员工招聘的特殊性

一、缺乏专业性

创业企业在创立初期规模小,人员匮乏,往往没有独立的人力资源部门。企业为了节约成本,员工身兼多职的现象较为普遍,没有经过专业训练的非人事专员也会参与招聘。因此,创业企业招聘最普遍的特征之一就是缺乏专业性。

(一) 缺乏战略性的招聘规划

招聘规划,即招聘计划和具体措施。创业企业建立初期的首要目标是"活下来",然后考虑怎么样才能"活得久",所以创业企业的招聘往往是围绕当前的业务需要进行,而不是根据企业的战略制定出前瞻性的招聘规划。这种满足一时之需的做法可能会导致企业在人才储备上的缺失,不利于企业的长期发展。

(二) 缺乏招聘标准

招聘标准,即企业在招募开始之前,对空缺职位进行科学的分析,明确职位的工作职责和工作要求,制作出职位说明书,并以此为标准开展招聘工作。大部分创业企业由于专业人才的缺乏,更多要依靠招聘者的主观判断和企业目前的需要来确立招聘标准,缺乏一定的合理性和科学性。而且,由于招聘人员专业素质的欠缺,招聘过程会受到"晕轮效应"和"刻板印象"等误差的影响,缺乏公平性和客观性,从而影响创业企业员工招聘的质量和效果。

(三) 缺乏人才测评工具

人才测评,即通过一系列科学的方法对被测者的基本素质和能力进行测量和评定的辅助活动。由于创业企业初期管理的规范性不高和招聘人员专业素质的缺乏,招聘人员无法利用有效的人才测评工具进行测试,经常仅仅通过简历筛选和面谈等简单的方式决定员工的去留。这样既无法充分了解应聘者的实际工作能力,也无从考察应聘者的价值观和性格特点等。

二、招聘渠道狭窄

创业企业在市场上往往没有一席之地,资源有限,招聘人员专业素质较低,招聘的渠道会受到很大的限制,大多采用现场招聘和网络招聘等形式,耗费较多人力财力的渠道无法采用。如果创业团队有丰富的人脉资源的话,还可以选择社交网络招聘。如果有充足资金的话,可以选择猎头公司来招聘。但对于一般的创业企业来说,能采用的渠道较少,大大限制了其人才招聘的范围。

三、人才吸引力低

虽然与大中型企业相比,创业企业具有成长空间大和工作环境宽松等优点,但也存在薪酬待遇较差、风险较高、发展前景不确定和硬件环境差等缺点。现在社会竞争激烈,人们更加注重实际回报,创业企业只强调愿景、使命和氛围是行不通的,仅有的优势在VUCA 时代下显得捉襟见肘。此外,创业企业在行业内知名度低,招聘过程不正规,会在招聘过程中打击应聘者对创业企业的信心。因此,创业企业硬件条件不好,就要拿出诚意来招人,提供大公司所没有的福利。比如美国一家初创企业 Mattermark 就做得很好,它给员工提供了少见的新爸爸、新妈妈都可享受 12 周的带薪育儿假期的福利,这极大地提高了公司对人才的吸引力(Sean Ye,2018)。

四、招聘门槛低

创业企业初期管理不规范,人员紧缺,而招聘人员又缺乏专业素养,容易出现招聘过程随意、把控不严和门槛降低等问题,导致对应聘者的实际能力了解得不全面。这看似缓解了创业企业的一时之需,实际上为未来埋下了祸根,如果用人时发现不合适,还得重新招聘。面对这样的问题,创业企业要沉住气,愿意付出时间和精力来招人。小米公司创始人雷军创业早期花费 80% 的时间去做招聘,百度公司创始人李彦宏早期花费 50% 的时间去招聘,最终都带来了创业的成功。

五、价值观一致性需求高

创业企业为了在激烈的市场环境中活下来,是时刻都要准备着"打仗"的,工作技能和经验不是创业企业招人的唯一标准,创业企业需要的是团体战斗力,员工对价值的判断和利益的取舍能否达成共识尤为重要。因此,创业企业对应聘者与企业的价值观一致性需求较高,只有员工理解并认同企业的价值观,才能形成凝聚力来更好地战斗。

第三节 创业企业员工招聘的渠道

一、内部选择

内部选择主要是通过选择企业内部员工来弥补职位空缺的一种渠道,常用的方法是布告法。通过在公司的布告栏发布职位空缺的信息,吸引相关的人员来申请空缺的职位,发布的信息要清楚地列出空缺职位的工作描述和工作规范,并且要保留一定的时间,保证有资格申请职位的员工能够看到。

布告法可以体现企业对员工职业发展的重视,可以很好地鼓舞现有人员。但是对于人员稀缺的创业企业,使用布告法招聘的机会很少。

二、实习生转正

实习生转正是先招聘一些人员实习,经过一段时间转为正式员工。如何节约成本是创业企业关注的重点,而通过招收实习生并培养成适岗员工正是一种节约成本的途径,期间还可以观察实习生最适合什么岗位。

利用实习生转正填补职位空缺的优点就是实习生的稳定性较强;社会经验相对较少,容易对企业产生认同感,从而增加了企业的人才储备。其不足是成本较高;培养的效果无法保证。

三、社交网络招聘

社交网络招聘是指创业企业员工在朋友圈、微信群、QQ 群、微博和知乎等社交平台发布招聘信息来吸引人才的招聘方式,后续的沟通可以线上,也可以线下。社交平台已成为人们使用频率最高的沟通方式之一,借助活跃度高的社交平台发布招聘信息已经成为越来越有效的招聘方式。创业企业初期规模较小,很难投入较多资源来吸引高素质人才,创业者在招聘时可以动用自己的人脉网络。首先,利用朋友圈,把招聘信息做成海报等发到朋友圈,圈内好友看到信息后,可能会推荐给有需求的人;其次,一些专业技术人才会有自己特定的交际圈,在他们的微信群或 QQ 群里可以很容易找到合适的人才;最后,微博和知乎上面也有不错的运营人才和市场人才,但是可能需要花费较长的时间。

社交网络的招聘方式顺应了社会信息化的大潮流。优点是简单快捷,覆盖面广;企业和求职者之间可以充分地沟通交流;可以减少人力资源成本。不足之处就是对创始人及其团队的人脉资源要求高;适用的企业类型有限,仅适用于 IT 和媒体等与网络密切相关的企业(张艺文,2017)。

对于创业企业来说,招聘不只是 HR 的事,也是创业者本人的一项重要工作。一方面,在创业企业,需要 HR 做的事情很杂,很难投入较多的精力去招人,这时创业者本人肯花时间参与招聘将是提升效率的重要手段;另一方面,在争夺人才方面,相较于大中型企业来说,创业企业的品牌和薪酬的优势不明显,创业者本人出面的话会获得一定的优势,因为求职者都会希望能够直接跟企业负责人对话。在小米创立初期,公司规模小,甚至连产品都没有,招聘很艰难。雷军列了一张人才表,一个一个地打电话,他给人打电话介绍自己是谁,想干什么事情,能不能给他15分钟的时间在电话里聊一聊,如果在电话里觉得靠谱,能不能一起喝杯咖啡,吃个饭。就这样,雷军找到了他需要的高质量人才。

四、网络平台招聘

网络平台招聘是企业通过在公司的网站或第三方网络平台上发布招聘信息,并运用一定的技术手段进行筛选的招聘方式,招聘信息中应明确表述工作描述和工作规范。对于创业企业来说,一般都是利用第三方网络平台进行招聘。

目前,由于招聘平台的种类不断增多,功能不断完善,网络平台招聘已经十分盛行,比较主流的几个网站已经是人才供给最主要的方式之一。比如智联招聘、猎聘网、前程无忧和中华英才网等。然而,不同网络平台有着不同的适用范围,创业企业应当根据具体的情况选择合适的网络平台。表7-1是对主流招聘平台的一个简单比较。

表7-1 主流招聘平台的比较

网站	适合招聘的人才
猎聘网	高级管理人才、专业技术人才、总监及以上级别
智联招聘	中高端人才和专业技术人才
前程无忧	中高端人才和专业技术人才
中华英才网	中高端人才,以北京地区人才为主
58同城	基层人员、蓝领和技术工人
赶集网	基层人员、蓝领和技术工人

网络平台招聘是随着互联网的发展而逐渐兴起的招聘方式。利用网络平台招聘的优点是成本较低,没有时间和空间的限制,可以收集到充分的应聘信息。不足之处就是招聘信息太多,很容易被覆盖,而且求职者的数量和质量难以控制,需要花费大量的时间和精力来筛选。

五、校园招聘

校园招聘是指企业从学校就业中心、人才交流机构和政府等举办的毕业生招聘活动中直接招聘各层次应届毕业生的招聘方式。创业企业在进行校园招聘时,要注重实际待遇回报而不只是"画饼"。现在的年轻人个性张扬,喜欢追求梦想,看重前景和氛围。但这并不意味着创业企业多强调一些愿景、文化和氛围这一类软件就可以在招聘时占据优势。实际上,社会竞争激烈,年轻人也要满足衣食住行上的基本需求,求职时更倾向于选择那些稳定发展的、能提供实际待遇的企业。

校园招聘的优点是专业分类清晰,有很强的针对性;薪酬偏低,人才性价比高;人才集中,时效性高;可塑性强,可以培养文化和价值观上的认同感。但不足之处是学生自我意识强,管理难度大,有很高的离职风险;缺乏工作经验,没有办法立即开展工作。

六、猎头公司

猎头招聘是指企业把招聘任务转交给猎头公司来负责的招聘方式。猎头公司利用储备的人才库,借助各种关系网络,快速且有针对性地寻找到企业需要的中高级管理和技术人才。创业企业选择猎头公司的时候要对其资质进行考察,明确双方的责任和义务(陶莉,2015)。

通过猎头公司招聘人才的主要优点在于能够快速准确地找到企业所需要的高质量人才。不足之处就是费用较高,一般猎头公司收取的费用是企业要支付给应聘者年薪的30%或者更高。

如果创业企业需要的只是阶段性的攻坚技术人员,或者一些特殊资源协助者(在创业早期阶段,专业型人才帮创业企业攻坚某一个点很重要),但这类人才全职招聘进来的成本很高,企业可以把这类专业型人才变成外部专家或外部智囊团,并给予一定的报酬(何萱,2019)。

第四节 创业企业员工的甄选

一、创业企业员工甄选的含义

创业企业员工甄选是指通过一定的手段对应聘者或意向目标候选人进行评估,考察他们的人格特点和知识技能水平,预测他们的未来绩效,从而最终挑选出合适的职位空缺填补者。

为进一步了解创业企业员工甄选的含义,需要把握以下几点:

(1)创业企业员工的甄选不只是对招募到的求职者的甄选,也是对企业主动出击寻找到的意向目标候选人的甄选。

(2)创业企业员工的甄选是为了寻找合适的人,注意是"匹配"而不是"最优",合适是指正好与企业的需求相匹配。

(3)创业企业员工的甄选不仅要考察被甄选对象的知识技能水平,还要考察其道德品质、人格特点和价值观等。

二、创业企业员工甄选的流程

为了保证甄选过程的专业性和精确性,创业企业的甄选一般可以遵循以下流程:首先对应聘者的应聘材料进行筛选,然后进入面试评价阶段,接着进行背景调查,再接着进行体检,最后经过试用期考察做出是否录用的决策。流程如图7-2所示。

| 应聘者应聘 | ⇒ | 初步筛选 | ⇒ | 面试 | ⇒ | 背景调查 | ⇒ | 体检 | ⇒ | 试用 | ⇒ | 录用 |

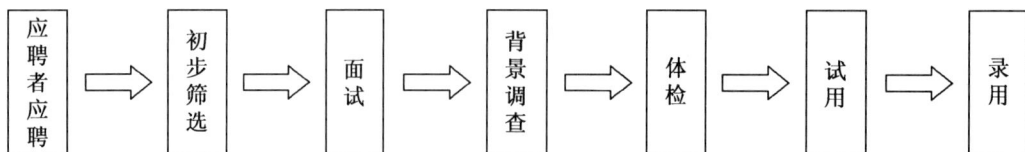

图 7 - 2　创业企业员工甄选流程图

　　创业企业可以根据实际情况对甄选流程的某一步骤有所侧重或缩减。背景调查很容易被创业企业忽视,但"请神容易送神难",企业还是需要通过背景调查来减小雇佣风险。值得注意的是,每一个步骤都会有一些应聘者因为不符合要求而被淘汰,企业要考虑如何正确地对待落选者,切记不可让应聘者等通知却杳无音信。

　　如果是企业主动寻求的招聘目标,甄选的流程会相对简单。企业需要提前筛选出与空缺职位相匹配的意向目标,接下来与筛选好的意向目标进行沟通,在向意向目标介绍自身企业的同时,了解意向目标的价值取向、工作能力和工作意愿,最后达成一个是否录用的决策。

三、创业企业员工甄选的方法

(一) 初步筛选

　　企业要在邀约面试之前先对简历或者其他申请材料进行筛选,剔除与职位要求明显不匹配的应聘人员。

　　以简历的筛选为例,首先,审查简历的排版是否简洁合理,因为这在一定程度上反映应聘者的组织和沟通能力;其次,审查应聘者的客观内容,包括基本信息、教育经历和工作经历等,判断应聘者是否符合空缺职位的经验和技术要求;再次,审查简历中的内容表达的逻辑性;最后,形成对简历的一个整体印象,判断应聘者是否可以进入面试阶段。如果对感兴趣的应聘者的简历内容存在疑问,可以进行批注,以便在面试时询问。

　　值得注意的是,如果是在网络平台上发布招聘信息,可以利用网站的关键词过滤功能,比如对性别、年龄和工作年限等进行限制,这样可以减少很多不符合要求的简历。也可以在收到简历后,利用招聘网站上的检索功能进行筛选。

(二) 面试

　　面试是指面试者与应聘者双方通过面对面地沟通和观察,面试者对应聘者的知识、技能和经验等各方面素质进行评价,应聘者对面试企业的待遇、工作氛围和发展前景等进行评价的方法。面试是一个双方评价的过程,通过面试,企业可以初步判断应聘者是否可以录用,应聘者也会判断企业是否值得加入。

　　1. 面试的设计

　　(1) 面试类型的设计。

　　根据面试的结构化程度,面试一般分为结构化面试、非结构化面试和半结构化面试。结构化面试是按照事先编制好的面试题目和评价方法来对应聘者进行评价,这种方法不易出错但不利于深入了解;非结构化面试是根据面试的具体情况进行提问,这种方法灵活性高但不容易把握重点;半结构化面试则是对结构化面试和非结构化面试的综合应用,可以有效平衡这两种方法的优缺点。对于创业企业来说,半结构化面试是比较合理的选择。

(2)面试问题的设计。

为了确保创业企业可以甄选出能力强、价值观一致性高和有激情的人才,企业需要在面试问题的设计上下功夫。问题内容的设计要涉及技能、经验和价值观等,问题类型的设计最好包括行为型问题、情境型问题、智能型问题和意愿型问题等(董克用,李超平,2019)。

行为型问题是询问应聘者过去的经历或关键事件。比如,"请你举例说明你是如何设定一个目标并实现它的?"

情境型问题是询问应聘者在一个假设的情境下会如何做。比如,"假如你在工作中遭受了不公平的待遇,你会怎么做?"

智能型问题是询问应聘者对一个比较复杂的社会问题的看法。比如,"你怎么看待'是金子总会发光的'这句话?"

意愿型问题是询问有关应聘者求职动机、价值取向和生活态度等的问题。比如,"你为什么想应聘本公司呢?"

2. 面试的基本步骤

(1)准备阶段。

在准备阶段,创业企业首先要确认好参与面试的考官,最好创业者本人也参与其中;其次,准备好面试材料,比如面试评价表或记录表等;再次,事先了解应聘者的基本情况,这样不仅能节省面试的时间,还能体现企业对应聘者的重视;最后,明确面试的时间和场所,并和应聘者沟通确认。

(2)实施阶段。

面试的实施阶段是面试过程的主体部分,这一阶段直接决定了企业能否招聘到合适的人才。根据麦克利兰提出的"冰山模型",个体的素质按不同的表现形式可以分为外露的"水面以上部分"和深藏的"水面以下部分"。而面试的实施过程,就是对"水面以下部分"进行了解,以判断应聘者是否真的适合企业的空缺职位。

在面试开始时,企业可以询问一个轻松的问题来打破初次见面的僵硬氛围,如询问来公司的路程、花费的时间和家庭情况。

在面试过程中,一方面,面试者需要对应聘者的核心胜任特征进行判定,了解应聘者的知识、技能和经验等是否符合职位要求;另一方面,面试者需要考察应聘者的价值观、性格特点和工作风格等,了解应聘者"水面以下部分"。因为创业企业对价值观等软性标准的一致性需求较高,创业企业需要谋求志同道合的有志之士,需要员工有奋斗的热情和一颗超乎寻常的责任心。

在面试收尾时,面试者理应进一步了解应聘者对公司和职位存在的一些疑问,并对应聘者的疑问进行真诚地回答,特别是有关薪资和休假等问题,虽然创业企业在这些方面不具备优势,但也要实事求是回答。

面试结束后，面试者对面试材料进行整理，根据面谈的情况对应聘者综合评价，做出录用决策。

3. 提高面试有效性的措施

（1）有效的提问。

首先，提问要真诚，不要表现出对应聘者漫不经心的态度，这样会引起应聘者的消极对待，从而无法了解应聘者的真正实力；其次，运用多种方式进行提问，封闭式提问和开放式提问相结合；再次，尽量避免引导性的和应聘者能直接用"是"或"否"回答的问题；最后，有效利用追问，一方面避免应聘者伪装或夸大其词；另一方面能够让应聘者对面试者感兴趣的不完整事例进行补充。

（2）有意识地避免错误。

面试评价是由面试者根据应聘者的表现给出的，会受到面试者主观因素的影响。比如相似效应就是指当应聘者的某个背景或经历和面试者相似时，面试者就会对其产生好感的一种心理活动。除此之外，面试者还有可能受到晕轮效应、刻板效应和首因效应等的影响。

面试者能否做到公正客观，决定了面试的有效性和可靠性，面试者不可因个人喜好、应聘者的经历、家庭背景等非评价因素影响面试的结果。因此，在面试过程中，面试者要提醒自己注意心理偏差，避免出现整体上的失误。

（3）合理运用工具。

由于面试的时间相对有限，且面试者可能存在各种偏见，从而影响面试的有效性。因此，很多企业都会利用评价中心法这种情景模拟的测评来考察应聘者，评价中心法主要包括公文筐测试、案例分析、无领导小组讨论、角色扮演和管理游戏等。

评价中心法利用模拟的工作场景对应聘者进行评价，主要针对的对象为管理人员。优点是注重实践性，提高评价的准确性和有效性。不足之处就是费用高，操作难度大，对组织实施者有很高的要求。

因此，对创业企业来说，使用评价中心法来考察应聘者将会是一个巨大的挑战，但考虑到人才正确选拔所带来的巨大收益，企业可以选择费用相对较低、操作相对简便的测评方法。比如，在面试的过程中灵活运用公文筐和案例分析来进一步考察应聘者的工作能力。

本章小结

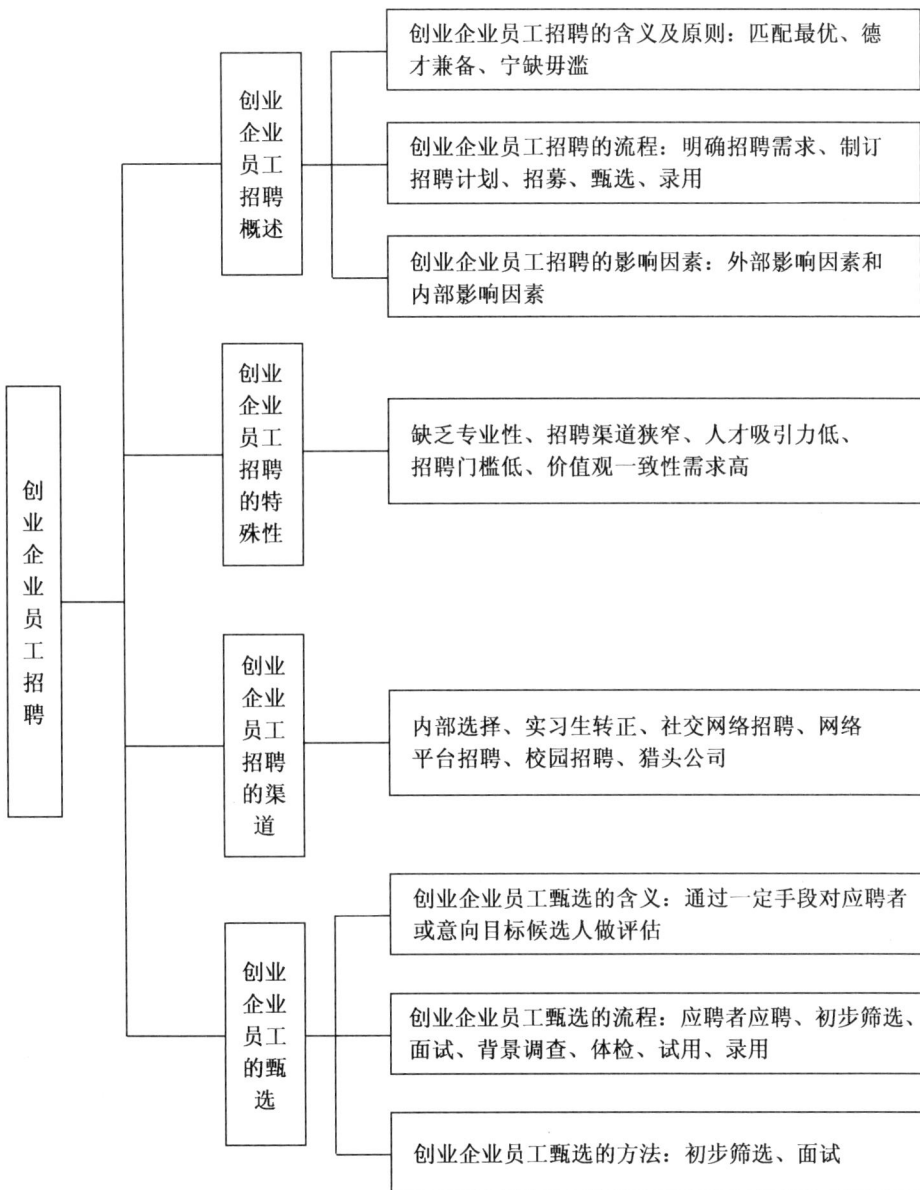

复习与思考

1. 什么是创业企业员工招聘？创业企业员工招聘时应该注意什么？
2. 创业企业员工招聘的流程是什么？

3. 哪些因素会影响创业企业员工招聘？

4. 创业企业员工招聘有什么特殊性？

5. 创业企业可以选择哪些渠道进行招聘？如何选择合适的招聘渠道？

6. 什么是创业企业员工甄选？甄选流程是什么？

7. 创业企业在面试过程中应注意什么？

案例分析

农场招聘捕鼠科科长

有一个农场，因捕鼠科科长离职而造成农场内鼠患成灾，农场总经理命令人力资源部经理五天之内招一个捕鼠科科长回来，否则他也要走人。

人力资源部经理接到这个指示后，回去赶紧写了一张小红纸条，贴在了农场的大门口，上面这样写道："本农场欲招捕鼠科科长一位，待遇优、福利好，有意者请来面试。"

第二天，农场门口来了这么七位应聘者：鸡、鸭、羊、狗、猪、猫和猫头鹰。然后开始面试。

第一轮筛选是学历筛选。鸡和鸭都是顶尖大学的优秀毕业生，当然过关；羊和狗是大专毕业，也过关；猫和猫头鹰是高中毕业，人力资源部经理皱了皱眉头，也过关了；猪先生只读到小学二年级，被淘汰了。

第二轮是笔试。这当然难不倒大学本科毕业的鸡和鸭；羊平时勤勉，也勉强过关了；狗呢，上学的时候不太认真，碰到这些题目有些为难，可是它在短短的一会儿时间内，已经给主考官鞠了六个躬，点了九次头，所以也过关了；猫头鹰本来是不会做的，可是它眼力好，偷看到了，所以也过了关；猫因为坚持原则，不会做就是不会做，所以，这一轮猫被淘汰了。

第三轮是答辩环节。总经理、农场主和人力资源部经理三个人坐在那里，应聘者一个接一个地进来。第一个是鸡，它进来就说："我在学校时是学捕鼠专业的，曾经就如何掌握鼠的习性与行动方式写过一篇著作。"三个人一碰头，这个好，留下了。

第二个进来的是鸭，它说："我没有发表过什么著作，但是在大学期间，我一共发表了18篇有关鼠的论文，对于鼠的各个种类，我是了如指掌。"这个也不错，也留下了。

第三个进来的是羊，羊说："我没有那么高的学历，也没有发表过什么论文、著作。但是我有一颗持之以恒的心和坚硬的蹄子，你们只要帮我找到老鼠洞口然后我就站在那里，高举着我的前蹄，看到有老鼠出来我就踩下去，十次当中应该会有两三次可以踩死，只要我坚持下去，相信有一天我会消灭老鼠的！"三个主考官被羊的这种精神感动了，于是也留下了。

第四个进来的是狗，狗一进来就点头哈腰地说："瞧三位慈眉善目的，一定都是十分优秀的成功人士……*（－$－－#()－*#。"一顿马屁狂拍，三个人被拍得晕晕乎乎的，最终也留下了。

7

最后一个是猫头鹰,没有高学历,没有什么论文著作,唯一的成绩就是从事捕鼠一年多来抓了五六百只田鼠,但是又不会拍马屁,长相也不讨人喜欢,所以就被淘汰了。

资料来源:http://www.hrsee.com/? id＝371(有删改)

讨论:

1. 请你评价该农场的招聘过程,并给出理由。

2. 请你分析招聘过程中应该注意什么问题?

3. 请你为该农场设计一个简单的招聘规划。

7

第八章　创业企业员工绩效管理

学习目标

➤ 掌握绩效管理的内涵；
➤ 理解创业企业员工绩效管理的特点；
➤ 理解和掌握目标管理法、目标与关键成果法以及关键绩效指标法；
➤ 掌握创业企业员工绩效管理的流程。

开篇故事

雷军谈小米管理经验：创业初期提出去管理、去KPI

经过九年创业历程，小米进入世界五百强，位列第468名。在获奖感言中，雷军分享了管理经验。"我在做小米的时候给自己定了一个很简单的要求——我要做一个真正的创业者。这句话其实信息量很丰富，其中最重要的一条，就是不要过度管理一个创业公司。我想的最多的是如何简化管理，甚至我不需要管理。在创办公司的初期，我们提出了去管理、去KPI、去Title。为什么会这么想呢？因为在一个极高速的时代，一定要想清楚什么东西是最重要的。"

雷军认为，业务的本质是为用户提供价值，但我们试图把它简化成KPI的时候发现，无论怎么描述，都很难找到准确量化的方向。执行简单机械的KPI制度，很容易掉入过度管理的深渊。"我自己管了企业三十多年，这里面的核心问题是你的业务线一长，事业部一多，CEO怎么管公司呢？直接用报表来管公司，但眼前的报表不意味着长期的竞争力，而去掉KPI以后，我们怎么能够有新的目标来凝聚这几万人呢？在初创业时，我们就建立了一个很重要的概念，就是和用户交朋友，把用户变成朋友。这个说法提起来很简单，做起来却很难。"雷军坦言。

雷军提及，为了永久性地取信于消费者，小米主动提出硬件综合净利润率永远不超过5％。"我们去年整个小米是1749亿人民币的营收规模，我们硬件利润恰好只有1％左右，这样每一个消费者买小米产品的时候，就收到一个承诺，小米做这样的产品，只赚一两个点的利润。因为只有这样持续坚持，我们才有机会获得消费者无保留的信任。"

雷军称，所以小米的真正的KPI就是我们怎么能够超越用户的预期，让用户愿意口口相传，让用户成为粉丝，让用户给他的朋友推荐。为了达成这个目的，在小米创办的前

8

五年,我们还定了一个更可怕的要求,叫零市场费用。在小米创立的前五年,我们几乎没有做过广告,也没有请过公关公司,也几乎没有发过公关稿。

小米去 KPI 的背后

小米刚成立的时候,团队从 14 个人扩张到约 400 人,整个团队平均年龄高达 33 岁,几乎所有主要员工都来自谷歌、微软、金山、摩托罗拉等公司。雷军每天都要花费一半以上的时间用来招人,前 100 名员工每名员工入职,雷军都会亲自见面并沟通。在这样的情况下,并不适合将层次划分太细,也并不适合有太多职称,研发与产品部门对产品需要沟通,就一条路,就是死磕。大家都是大侠,既然是大侠就更希望互不干涉,能在各自分管的领域给力,一起把这个事情做好。因此,当时的小米人力资源管理特征以及企业文化特征上有以下几点:

- 极端扁平化管理的架构,利于领导者在管理上一插到底。
- 每名员工均是重要的、核心的,都希望独立自主,都可以在自己工作领域完全充分地发挥潜力。
- 除领导者外,激励就是涨薪,没有职位上的调整。
- 刚创业没有设立"看起来很规范"的那种 KPI 考核法,但依然有自己的绩效激励体系。当时的战略核心是聚焦业务,聚焦销售。因此小米的绩效就是围绕战略实现绩效激励,去形式化绩效考核,但更围绕战略,从生态链的角度进行绩效管理。
- 在当时的小米 6×12 小时的工作时间中,从来没有实施打卡制度,原因在那个阶段,人人有股份,人人都不认为自己是在为老板工作,而是认为自己在为自己博一个未来。
- 鼓励内部合作与透明共享,在内部鼓励合作共创,并利益共享,如此打造出齐头并进努力奔小康的局面。
- 让更多的内部员工直面客户,当时的小米可以让工程师直接面对粉丝也就是第一批小米用户。包括微博、社群等。"米粉"甚至可以直接面对工程师提出自己的想法,直接参与到产品设计中去。

在 2018 年 9 月 13 日,雷军发布内部邮件,宣布小米集团最新组织架构调整与人事任命,包括新设集团参谋部和集团组织部;改组电视部、生态链部、MIUI 部和互娱部等四个业务部重组成十个新的业务部;调整王川、刘德、洪锋和尚进等高管的工作分工等。据《财经》杂志报道称,小米已经推动层级化落地。小米内部头衔大体分为专员—经理—总监与副总裁及以上,层级共设 10 级,从 13 级到 22 级。专员级别为 13 级左右,经理为 16 级到 17 级左右,总监为 19 级到 20 级左右,副总裁为 22 级。

小米的人事及组织架构变革,预示着小米围绕战略迅速做出调整。2018 年的变动属于全集团范围调整,手机部并未参与进来。而 2019 年 2 月份的调整则系小米集团单独聚焦小米手机部的内部调整,是为了更加重视手机元器件的研发工作。这次调整也是因为战略布局实施的组织架构调整与人事调整。

现阶段的小米已不太可能再符合这几个要素条件,人员结构越来越复杂,产品线越来越丰富,仅仅依靠过去的大将军直接带着几队人马冲杀打仗可能会显得过于鲁莽。稍加

8

分析亦可得知,如今的小米各事业部业务更加细分、权责更明确、层级更立体,便是打破此前雷军"不设 KPI"的口号,也反映出在当下手机市场竞争激烈的态势下,小米的压力与危机感愈发沉重。

资料来源:https://www.hrloo.com/lrz/14518958.html(有删改)

请分析:在创业初期,小米为什么选择"去 KPI"的绩效管理方式,现阶段又有哪些因素可能促使小米改变其绩效管理方式?

第一节　创业企业员工绩效管理的特点

一、绩效管理概述

(一)绩效与绩效管理

绩效管理(performance management)是企业人力资源管理的核心部分,是管理者通过科学的方法和制度管理员工个人、团队或组织绩效的过程。本书主要考察的是对员工个人层面的绩效管理。企业进行绩效管理的所有活动均是基于绩效展开的,因此,我们首先要了解什么是绩效。

1. 绩效的内涵

绩效的英文单词"performance"还可以翻译为业绩、表现、性能、执行等,由于这个界定本身并不清晰,人们对绩效有着不同的理解。按照绩效结构的不同可以将学者们对绩效的界定分为三种。一种观点认为,绩效是工作的结果,博纳迪恩(Bernardin)等人将其界定为"在特定时间里,由特定的工作职能或活动产生的产出记录",在进行衡量时通常是指那些直接影响企业收益的客观指标,如产量、销售量、次品率等。另一种观点则从行为的角度来理解绩效。坎贝尔(Compbell)认为"绩效是由个体控制下的与目标相关的行为组成",它不是活动的结果,而是活动本身,同样也可以用"出勤率""顾客满意度"等指标来衡量。另外,从综合的角度来理解,绩效应该同时考虑行为和结果,不能偏废。绩效是"业绩"和"效率"的结合,它应该既包括某一目标实现过程的效率,又包括该目标达成的结果。这种观点既强调了企业管理中的结果导向,同时也强调了过程控制的重要性。

从综合的角度理解,绩效具有多维性、多因性、可变性以及时效性的特点,因此,绩效的管理也具有相当的复杂性和动态性特征。

2. 绩效管理的内涵

"绩效管理"作为术语是由奥布里·丹尼尔斯(Aubrey Daniels)博士在 20 世纪 70 年代首次提出的。他认为绩效管理是一个以科学为基础、数据向导的管理系统。它由三个主要要素组成:测量、反馈和正强化。尽管这三个要素可以独立存在,但只有这三要素并存,才算真正地进行绩效管理。

绩效管理总是发生在一定的组织背景中的,对员工的绩效管理离不开组织战略本身。

根据企业生命周期理论,企业在不同的发展阶段有着不同的组织战略目标。因此,管理实践中,在不同的时期、不同的发展阶段,绩效具有不同的含义。在强调快速反应、注重灵活与创新的初创期,企业将绩效着眼于客观的结果和产出,而在初创期生存下来后,企业迅速成长,为今后的规范化管理做准备,企业将越来越注重流程与规则,此时绩效的构成也逐渐向行为过渡。

结合上述观点,我们把绩效管理定义为:在特定的组织环境中,企业采用科学的方法帮助员工制订与其战略目标相联系的绩效计划,并按照规定的时间对其完成情况做出评价和反馈,并将评价结果运用到其他各项管理活动中去,以促进组织战略目标实现的动态管理过程。这其中包含了绩效计划、绩效监控、绩效考核与反馈以及绩效结果的应用四个环节。

(二) 绩效管理的目的

企业进行绩效管理的目的并不是简单地为了考核员工的绩效表现,其深层次的目的是通过绩效管理为其他人力资源管理活动提供准确可靠的信息,以提高管理的科学化和合理化程度,并在绩效管理过程中不断提高员工的素质、激发员工的潜能,从而帮助企业实现战略目标。因此,绩效管理的目的主要体现在三个方面:管理、开发与战略实现。如图 8-1 所示。

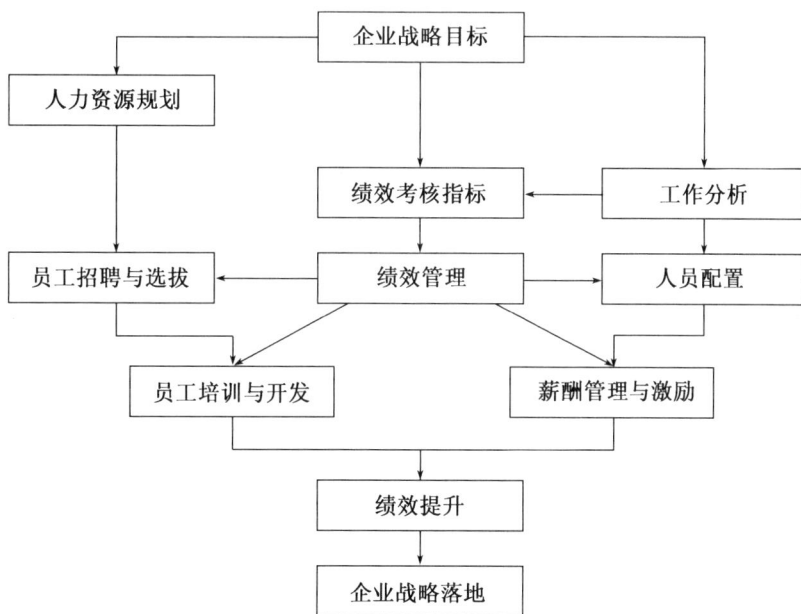

图 8-1　绩效管理的目的

(1) 管理目的。绩效考核的结果给企业提供了各个方面的反馈信息,与企业人力资源管理的其他职能活动紧密联系在一起,例如,绩效考核的结果可直接用于绩效工资的计算,帮助管理者了解企业目标的达成情况,还可以为企业今后的人员配置、招聘与选拔、调薪晋升等提供科学的依据。因此,企业进行绩效管理能够为企业人才的"选""用""育""留"等各项管理决策提供重要依据。

（2）开发目的。绩效管理不仅是为了评价员工工作表现的优劣,在指出员工绩效不佳的同时,还要找出导致员工绩效不佳的原因所在,寻求改善途径,比如在此基础上有针对性地进行改进和培训,从而不断提高员工的素质和绩效。

（3）战略目的。绩效管理是人力资源管理的核心内容,而人力资源管理的目的就是服务和服从企业战略目标,因此,绩效管理的最终目的是帮助企业实现既定的战略目标。绩效管理通过制订科学的绩效计划,将员工个人绩效与组织目标联系起来,就是为了确保员工的所有工作活动都支持实现企业战略目标。

二、创业企业员工绩效管理的特点

创业企业同时具备高成长性与高风险性的特点。企业在创业之初,生存环境复杂、经营风险高,一直面临着生存率偏低的问题。并且初创期企业的各项资源十分有限,企业的一切活动都必须紧紧围绕战略发展这个中心,一切资源都必须服务于组织战略的实现。

创业企业的特点决定了其在初创阶段绩效管理的目的需要集中于一点,那就是战略目的。因此,讨论创业企业绩效管理之前,我们需要对创业企业的战略有所了解。

（一）创业企业战略规划的特点

一般来说,企业的生命周期包括四个阶段,即初创阶段、成长阶段、成熟阶段和衰退阶段,如图 8-2 所示。

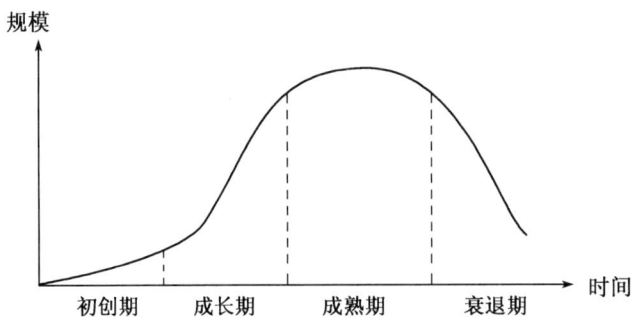

图 8-2　企业的生命周期

企业在不同的发展阶段有着不同的组织战略目标,与成熟阶段的企业相比,还处于初创、成长阶段的创业企业在战略规划上有明显的不同,具体可以表现在战略规划的系统化程度低、动态性和生存优先三个方面。

1. 系统化程度低

处于成熟期的企业,其战略选择会受到企业过去和现在各方面因素的影响,并且是在一定资源和能力积累的基础上考虑企业长期发展的问题。因此,其战略分析、战略选择再到战略实施都需要进行严格的控制。与之相比,创业企业还处于战略的摸索期,企业从事的各项活动都有较高的不确定性,此时企业还没有足够的资源和精力对企业战略进行全面的研究,因此,大多数创业企业并没有进行完整而全面的战略规划,其战略规划的系统性也相对较低。

2. 动态性

由于成熟企业的经营相对稳定,它们所进行的战略规划更多的是涉及企业根本性、有长期影响的问题,其战略在经过精心选择和设计后一般不轻易改变。创业企业更注重机会的把握,与成熟企业相比,其优势在于能够更贴近市场、以更为灵活的方式有效地满足社会需求,从而得以快速发展。因此,创业企业的战略也会随着企业的内部资源和外部环境的变化而及时调整。同时创业企业规模较小,扁平的组织结构也有利于企业适时进行战略的动态调整。

3. 生存优先

创业企业面临的最严峻问题就是生存,因此,与成熟企业完整而全面的战略规划相比,创业企业战略规划的重点更侧重于获得企业发展所必需的资源,以在市场中立足。

（二）创业企业员工绩效管理的特点

基于上述对创业企业战略的分析,我们总结了如下四个创业企业员工绩效管理的特点:

1. 结果导向

前文提到,创业企业在初创阶段绩效管理的目的就是战略目的,企业的一切资源都是围绕战略目标。在这一阶段,管理者在脑海里并没有形成完整的绩效管理观念,很少强调工作的规范化和流程化,只是单纯地希望员工个人绩效和组织绩效的提高。创业企业在初创阶段对员工的绩效管理以绩效考核环节为核心,考核的内容更多地为企业带来实际效益的行为结果并聚焦关键指标,较少关注员工的工作过程和工作态度,是一个"以成败论英雄"的时期。

2. 追求高效便捷

通常情况下,创业企业较少有精力设计完整的绩效管理系统,甚至很少有正式的绩效评价。企业更倾向于采取一种非正式的、被动反应性的方式来处理员工的绩效管理问题。其对员工的考核强调效率优先、高效便捷,考核由人力资源部主管或各部门主管直接负责操作,而由于企业没有健全的考核体系,对员工的考核也主要依赖于直接主管的评价。

3. 考核内容灵活多变

创业企业发展方向不明确、发展极不稳定,为了尽快地在市场竞争中站稳脚跟,创业企业需要发挥其灵活、快速的优势,这种优势主要体现在快速精准的商机识别、默契高效的团队配合以及对市场的迅速反应上。因此,当企业内部资源和外部环境发生变化时,以产品或服务为中心的创业企业会及时做出相应的战略调整,员工的工作安排和关键绩效指标也会随之改变。

4. 考核难度大

创业企业在初创期的员工人数较少,人力资源结构不尽合理,许多员工虽说有名义上的职位,但是在具体工作安排上经常是一人多岗位、能者多劳,"哪急、哪紧、哪需要"就"往哪里去"。职责和分工具有极强的灵活性,这大大增加了员工考核的难度。此外,当企业由初创期向成长期过渡时,企业不断扩大的规模对绩效管理管理者的专业性、绩效管理系统的完备性等要求不断提高。

8

第二节 创业企业员工绩效管理的常见方法

初创期的企业进行绩效管理追求的是高效便捷,此时的管理者并不会花费太多的心思建立完备的绩效管理系统,只注重结果,缺乏对过程的控制。所以,在完整的绩效管理环节中,只有绩效计划(需要完成的目标)与绩效结果的运用(完成目标后的奖励)这两个步骤得以部分实现。直至企业进入快速成长阶段,创业企业规模不断扩大,绩效管理难度攀升,为了防止绩效管理弊病会阻碍企业的稳定发展,管理者需要更加重视管理的科学化、规范化和系统化,不断完善绩效管理系统。

一、创业企业员工绩效管理循环系统

人们常常容易将绩效管理与绩效考核混淆,认为两者没有什么区别。其实,绩效考核只是绩效管理过程的一部分,完整的绩效管理包括绩效计划、绩效监控、绩效考核与反馈以及绩效结果的运用四个环节。

(一)绩效计划

绩效计划是绩效管理系统的起点,是指在新绩效周期开始时,员工和管理者经过充分沟通,根据组织经营计划、管理目标和员工前一绩效周期的结果,就员工的考核周期、绩效目标进行讨论并达成一致。

1. 绩效计划的内容

绩效计划的内容主要包括绩效目标、绩效考核周期以及对绩效管理其他三个环节工作的初步规划三个部分。其中,绩效目标由绩效内容和绩效标准组成,绩效内容界定了员工在考核期间的工作任务和绩效指标,而绩效标准则进一步明确员工应当做到什么样的程度。绩效考核周期是指绩效目标达成的期限,也就是多长时间对员工进行一次绩效考核,绩效周期过长可能会降低绩效考核的准确性,绩效周期过短又会增加企业管理的成本,因此企业应该综合考虑岗位特征、绩效指标和绩效标准的性质确定出恰当的绩效考核周期。

2. 绩效计划的特点

创业企业员工绩效计划的特点主要体现在灵活性和适应性两个方面。

灵活性。创业企业最大的优势在于它的灵活高效,对市场反应迅速,因而在员工的绩效计划上也应体现一定的灵活性。特别是创业团队中的研发人员,其工作结果、研发周期都具有很强的不确定性,在为他们制订绩效计划时更需要灵活变通。

适应性。创业企业为员工制订的绩效计划需要考虑组织当前的战略目标,对于初创期创业企业,所面临的最主要问题是生存问题。企业当前最重视的是每项付出是否能够立竿见影地促进企业的发展,而对于那些劳民伤财、费时费力却收效甚微的复杂管理系统是不会感兴趣的。因此,创业企业的绩效计划需要具有很强的适用性,并且应该能通过绩效管理的实施,比较明显地提高员工和组织的绩效,增强企业的竞争力。

8

3. 制定绩效指标体系的常用工具

使用科学的方法、工具构建绩效管理指标体系,有助于将企业战略目标与具体的考核指标相结合,且其在管理实践方面也具备较强的可操作性。自20世纪50年代以来,绩效管理逐渐发展成为人力资源管理论研究的重点,学者们先后研究提出了目标管理、关键绩效指标、平衡计分卡以及目标与关键成果法等工具。

其中,平衡计分卡是哈佛大学教授罗伯特·卡普兰(Robert Kaplan)和美国复兴全球战略集团创始人兼总裁戴维·诺顿(David Norton)提出将绩效与企业战略紧密联系,囊括整个组织财务、客户、内部经营过程、学习与成长四个方面活动的绩效内容。它也常被认为是加强企业战略执行力的最有效的战略管理工具。因此,平衡计分卡一般适用于战略定位清晰、对组织内外部环境有相当把握的成熟企业。然而,创业企业还处于战略摸索期,并没有足够的精力和资源进行复杂的战略分析、战略制定和战略选择,很难制作出企业自己的战略地图。另外,初创企业员工的绩效管理通常是目标、结果导向的,很少存在战略导向的绩效管理方法。因此,很少有创业企业会使用平衡计分卡进行企业的绩效管理。目标管理法、关键绩效指标法以及目标与关键成果法会更适合创业阶段的企业,后面我们将对这三种方法进行详细阐述。

(二) 绩效监控

绩效监控是指管理者采取恰当的领导风格,通过与员工进行持续的绩效沟通,收集绩效信息,及时发现各种问题并对员工的工作进行指导,必要时根据实际情况对绩效计划进行调整。

1. 领导风格

在进行绩效监控的过程中,管理者的行为方式和处事风格会对下属的工作状态造成影响。领导权变理论认为在管理实践中不存在万能的领导方式。主要有三种类型权变理论:费德勒权变模型、路径—目标理论和情境领导理论,其中,由行为学家保罗·赫塞(Paul. Hersey)和肯尼思·布兰查德(Kenneth Blanchard)提出的领导情境理论获得了广泛认可。

领导情境理论认为,领导的成功除了与领导风格的选择有关,还会受到下属成熟度的影响。其中,领导风格按照任务导向和关系导向的不同水平分为指示型、推销型、参与型以及授权型,下属成熟度则按照下属的工作能力和工作意愿分为四个阶段。管理者可以依据下属的成熟度进行不同的领导风格选择。如图8-3所示。

企业在创业阶段,初创团队的创业激情、工作意愿都较高,此时,管理者可以根据对员工能力的判断选择同时采取命令和支持行为的推销风格或直接授权的风格。若员工对完成某项工作的意愿不高、工作能力又不强时,管理者需要向员工明确告知他们需要做什么、如何去做。当员工工作能力强但工作意愿不高时,管理者可以采用参与的风格,与员工共同决策。

2. 持续沟通

在绩效监控的过程中,管理者与员工需要就员工的工作进展、工作中遇到的困难和阻碍、需要的资源与支持等进行持续沟通,以保证员工绩效计划的执行在预计的轨道上,同

8

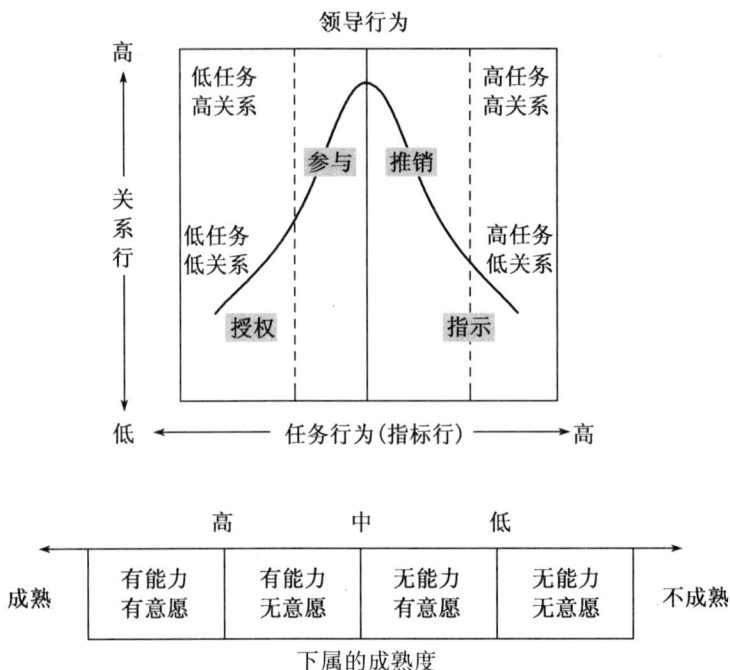

图 8-3 领导风格和下属成熟度

资料来源：[美]斯蒂芬·P·罗宾斯、玛丽·库尔特，管理学[M]，7版. 北京：中国人名大学出版社，2004：497.

时为日后的绩效评价收集客观的信息。

（三）绩效考核与反馈

绩效考核与反馈阶段是指管理者根据收集到的考核信息，公正、客观地评价员工目标成果，在经过充分准备后，管理者与员工进行绩效沟通面谈，就考核结果向员工进行反馈，并指导员工在下一周期如何改进绩效的过程。

1. 绩效考核

绩效考核的结果涉及员工的切身利益，同时也会对人力资源管理的其他职能活动产生重要影响。因此，企业需要根据绩效计划制定的评价考核指标体系以及绩效监控的实际情况，设计一套科学的绩效评价系统，以确保考核结果的客观性、公正性和科学性。评价系统的设计主要包括确定考核的主体和考核方式。

考核主体是指对员工绩效进行评价的人员。依据不同的管理要求，企业可选择不同的考核主体。创业企业在初创阶段员工规模较小、管理追求便捷高效，因此考核主体一般由直接上级或主管担任。如果职位的复杂性较大，为了确保考核的全面性、有效性，可以采用360度考核，即由员工的上级管理者、同事、下级员工、员工本人以及客户担任考核者。

考核方式可以分为比较法、量表法和描述法三类，如表8-1所示。

其中，比较法是一种通过员工之间的相互比较得出考核结果的方式，这种方式简单且容易操作，适用于作为奖惩的依据。但是这种考核方式不能提供有效的反馈信息，对绩效管理作用的发挥帮助不大。量表法则是通过使用客观的标准，将绩效考核的指标和标准制作成量表，对员工进行考核。使用量表法进行考核需要较大的量表开发成本，且对绩效指标和标准的合理性要求很高,但是运用量表法可以清晰地比较员工之间的绩效差距,找到员工的工作在哪方面需要改进,也能为人力资源管理的其他职能活动提供参考依据。而描述法是指用叙述性的文字对员工的工作业绩、能力、态度做出综合的评价,一般只作为其他考核方法的辅助手段。

表 8-1 考核方式

方法种类		主要特点
比较法	• 个体排序法 • 配对比较法 • 人物比较法 • 强制比例法	• 简易、易操作 • 适用于作为奖惩的依据 • 无法提供有效的反馈信息 • 无法对不同部门之间的员工进行比较
量表法	• 评级量表法 • 行为锚定评价法 • 行为观察量表法 • 混合标准测评法	• 具有客观的标准,可以在不同的部门之间行考核结果的横向比较;具有具体的考核指标,可以确切地知道员工到底在哪些方面存在不足和问题,有助于改进员工的绩效,为人力资源管理的其他职能提供科学的指导 • 开发量表的成本比较高,需要制定出合理的指标和标准
描述法	• 业绩记录法 • 能力记录法 • 态度记录法 • 综合记录法	• 提供了对员工进行考核和反馈的事实依据 • 一般只作为其他考核方法的辅助方法来使用

资料来源:董克用,李超平.人力资源管理概论[M].北京:中国人民大学出版社,2015:304.

2. 绩效反馈

绩效反馈是在绩效考核结束后,上级就员工的考核结果向员工反馈,并帮助员工一起分析其工作成功与失败的原因,并提出员工认可和接受的解决方案。绩效反馈面谈是绩效反馈的主要实现手段。

在进行绩效反馈面谈时应当注意以下三个问题:

第一,谈话双方都要做好面谈准备工作。管理者需要选择恰当的面谈时间和地点,在面谈之前充分了解员工的情况以及这一周期的绩效表现。员工也需要重新回顾该绩效周期内自己的行为表现和业绩情况,整理自己在工作过程中遇到的具体问题,认识自己工作中的不足,同时也要正视自己的优点。

第二,反馈过程中要针对具体问题提出改进建议。对于员工自己以及管理者所指出的工作问题,双方需要一起找出造成问题的原因,对具体问题制订针对性的改进计划。

第三,反馈面谈时要注意沟通技巧。管理者的谈话内容应该针对员工的工作绩效,而不是针对员工本人。在反馈时要建立融洽的谈话气氛,同时注重双向的沟通,给员工表达的机会。

(四)绩效结果的运用

绩效结果运用是绩效管理真正发挥效益的过程。绩效结果主要用于两个方面:

一是用于绩效改进。通过对员工存在的绩效问题进行诊断,分析问题出现的原因,并根据绩效诊断与员工一起制订绩效改进计划,在计划实施过程中,管理者向员工提供指导和辅助。绩效改进能够使绩效管理对员工绩效的促进作用真正得到发挥。

二是作为人力资源管理其他职能决策的依据。例如,在薪酬管理时,薪酬与奖金的分配就多是以员工的绩效结果为依据,从而保证了薪酬管理的公平性、激励性。同时,绩效考核的结果还可作为员工晋升、调岗的依据,如果员工的绩效表现突出可以考虑让其晋升,承担更多的责任。若员工不能胜任现有工作,可以在分析原因后,选择将员工调离岗位。此外,绩效考核的结果还能用于员工培训,为员工的培训与开发提供依据。最后,通过对员工长期的绩效改进和培训计划,有助于员工明确其职业生涯规划。

知识链接:

绩效管理的 PDCA 循环系统

PDCA 循环或称持续改进螺旋是由质量管理专家休哈特(Shewhart)首次提出,后由美国学者戴明(Deming)改进、宣传,获得普及后被又被称为戴明环。它是一个持续改进模型,包括计划(Plan)、执行(Do)、检查(Check)、处理(Act)四个环节。这四个环节不是运行一次就结束,而是会周而复始地进行,从而实现阶梯式螺旋上升。这种持续改进的工作程序对绩效管理尤其适用。

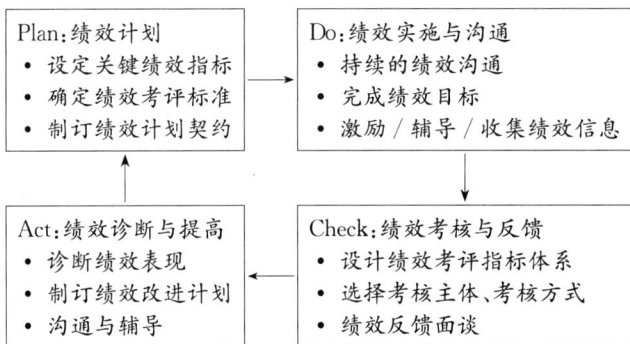

```
┌─────────────────────┐      ┌─────────────────────┐
│ Plan:绩效计划        │ ──→  │ Do:绩效实施与沟通     │
│ • 设定关键绩效指标    │      │ • 持续的绩效沟通      │
│ • 确定绩效考评标准    │      │ • 完成绩效目标        │
│ • 制订绩效计划契约    │      │ • 激励/辅导/收集绩效信息 │
└─────────────────────┘      └─────────────────────┘
        ↑                              │
        │                              ↓
┌─────────────────────┐      ┌─────────────────────┐
│ Act:绩效诊断与提高   │ ←──  │ Check:绩效考核与反馈  │
│ • 诊断绩效表现        │      │ • 设计绩效考评指标体系 │
│ • 制订绩效改进计划    │      │ • 选择考核主体、考核方式 │
│ • 沟通与辅导          │      │ • 绩效反馈面谈        │
└─────────────────────┘      └─────────────────────┘
```

二、创业企业员工绩效管理常见方法

8

动动脑:凯恩斯"推绳子"效应

桌上放着一根软绳子,你拉绳子头部的时候,绳子能向前移动,但当你推绳子尾部的时候,它只会变得弯曲,并不会向前移动。拉绳子的效果很明显,反之却不然。推绳子效应这个词最早是用于货币政策中。将"推绳子"效应放到绩效管理的场景,拉绳子头部代表着什么? 什么是推绳子?

拉绳子就是绩效管理中的"目标导向",而推绳子则是指关注工作行为本身,却忽略了目标方向。

(一)目标管理法

目标管理(Management by Objectives,MBO)由管理学大师彼得·德鲁克首次提出,它是指管理者与员工对企业战略所确定的一定时期内组织的总体目标进行分解,形成员工个人的目标体系,并将其作为依据对员工的绩效进行评估。目标管理法是一种以结果为导向的考评方法,需要员工与管理者共同参与决策,对组织总体目标进行层层分解,并用具体目标激励员工,强调员工的自我控制。

1. 目标设计的 SMART 原则

在进行绩效目标设计时,需要遵循五个原则:

第一,目标明确具体(Specific),要用具体的语言说明要达成的行为标准,不能笼统。

第二,目标可度量(Measurable),绩效目标可量化,有明确的衡量标准,方便进行比较。

第三,目标可达成(Attainable),绩效目标是通过努力可以达到的。

第四,目标的相关性(Relevant),绩效目标与组织目标必须是相关联的。

第五,目标的时限性(Time-based),绩效目标是有起止时间限制的。

2. 目标管理的三个步骤

第一步,进行目标的制定和分解。根据企业的战略目标制定出企业在某一时间阶段的组织总体目标,将总体目标分解至各个部门,再将各部门的目标分解到每个员工身上,形成员工的个人目标,明确每个目标具体的责任。在制定和分解目标过程中,应该鼓励员工共同参与决策,就个人目标与管理者达成一致。

第二步,在确定完个人目标后,需要对目标实施过程进行管理。主要通过上级适当的授权、给予员工指导和帮助,确保员工的目标始终与部门目标保持一致。

第三步,检查实施结果及奖惩。在达到预先确定的期限后,与员工一起检查其个人目标的实现情况,决定奖惩。就没有达成的目标一起分析原因,总结教训,共同讨论下一阶段的目标。

3. 目标管理的优缺点

目标管理法的优点主要体现在以下三个方面。首先,员工的工作任务明确,目标管理法的评价标准直接反映员工的工作内容。其次,目标本身就存在激励作用,当员工意识到目标实现的可能性相当大时,目标的激励效果就更大。最后,由于员工的目标是由员工与管理者共同参与制定的,这对员工的积极性有积极影响,同时还能提高员工的责任心、主人翁精神。

尽管目标管理法已经得到了大多数人的认可,其在管理实践的具体运用中,还是存在如下三点缺陷。首先,由于目标管理法更加适用于分解具体的目标,对于比较抽象的长期目标难以分解,使用这种方法很容易使得管理者忽视企业的长期发展目标,只在乎眼前可见的短期目标。其次,目标管理法的目标设置困难。企业中,许多目标的实现需要大家的共同合作,而只对目标进行设置,不容易分解出团队成员的贡献度。最后,由于不同部门、不同员工的目标都存在区别,因此难以对员工和不同部门之间的工作绩效横向比较,不能为其他人力资源管理决策(如晋升、调岗、薪酬决策)提供科学的依据。

(二) 关键绩效指标法

关键绩效指标(Key Performance Indicator,KPI)是一种将企业战略目标经过层层分解产生的可操作性的指标体系,是衡量、反映和评价企业战略实施效果的可量化、系统性

8

的关键指标。关键绩效指标的理论基础来源于一个重要的管理学原理——"二八原理"。对于员工而言,80%的工作任务是由20%的关键行为完成的。因此,在为员工设计考核指标时,要从繁多的考核指标中找出最为关键的指标作为绩效考核指标。

1. 关键绩效指标的设计思路

第一步,明确企业的战略目标,确定企业的关键指标体系。创业企业高层领导首先要明确企业长期的战略目标和企业未来的发展方向,并根据行业特点、企业自身发展情况,从中分析出企业获得成功的关键业务领域,找出这些关键业务领域的关键业绩指标,并对每项关键绩效指标设置评价标准。

第二步,确定各部门的关键绩效指标。在确定了企业的关键绩效指标后,需要确定完成相应指标的要素目标,分析目标实现的绩效驱动因素,从而将企业的关键绩效指标分解至相应部门。

第三步,确定员工个人的关键绩效指标。部门经理与员工一起,按照相同的办法,将部门的关键绩效指标分解为各职位的业绩衡量指标。

第四步,审核所得的关键绩效指标体系。在确定完企业、部门以及个人的关键绩效指标后,企业需要组织多个评价者对该绩效指标体系进行审核,以确保这些关键绩效指标能够解释被评估者80%以上的工作目标、客观地反映被评价对象的绩效。

可以运用鱼骨图的形式来表达组织战略目标的分解,体现指标间的逻辑关系。如图8-4所示。

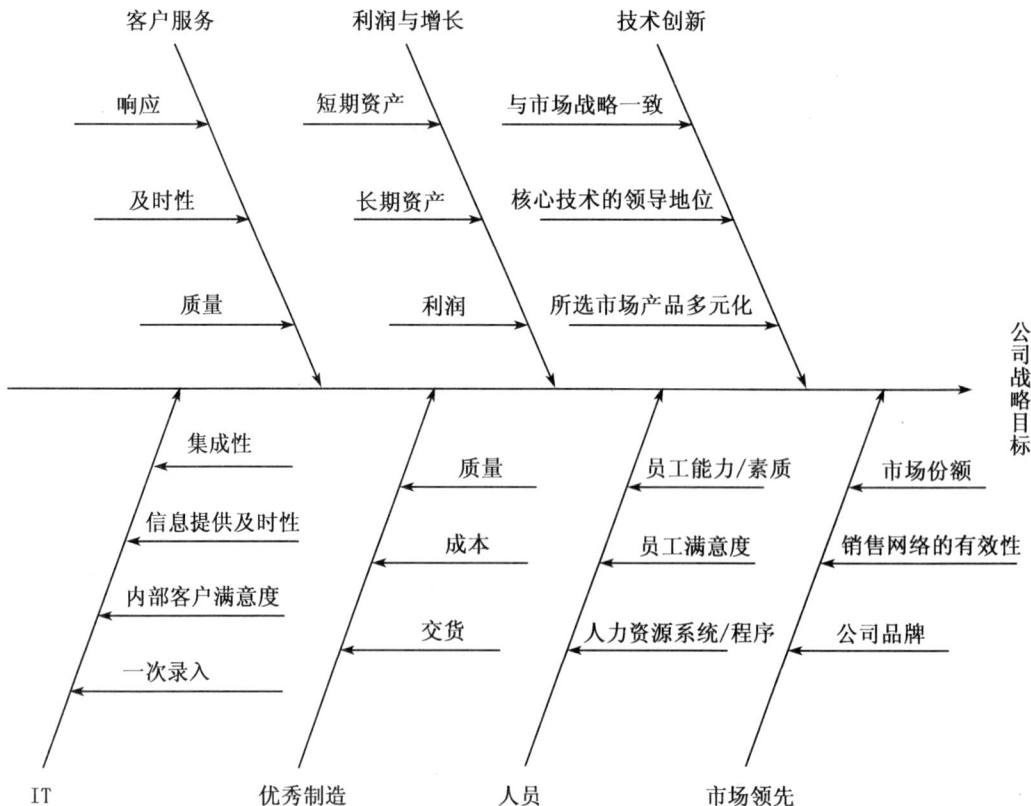

图8-4 组织战略目标的分解过程

2. 关键绩效指标法的优缺点

关键绩效指标法在管理实践中被企业广泛使用主要是因为以下优点:首先,关键绩效指标是对企业战略目标的层层分解,使得员工的绩效行为与企业目标所要求的保持一致,有利于企业战略目标的实现。其次,关键绩效指标所设定的目标值是根据企业每年的实际经营情况而设立的,就有较强的动态性,有效地体现了绩效考核的牵引作用。最后,关键绩效指标是组织上下认同的,指标的设定由管理者与员工共同参与完成,有助于员工对绩效目标的认识和认可,员工的工作积极性将大大提高。

此外,关键绩效指标法还存在两点不足之处。首先,关键绩效指标法是通过自上而下的方式对战略目标进行分解的,通过这种方式设定员工个人绩效指标忽略了员工参与。其次,关键绩效指标法并没有提供一套完整的绩效管理框架体系,只确定了具体的考核内容,没有指明由谁考核、如何考核。

(三) 目标与关键成果法

目标与关键成果法(Objectives and Key Results,OKR)由英特尔公司所创造,后由约翰·道尔(John Doerr)引入到谷歌,从而在创新业务领域得到推广,是一套定义和跟踪目标及其完成情况的绩效管理方法,主要目的是让企业全体成员共同努力,将目标聚焦在战略目标上,以便更有效率地完成有挑战的目标任务。目标与关键成果法主要关注于"目标"和"关键结果"。其中,"目标"通常是指组织中的中短期目标,而不是长期的使命和愿景。"关键结果"则是指如何完成目标以及如何界定完成了目标。

1. 目标与关键成果法的特点

目标聚焦。对目标和关键结果的设计都比较简捷,其中目标一般不会超过 5 个,每个目标的关键结果也会控制在 4 个范围内。

透明公开。目标和关键结果的设置以及最后的评估会对整个企业进行公开,体现其评估的公平性,同时还能形成一定的自我激励作用。由于目标和关键结果的公开透明,也能方便团队之间达成协作。

2. 目标与关键成果法的设计思路

第一步,明确目标。这里的目标包括企业、部门和员工的目标。但是企业的目标是通过由员工自己的目标、部门目标,自下而上地汇总形成,随后再使用价值树模型等工具进行自上而下的目标分解。最终的目标对组织和员工来说应该是重要的、具体的、有挑战的、受鼓舞的以及可达到的。

第二步,确定关键性结果并进行量化。关键性结果不宜太多,但必须是具有挑战的、敢于创新的,可以是非常规的。同时关键性结果的确定需要符合 SMART 原则,即目标明确具体(Specific)、目标可度量(Measurable)、目标可达成(Attainable)、目标的相关性(Relevant)以及目标的时限性(Time-based)。

第三步,全体成员通过协同合作实现目标。根据关键成果会派生出一系列的任务,由不同的团队成员负责完成,各个团队之间也可以进行沟通协作。

第四步,定期回顾。任务结束后,员工需要对自己关键结果的完成情况进行打分。对于考核结果,分数过高或过低都不理想,因为分数过高则说明目标没有太大的挑战性,分

8

数过低则表示目标不具有可行性。因此最理想的得分一般在 60~70 之间。另外,所有员工的个人评价、所完成成就的内容以及级别在全公司共享公开。

3. 目标与关键成果法的优缺点

目标与关键成果法将企业的目标聚集,有助于企业集中配置资源,提高目标达成的效率。同时,目标与关键成果法通过自下而上的方式汇集目标,发挥了员工的创造性、积极性,激发了员工的工作热情。此外,员工能够对关键结果进行更改,具备很强的灵活性和环境适应性。然而,目标与关键成果法没有对目标达成的行为途径做太多的说明,这对管理人员和员工的能力素质、自我驱动精神要求相对较高。

第三节　创业企业员工绩效管理策略

一、创业企业员工绩效管理问题现状

绩效管理一直是企业管理的难题,对于刚起步的创业企业而言更是如此。据《2018中国创业企业发展报告》显示,2018 年前三季度,我国创业投资市场人民币基金募资总额达 1 016.22 亿元,占市场募资总额的 88.7%。然而,在这股创业的浪潮之下,企业的存活率却很低。据统计,发展中国家中小型创业企业的失败率达到了 90% 以上,而顺利度过种子期,最后迅速发展获得成功的企业更是少之又少。大多数处在初创期的企业,由于企业规模较小,企业的资源倾向于进行价值创造的业务部门,对企业内部管理的关注较少。但当创业企业经历了种子期、跨过"死亡谷"进入快速成长期时,企业规模的扩大会使得原来绩效管理的弊病愈发突显,在创业初期被企业忽视的绩效管理陷阱,会导致严重的后果或对企业造成致命危机。创业企业员工绩效管理存在以下四个方面问题:

(一) 管理者对绩效管理认识不足

创业企业迫于生存压力,普遍存在管理上的短视行为,体现在绩效管理上则是重短期指标、轻长远发展。由于创业企业的基础管理水平不够,管理者容易将"绩效考核"视为"绩效管理",然而绩效考核只是绩效管理的环节之一,最多算是绩效管理的核心步骤,具有承上启下的作用。大多数管理者只注重对员工某个绩效周期工作表现的总结,忽略了绩效管理对员工往后绩效表现的影响,从而出现为了考核而考核的情况,绩效考核也只是流于形式。事实上对员工之前绩效表现的评定并不是绩效管理的最终目的,企业进行绩效管理只是一种手段,是企业实现自身战略目标的一种方法。

(二) 选择不适合创业企业的绩效管理方式

当企业从初创阶段过渡到成长阶段时,企业面临的最大挑战是如何有序地管理和利用组织内部资源,他们需要建立新的管理体系以应对企业的不断扩张。此时,企业管理者常常会出现盲目跟风的行为,选择时下最新颖的绩效管理方式,而不考虑企业自身和员工的发展情况。例如,对于创业企业的研发团队而言,员工的专业性强,绩效内容具有一定的时效性且不易量化，难以进行直接观测。若企业选择以考核个人绩效结果为主，重视短期目标实现的目标管理法，会忽略掉许多对企业有价值的贡献。选择这种不恰当的方式对员工进行考核，会导致考核的目标和结果在员工心理评价上的不平等，这种做法不但影响了员工的创新积极性，也会挫伤员工对组织的信心。

（三）绩效管理不成体系

大多数创业企业在进行绩效管理的过程中，只关注对员工绩效目标的设定以及对其绩效表现的考核，忽略了对员工的绩效反馈、沟通和诊断，从而无法发挥绩效管理对员工绩效持续改进的作用。并且在考核结果上，也仅仅应用于薪酬的分配，未向员工形成及时的反馈和绩效诊断，会使得员工无法了解自己在工作上的不足，相应也就无法制订明确的绩效改进计划。工作能力待提升的员工难以发现自己存在的问题，不利于其自身素质、能力、工作绩效的提升。同时，绩效表现好的员工也因为没有得到及时认可而产生挫败感，对其后期的绩效表现会产生不利影响。

（四）员工激励不足

许多员工对企业进行的绩效管理存在抵触情绪，认为绩效管理只是企业为了让员工加班或变相克扣员工工资的手段。主要是因为某些企业总是希望员工多付出，却不给予相应的回报，在绩效管理过程中忽略员工的感受，一切以组织的利益最大化为目标，缺乏对员工的激励。这种做法看起来让企业短期的收益有所提高，实则不利于企业与员工的共同发展。创业企业在创立之初，创业团队成员主要是竭尽全力完成这一具有高度一致的目标——让企业存活下去，此时的团队具有很高的凝聚力、执行力以及积极性。他们在工作中以"完成任务"为导向，不会过多计较工作过程中的利益得失。而当企业进入发展期，员工当初的创业激情退却后，会更多地考虑个人利益问题。若企业忽视对员工的激励，员工的工作动力不足，很有可能导致核心人才的流失。

二、创业企业员工绩效管理策略

企业在创业初期除了重视对资金、技术的积累外，还要注重对管理经验的积累，为企业的长期发展奠定坚实的基础。创业企业在进行绩效管理时，应该关注以下五点：

（一）强调绩效管理的重要性

在创业初期，绩效管理并没有受到管理者足够的重视，然而，此时正是帮助员工树立绩效管理意识、培养绩效管理习惯的最佳时期。为了给企业成长期的绩效管理打下良好的基础，更好地发挥绩效管理的作用，企业需要提高对绩效管理的重视程度，意识到绩效管理不仅仅需要人力资源经理的热情投入，还需要组织其他管理者承担相应的责任。

另一方面，对于员工而言，要注意加强绩效宣传，让员工认识到绩效管理的好处，要让员工意识到绩效管理能够不断提高员工自身素质和绩效，从而有助于提高目前的收入水平和今后的职业发展水平。

（二）选择恰当的绩效管理方式

创业企业选择过程导向还是结果导向的绩效管理方式，需要同时考虑员工和企业的发展情况。关于企业发展情况,需要考虑企业的文化氛围、战略目标、企业的成熟度以及组织机构、岗位的设置等。关于员工的自身情况,需要考虑员工本人对绩效结果是否足够重视、工作技能水平和熟练程度、在工作中过程中的积极性和努力程度等。只要是适合创业企业发展的,有利于战略目标实现的,就是合适的绩效管理方式。

(三)明白过程控制的重要性

创业企业绩效管理可以灵活地调整,根据企业和员工的实际情况做出相应简化处理,但是这种简化处理是通过简化指标而不是通过简化过程实现。为了提高管理效率,企业管理者需要重视对绩效管理的过程控制。绩效指标过于复杂反而没有重点,在设计时应做简化。在绩效监控的过程中,管理者要发挥创业企业效率高、沟通环境良好的优势,注重对员工绩效的沟通和指导。在对员工绩效进行考核后,将员工的实际绩效与标准进行比较,并对存在的绩效偏差及时诊断,采取纠正行动。具体控制过程中的管理决策如图8-5所示。

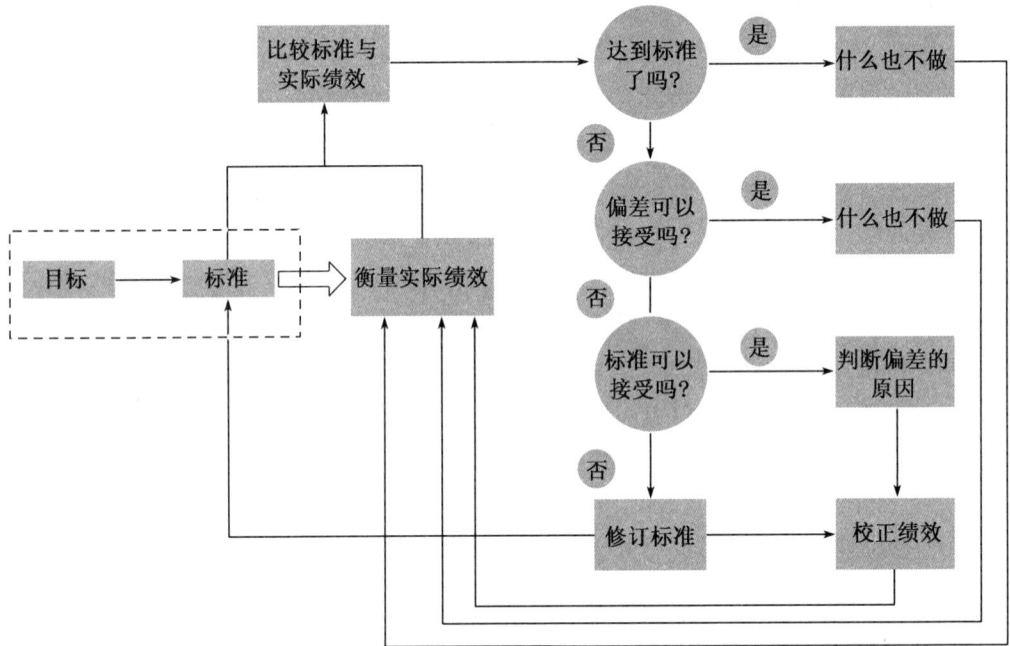

图8-5 管理决策中的过程控制流程

资料来源:[美]斯蒂芬·P·罗宾斯,玛丽·库尔特.管理学[M],11版.北京:中国人民大学出版社,2012:485.

(四)创造宽松的管理环境

创业企业进行绩效管理需要创造宽松的管理环境。企业进行绩效管理是为了引导促进员工个人素质的提升,提高员工个人绩效以实现组织目标,而不是为了控制员工。企业在进行绩效管理时,不能把员工放在对立面,应该注重激励,正强化,避免员工对绩效管理产生抵触心理。并且,企业在初创期的员工较少,人员相对不稳定,企业不应该以严苛的考核为主要目标,而是应当以相对宽松的奖励型考核或者说是标杆型的考核为主要方式,坚持以鼓励、激励为主。另外,由于研发团队的绩效难以考核,若考核周期、绩效目标等设计过于严苛具体,可能会忽略有价值的贡献,甚至扼制创新。

(五)重视员工的发展

当创业企业尽心于服务外部客户时,也不应该忽略企业的"内部客户"——员工。企业在进行绩效管理的过程中,要注重对员工潜能的开发,对员工的绩效管理需要以提升绩效、深挖人才为主。在与员工的绩效沟通过程中,指出员工在哪些地方表现得好,未来还有哪些需要改进。创业企业应当重视对员工的培养,给员工提供更多发挥优势的机会,从而增强员工的职业成就感,使员工愿意将自己的发展与企业的发展关联起来,对创业企业产生归属感。

本章小结

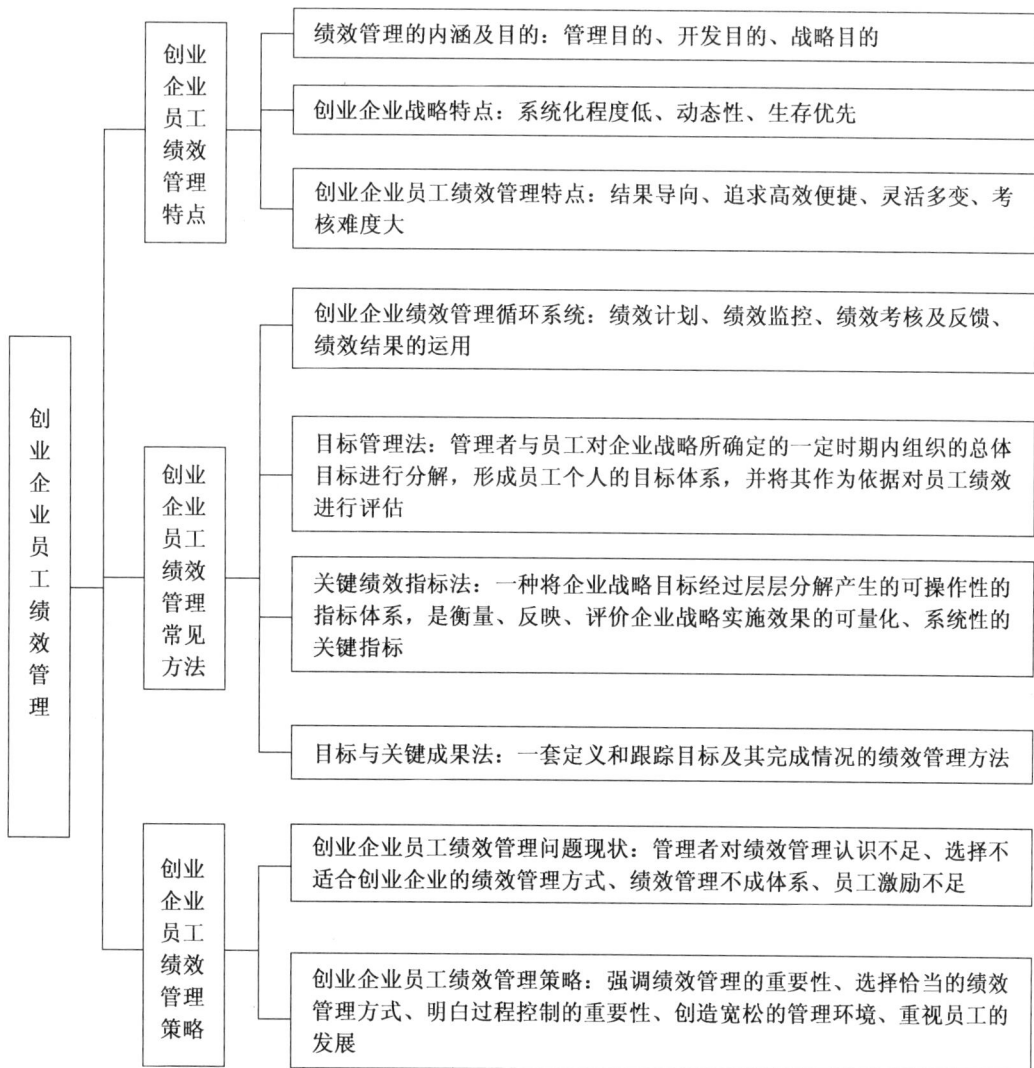

8

复习与思考

1. 什么是绩效管理? 绩效管理有哪些功能?
2. 创业企业绩效管理的特点有哪些?
3. 创业企业绩效管理系统包括哪些环节?
4. 什么是目标管理法? 什么是 SMART 原则?
5. 什么是关键绩效指标法? 它有哪些优缺点?
6. 什么是目标与关键成果法? 它包括哪些步骤?

案例分析

字节跳动用 OKR 驱动成长

疫情之下,字节跳动逆势上扬,宣布进入教育业务,2020 年将招聘员工超过 10 000 人。在此之前的几天,正逢公司成立八周年之际,字节跳动在组织结构方面又迎来一波新的改变。3 月 12 日,字节跳动 CEO 张一鸣在给所有员工的内部信里宣布,即日起,公司组织管理系统将全面升级。张一鸣提到,字节跳动全球员工总数很快会突破 10 万人。这意味着,过去作为一个国内公司的组织架构已经不足以支持字节跳动对海外员工的管理。头条系的产品和业务线的快速延伸,让整个世界都咋舌。年轻的创始人张一鸣所带领的这个超级生态体,为什么有着这样如此高效的生产力? 这家公司到底有什么特别之处? 尤其是在疫情之下,如何建立好一个富有效率的企业,对所有公司来说,都还是一个新的课题。有人把这种能够适应外界变化的能力比作免疫力。我们不禁要问字节跳动这种超强免疫力是怎么练成的? 背后有什么秘诀?

• 从内到外应用 OKR

让员工品质与 OKR 工作方式一一对应。

追求极致——不断提高要求,延迟满足感。在更大范围里找最优解,不放过问题,思考本质,持续学习和成长。

务实敢为——直接体验,深入事实。能突破有担当,打破定式,尝试多种可能。

信任伙伴——乐于助人和求助,合作成大事。

坦诚清晰——敢当面表达真实想法。能承认错误,不装不爱面子。实事求是,暴露问题,反对"向上管理"。准确、简洁、直接,有条理有重点。

始终创业——自驱,不设边界,不怕麻烦;有韧性,直面现实并改变它;拥抱变化,对不确定性保持乐观;始终像创业第一天那样思考。

无可否认,实施或学习 OKR 的 CEO 们都在某种程度上醉心于这套理论的醍醐灌顶之处,但实际上部分企业最后压根没什么改观,尽管他们口口声声说认同 OKR,但动作行为却暴露了这点。在对 OKR 的描述中,KPI 是常常被拿来说事的负面教材。在字节跳动也不例外,他们认为 KPI 往往建立在对固定指标和强制结果的追求上,并且与员工绩效强行挂钩。最令人懊恼的是,一旦管理者制定了违背市场规律的决策,员工不仅没办法发挥专长,还要为错误的决策买单。

- 字节跳动的 OKR 实践

在字节跳动内部,制定 OKR 遵循"自上而下""自下而上"两种方式。"自上而下"适用于宏观类型的 O(objective,即目标)——比如字节跳动 2017 年决定布局短视频领域(此为公司战略类 O),今日头条孵化抖音火山版,或者抖音孵化剪映(此为团队业务发展类 O)。在"自上而下"途径下,公司和业务团队成员可以就总 O 进行逐级理解和承接,形成各自小 O。"自下而上"适用于微观类型的 O,假设抖音决定提高日活和用户时长(此为具体业务策略 O)。那么"自下而上"途径下,业务团队一般成员可向上提请制定新 O,之后由部门负责人统一对下属的 O 进行选择、认定和总结,形成自身的 O。

- OKR 导致几乎无人可以浑水摸鱼

在字节跳动,没人浑水摸鱼。OKR 制定的结果一定要有挑战性,必须要全力以赴才能拿到满意的结果,如果满分 100 分,努力到 70 分,这种目标才是合理和科学的。

字节跳动的成功并非偶然,正是善用 OKR、追求效率让字节跳动从知春路的一家小公司成长为估值 750 亿美元的独角兽,但我们也看到不少引入 OKR 的企业无功而返,究其原因无非以下几种:

一是在 OKR 实践中,思想的转变比工具的应用更重要,很多人把 OKR 当成类似 KPI 的考核工具,忽视了背后提倡的透明、信任、自主、结构导向。

很多企业 HR 告诉观察员,在 OKR 实践中的过程中最大阻力不是能力,也不是资源,而是来自认知。

二是认知要统一,自上而下形成统一、正确的认知。如果仅仅是高层理解了,基层员工一知半解,最后的结局也不会很好。

在这个特殊时期,OKR 同样可以提高团队的免疫力,提升远程办公效率,用目标带动激情,增进自律,以结果为导向,带领团队度过危机,找到新的增长点。

"头条每年的营收目标都很高,而且在基数已经很大的情况下,还敢于制定几倍的高目标。"字节跳动前产品合伙人、伴鱼 CEO 黄河曾在接受林军采访时说,"张一鸣的愿景和目标非常大,所以也使得每个人都极致地努力工作,又有想象力,敢于迎接挑战。"

一旦认准"高目标",字节跳动往往会全力进攻,字节跳动内部人士在采访中表示,"我们不是说(钱和资源)不够就不做,我们一定要尽力满足,招人进来做,这个阶段不干别的,直到招满合适的人。"

资料来源:https://www.sohu.com/a/278526652_99988252(有删改)

视频资料:谷歌 OKR 最佳实践

视频连接:https://www.iqiyi.com/w_19s1t3qiq5.html

讨论:

1. 哪些举措使得字节跳动成为一个富有效率的企业?
2. 通过观看视频资料,结合本案例,你认为 OKR 适合哪种类型的创业企业采用?

8

3. 关于案例中对 OKR 与 KPI 的描述你有什么看法？你认为 OKR 与 KPI 有哪些区别与联系？

8

第九章 创业企业员工的激励与发展

学习目标

➢ 理解创业企业员工激励的特点并掌握相应的原则；

➢ 掌握创业企业员工激励的物质方法和非物质方法；

➢ 理解和掌握创业企业员工培训的意义、原则和策略；

➢ 理解和掌握创业企业员工职业生涯管理的意义、内容和策略。

开篇故事

阿里巴巴的员工激励与发展模式

阿里巴巴（以下简称阿里）是在互联网时代下成长起来的企业，旗下的淘宝、天猫和聚划算开创了中国的电商时代。众所周知，阿里21年来展示的价值创造能力堪称中国企业的典范，这些价值的创造离不开阿里员工的支持和奋斗，而"阿里巴巴的员工激励与发展模式"（以下简称"阿里模式"）则是维系阿里员工价值创造圈的一种黏性纽带。"阿里模式"激发了阿里员工的斗志，并且为他们的发展提供了无限支持，是阿里创造源源不断价值的内在驱动力。

（一）股权激励，让员工自我管理

阿里以股权激励这种方式，激发员工的自我管理，为自己而工作，为阿里而工作。2007年，阿里上市之后将RSU计划（受限制股份单位计划）作为主要的股权激励措施。相对于股票期权而言，RSU的行权价格更低（仅0.01港元），并且RSU奖励反映的是员工的未来价值，分4年逐步到位，具体数量则因职位和贡献的不同而存在差异。阿里2014年第四季度的财报显示，当季公司对员工的股权奖励支出达到43.13亿元，与去年同期相比大幅上涨了554%，相当于当季收入的16%。阿里大规模的股权激励形成了一种财富共享的激励文化，帮助员工向"所有者"的主人翁意识转变，大大激发了员工的自我管理。

（二）企业文化激励，让员工快乐工作

企业文化具有激励员工的作用，阿里员工对阿里文化的认可和融入是一种认知的内在激励。阿里主张用企业文化拴住人，其人才观是"人才是最好的财富、平凡的人做不平凡的事、让员工快乐地工作"。阿里在这样的原则和人才观下开展的激励实践赢得了员工的认可和信任。阿里具有独特的 Fun 文化，"work with fun"是阿里工作的口号，快乐工作包含了成长感、成就感和归属感三个维度。阿里通过营造放松的工作环境、愉快的工作氛围和融洽的团队关系使员工在工作中感受到快乐，希望员工"每天下班能够笑眯眯回家"。

(三) 情感激励，让员工有归属感

在互联网时代下组织和员工之间的黏性下降，对员工实施情感关怀有助于激发员工的归属承诺。阿里对员工的情感关怀主要体现在两方面：关心员工，包括工作上和生活上的关心，甚至六一儿童节在公司搭建充气游乐园，鼓励员工带孩子来公司玩；保障员工归属感，2008 年的经济危机，阿里将其视为吸纳储备人才的契机，不仅不裁员，甚至是实施提薪计划和员工互助基金计划，增加培训预算，在特殊时机下的保障措施极大地提高了员工的归属感。阿里对员工的点点滴滴的情感关怀使其在员工心中树立了高大的形象，激发了员工的归属承诺，多次荣获"最佳雇主"称号。

(四) 培训与晋升，让员工更好发展

马云指出"与其把钱存在银行里不如投在员工身上，我们坚信员工不成长，企业就不会成长"。阿里形成了一套系统化的培训体系，主要包括新人培训、专业培训、管理者培训和在线学习平台四大板块，全方位地覆盖阿里各类型的员工，充分考虑了新员工入职时对阿里的认可和归属需求、员工在专业技能和管理技能上的成长需求和员工自身渴望创造价值的需求。阿里还提供了内部接班人制度，那些积极创造价值的员工成了阿里庞大的内部人才储备，主管级以上的员工可以从这一人才库中培养自己的接班人。阿里员工所渴求的培训应有尽有，并且拥有明确的上升空间。阿里所创造的一系列支持性环境，都在为其人才的发展保驾护航。

资料来源：蒙俊. 互联网时代的员工激励研究：一种依托文化维系的内在激励模式——以阿里巴巴集团为例[J]. 中国人力资源开发，2016(16)：16 - 21.(有删改)

请分析：阿里通过哪些措施来激励员工，调动其工作的积极性？创业企业还能运用哪些方法和策略激励员工？

第一节 创业企业员工激励的特点及原则

9

一、创业企业员工激励的特点

(一) 激励手段单一

1. 缺乏物质激励

创业企业的资金常常捉襟见肘，企业为了节省成本和留住人才，总是拿着响亮口号和宏伟目标等精神激励来振奋员工的士气，而最终实实在在发到员工手里的工资和奖金却少之又少，有时甚至不能满足员工的日常物质需求。久而久之，员工最初的满腔激情会被

消耗殆尽，他们认为企业只会"画大饼"，不仅无法实现当初的美好愿望，而且不能保障自己的正常生活。缺乏物质激励会导致员工工作热情下降，轻则消极怠工，重则选择离职。

2. 缺乏长期激励

创业企业在成立初期处在"风雨飘摇"之中，一心想要在市场中"站稳脚跟"，较少考虑长远的战略目标和员工的长期激励。目前，创业企业多采用"底薪＋提成"的短期物质激励措施，这可能会导致员工没有充足的工作动力，容易形成"干一天算一天"的心态，也可能导致员工过分追求眼前利益而忽略个人和企业的可持续发展，从而有损创业企业的长远利益。

3. 缺乏团队激励

创业企业具有规模小和人员少的特点，因此在工作时常常需要组成团队以形成合力来集中解决问题。但目前创业企业的奖励主要是与个人绩效挂钩，忽视了集体的业绩。员工作为理性人，会通过比较成本和收益来做出决策，他们如果看到企业重视对个人的激励，则会只关心个人的发展并且只追求把自己做到最好，最终导致出现个人业绩突出而团队业绩一团糟的局面。缺乏团队激励，会促使创业企业内部出现恶性竞争，瓦解团队凝聚力，影响企业整体的发展。

（二）激励缺乏针对性

1. "拿来主义"

创业企业更注重市场开拓和盈利，缺乏经验和时间来制定一套属于自己的激励体系。这时便会出现"拿来主义"，即盲目照搬大型企业的激励模式。这种做法忽略了创业企业自身的实际情况，不具备实用性。

2. "一刀切"

创业企业员工的构成具有异质性，因此员工的需求是各种各样的。比如高权力需要的员工更重视自己的职位和头衔，低权力需要的员工不喜欢竞争性的氛围；男性员工看重工作中的自主性，而女性员工更看重获得的学习机会。而创业企业在激励员工时，往往采取"一刀切"的方式激励员工。以福利激励为例，大多数创业企业一般会统一发放福利，其实这并非适用于每位员工。这样的做法忽略了员工内心的实际需要，缺乏针对性。

（三）激励缺乏标准

创业企业往往缺乏明确的奖惩制度，再加之创业企业的领导者可能并非专业管理人员出身，缺乏经验，很容易依据自己的好恶标准或根据与下级关系的亲近程度来对员工实施奖励或惩罚。这可能导致以下情况：做出同样的贡献，与领导关系好的下级受到的奖励多，而与领导关系不好的下级受到的奖励少，惩罚也同理。且相比于正向激励，员工内心一般不太能够接受负向激励，因此领导执行时应该更小心和公平。上级带有主观性的奖惩，不仅会引起员工的不满，使激励的效果大打折扣，还会引起一些员工逢迎和贿赂的行为，给创业企业带来不良的风气。

二、创业企业员工激励的原则

(一) 激励手段多样化

1. 精神激励与物质激励相结合

与成熟的大企业相比,创业企业无力支付高额诱人的薪水,因此需要借助共同愿景等精神激励来给员工加油鼓劲,激发员工的斗志,让他们带领企业步入正轨。精神激励具有成本低和持续时间长等特点。但是"愿景不能当饭吃",物质需求是人类最基本的需求,只有物质上先得到基本的满足后,人们才会去追求更高层次的发展。创业企业对员工的物质激励是吸引和留住员工的前提,但是一味地实行物质激励,创业企业会"吃不消",而且员工往往在消费完奖金后便会慢慢淡忘当时的激动感。因此,创业企业将二者结合,既满足员工的精神需求,也满足其物质需求,才能充分调动员工的积极性。

2. 短期激励与长期激励相结合

当创业企业身处生存的困境中时,需要考虑眼前的利益,因此采取短期激励是可以理解的,其主要目的是通过奖金等形式敦促员工提早或超额完成任务,尽快为企业创造收入。短期激励具有即时性的优点,可产生立竿见影的效果。但是短期激励时效短,使得员工的工作积极性很难持久,而且可能产生急功近利的行为,这时便需要长期激励的配合。长期激励的意义在于把创业企业和员工紧密结合,鼓励核心员工发挥更大的力量,稳定人才队伍,推动企业的长远发展。但是只有长期激励,会导致员工精神疲软,从而降低工作效率。因此,创业企业要把短期与长期激励结合使用,方能将激励效果发挥到最大。

3. 个人激励与团队激励相结合

创业企业招募的员工相比一般企业来说,要更有进取心、创新力和挑战精神,采取个人激励有利于进一步激发出员工的竞争意识,使其发挥主观能动性和创造性,但是有可能会造成负面影响,比如滋生个人英雄主义,影响员工内部团结。因此,创业企业还需要采取团队激励进行补充。但是如果单一地进行团队激励,可能会出现"搭便车"的现象,这不仅影响团队效率,还降低了团队中优秀员工的公平感知,最终可能会对创业企业造成损失。因此,创业企业要把握好个人激励与团队激励的平衡,既能激励每一名员工都努力工作,又能引导员工团结与合作。

(二) 激励机制切实可行

创业企业的激励机制并不是要杜绝与大型企业一模一样,而是要学会借鉴。世界上绝不存在完美通用的激励机制,正所谓"适合的才是最好的"。创业企业可借鉴与自己水平相仿的企业和大型企业的做法,根据内外部情况,结合已经摸索出的经验,逐步建立起一套科学的、合理的和贴合企业实际的激励模式,切忌生搬硬套。

(三) 激励手段因人而异

近年来,小型创业企业如雨后春笋般涌现出来,其员工队伍越来越趋于年轻化,新一代员工的个性鲜明,需求也更加多样。创业企业的员工数量较少,因此有条件逐一了解每一名员工的需求。创业企业的领导者应加强与下属的沟通互动,识别其最重要的需求,根据员工的不同需求采取差别化的激励方式。切忌对所有人采取"一刀切"的激励方法,否则很可能导致创业企业花费了精力和金钱,但激励效果却不尽如人意。

(四)激励机制标准化

创业企业一开始都是由老同学、老同事和老朋友建立,由于熟人相互信任且碍于情面,导致有些规矩一般都口头约定而没有形成各项制度,加之创业企业的管理者更看重技术和销售,而忽略人力资源管理,这些都为创业企业的后续发展埋下了诸多隐患。因此,创业企业应重视并尽快建立起标准化的和公开透明的激励机制,让奖惩条目能被量化,让一切奖惩都能根据标准来进行,让一切都有依据可言。这样做一方面制约了上级的主观随意性,促使上级对待员工一视同仁;另一方面是让员工明白多劳多得,不劳不得。标准化的激励机制可以将创业企业引向更规范的发展道路。

(五)激励机制灵活化

创业企业的管理者不要认为形成了一套激励机制后就可以一劳永逸,激励机制是不可以"以不变应万变"的。创业企业实力弱且稳定性差,因此激励机制切忌死板,要更加灵活,即能根据企业的发展情况而快速做出调整,真正做到因时制宜。此外,创业企业规模小和开放性强的特点,也允许激励机制灵活化,比如在紧要业务的突破上,可以尝试新的激励手段或组合使用多种手段以满足员工的需求,从而鞭策员工努力完成业绩。

第二节　创业企业员工激励的方法

一、创业企业员工的物质激励

(一)薪酬激励

薪酬激励是创业企业最基本的一种激励手段,但是创业企业经济实力薄弱,往往难以在短期内为员工提供高薪,因此要合理设计薪酬结构。一方面,创业企业需要降低基本工资的占比,创业企业可参照同行的平均水平,提供合理的工资,确保员工不会因工资过低而跳槽,也保证企业有额外资金能够用于研发、推广和运营等活动;另一方面,创业企业需要提高奖金在薪酬中的比例,可将奖金与绩效挂钩,无形之中会激励他们努力工作以取得优异成绩。此外,创业企业初期规模小且规则束缚少,可以根据企业的发展情况对工资和奖金进行灵活的调整,比如某年业绩突出,则可以适当提高奖金的发放额度。

(二)福利激励

创业企业虽然在短期内没有能力为员工提供高薪,但是可以提供福利作为薪酬激励的补充。良好的福利一方面传递了创业企业"以人为本"的价值观,为企业树立了好口碑;另一方面可以提高员工的工作满意度,提高其工作积极性,并使员工逐步形成归属感,从而留住人才。福利激励主要可分为以下三种:

(1)法定福利:是国家立法强制实施的社会保障制度,旨在使遭遇年老、疾病、伤残、失业、生育及死亡等风险和事故的劳动者能够享受社会给予的物质帮助，包括五险一金和法定其他福利（如法定休假日等）。

（2）企业福利：是创业企业为提高员工生活品质和劳动积极性，自行实施的福利项目。主要包括货币性福利，比如交通和通信等补助；实物性福利，比如提供就餐和为外地员工提供住宿等；服务性福利，比如体检和咨询服务等；机会性福利，比如带薪休假、组织聚餐和郊游等。

（3）自选福利：也可称为"弹性福利"，基于现有的企业福利，让员工根据自己的偏好，自由地选择（但是福利中必须包含法定福利），这样做不仅体现了创业企业对员工的尊重与理解，而且可以将福利的激励效果最大化。如今，在"互联网＋"的大潮下，"内购网"应运而生，这是一个将互联网与员工福利相结合的会员制电商平台，会员企业的员工可以使用福利积分在平台上自主消费。这种自助式选择不仅解决了员工众口难调的问题，而且减轻了企业福利管理的难度，不浪费企业的每一分福利预算。如今，以腾讯和百度为代表的多家企业已入驻内购网，自选福利的方式变得越来越流行。

（三）股权激励

股权激励，即给予员工尤其是核心员工一部分企业的股权，从而把企业的利益与员工自身的利益紧密结合，让员工与企业共享未来成果和共担风险损失，是一种科学有效的激励手段。股权激励不仅可以缓冲创业企业当下的资金压力，还可以增强员工的主人翁意识，约束其短视行为，留住和吸引优秀员工。比如小米公司，雷军在创立初期就重视股权激励，通过股权激励的形式汇集到八名创始人，与七千多名员工绑定，成功调动每位成员的积极性，使其勤勉工作，推动小米不断发展。

股权激励的主要模式有业绩股票、股票期权、股票增值权、虚拟股票、管理层/员工持股和管理层/员工收购等。对于创业企业来说，受限于规模和现金流，有两种较为常用的模式：第一种是股票期权，是指企业给予被激励对象在未来某个时期以合同约定好的价格购买企业预先约定好相应数量的股份的权利，在满足行权条件且在规定的行权期限内被激励对象获得该权利，但是当事人可以根据自身意愿选择行使或放弃。第二种是虚拟股票，是指企业给予被激励对象一定数量的虚拟股票，被激励对象无须为此支付资金，之后被激励对象可以根据虚拟股票所占份额享受相应的分红，并按照内部价格获得升值收益，但由于不是真实的股票，持有者不享有所有权和表决权。

二、创业企业员工的非物质激励

（一）情感激励

创业企业的员工数量较少，一名员工往往身兼数职，因此任务繁重且压力较大，但是创业企业又很难提供像大型企业一样的心理咨询和压力疏导等项目，这时，企业的关怀就显得尤为重要，可从情感上鼓舞员工并提升士气。主要可从如下三方面入手：

第一，创业企业要本着以人为本的原则，建立有效的沟通机制。创业企业层级扁平，上级领导可直接走进员工中去，与他们交流工作情况，深入了解其想法，对于员工的不满应及时安抚和解决,从而提升其满意度。

第二,创业企业除了关心员工的工作,还应像家人一样对其生活给予关怀。比如在员工迁新居、结婚和生子等人生重要时刻给予祝福,派管理层送去贺礼等;对于遭遇变故和生活困难的员工应给予慰问,发放慰问津贴和补助品等,凸显创业企业对员工的重视,以增强其忠诚度和归属感。

第三,创业企业虽不像大型企业有能力提供大型的团建活动,但是可以不定期地组织一些小活动,比如近郊旅行、聚餐和 KTV 等,一方面增强创业企业内部的互动,提升凝聚力;另一方面帮助员工舒缓紧张的情绪,从而使他们能够更好地投入工作。

(二) 荣誉激励

虽然创业企业因资金受限不能给予优秀员工高额的物质奖励,但可以多关注荣誉激励。荣誉激励体现了创业企业对员工的肯定和赞赏,满足了员工的成就和自我实现需求,可激发出员工的工作动力,达到良好的激励效果。比如品友公司在每个季度都会颁发一个技术部门创新奖,获得该荣誉的员工会得到 MVP 的称号,这一举措充分调动员工的积极性。创业企业可根据员工业绩和贡献由小到大,依次采取如下三种方式进行荣誉激励:

第一,采用微信、电话或当众公开等形式对员工进行口头表扬。

第二,年底考核时,按一定比例选取优秀员工,在企业年会中由企业领导者向他们颁发荣誉证书。

第三,选取有代表性的优秀员工,把他/她的先进事迹刊登在企业宣传栏、官方网站或微信公众号中,将他/她作为标杆人物,鞭策其本人继续努力的同时,也号召其他员工比学赶帮超,营造出积极奋进的工作氛围。

(三) 目标激励

管理大师彼得·德鲁克认为,"并非是有了工作才有目标,而是有了目标之后,才能确定工作。"目标是一种诱因,起到引导和激励的作用。创业企业初期规模较小且员工数量较少,因此有条件号召全体员工一起制定企业的发展目标,即上下级共同商讨,并把目标分解到每个部门和每位员工身上。员工在参与目标商定的过程中,其个人的目标可以与创业企业的目标实现有机融合。这样,员工在为企业的目标努力工作时,也是在实现自己的目标,提高了员工的工作热情。

(四) 企业文化激励

企业文化,即企业发展过程中逐步形成的价值观念、道德规范、企业精神、历史传统和处事方式等的总和,反映的是一个企业自身鲜明的特色,是宝贵的无形资产。企业文化的价值在于可延续物质激励的作用,作为物质激励的补充,充分调动员工的积极性,使其产生认同感和归属感。不同于大型企业,创业企业在组织层级和日常运营等多个方面都处于摸索阶段,在发展中存在着许多未知因素,短时间内难以形成一套完整和规范的管理体系,因此更需要企业文化发挥其约束、凝聚和激励的作用。

由于创业企业初期更加看重如何在市场中立足和运营等问题,因此大多数企业无暇顾及企业文化,认为等企业走上正轨后再发展文化也不迟。但是企业文化是在潜移默化

9

中影响员工的,创业企业若想有长久的发展,务必尽早重视。企业愿景和精神等一旦扎根在员工的内心深处,便不会轻易动摇,其影响作用是非常深远的。

1. 愿景激励

愿景是全体成员一致认可的一种对企业未来发展情景的意向描绘。它是对"我们代表什么"和"我们未来会成为什么"等问题的回答。创业企业虽然在一段时期内无论是经济还是社会声誉都会低于同行业的平均水平,但是其发展始终是着眼于未来的,因此有必要为员工描绘一幅美好的蓝图,培养员工的认同感和忠诚度,并加强其对企业和管理者的信心,激励他们为实现蓝图而奋斗。创业企业在制定愿景激励时需注意如下三点:

第一,创业企业规模较小,竞争力较弱,管理者要深入分析当前企业的内、外部环境,科学合理地制定企业愿景。

第二,愿景要清晰,明确创业企业要去往何处和要达到什么状态,为企业指明前进方向,以及让员工清楚地知道企业的未来。

第三,愿景的表达要尽量简洁,使用激励性文字,最好形成口号和格言等形式。创业之初,即可清晰定义愿景。比如阿里巴巴公司的愿景是"活 102 年,到 2036 年,服务 20 亿消费者,创造 1 亿就业机会,帮助 1 000 万家中小企业盈利";小米公司的愿景是"让每个人都能享受科技的乐趣";腾讯公司的愿景是"成为最受尊敬的互联网企业";百度公司的愿景是"成为全球知名的搜索服务商"。

2. 形成尊重、团结、包容的工作氛围

创业企业资金紧张,其办公地点、环境和硬件设施等自然不如大型企业,因此企业更要营造一个良好的工作氛围。

第一,创业企业要营造尊重的工作氛围。创业企业虽然规模小,但要尽全力给予员工应有的尊重,把他们看作是平等的,而非强调尊卑有别;此外还要让员工彼此之间尊重,明令禁止相互诋毁,从而建立良好的上下级关系和同事关系。

第二,创业企业要营造团结的工作氛围。在尊重的基础上,创业企业要着重关注团结问题。创业企业的员工数量较少,只有大家都拧成一股绳,才会形成强大的凝聚力,才能把事情做好。如果出现"拉帮结派"等办公室政治现象,会让员工感到压力重重,给本就实力孱弱的创业企业造成严重的内耗。

第三,创业企业要营造包容的工作氛围。创业企业在发展过程中有很多未知的因素,因此员工出现错误是非常正常的现象。创业企业不仅要宽容地对待员工的无心之失,还要鼓励员工勇敢创新和大胆实践,可能一个小错误能引发更多的思考。如果一味地批评惩罚员工,只会让员工害怕犯错,从而束手束脚,最终阻碍了创新和企业的进步。

(五)职业生涯规划激励

职业生涯规划指个人结合主观和客观因素,确立职业目标,选择发展路线,制订计划并采取行动,最终实现目标的过程。职业生涯规划,是为个人的未来职业发展绘制的一幅蓝图。

创业企业的员工选择加入创业企业,表明他们比一般企业的普通员工更具有挑战精神且能承受一定的风险。比起当前较低的薪酬,他们更看重的是创业企业的未来无限性,可以为他们提供更大的舞台,让他们"施展拳脚"。他们期望自己的职业规划能随着创业企业的壮大而落实,从而实现自己的职业目标。因此创业企业有必要帮助员工设计好职业生涯规划。企业可通过上下级沟通的形式了解员工未来意向,帮助其明确当前自身的优劣势,并为其可持续发展提供必要的帮助,比如提供培训机会、提供晋升通道和授予权力等,培养员工的工作能力,帮助员工逐步成长,引导员工找到方向,促使员工有信心通过努力来达成目标,最终实现自己的个人价值。

1. 培训激励

员工获得的知识和掌握的技能越多,内心的安全感就越充足,因此创业企业要为员工提供一定的培训。值得注意的是,创业企业的实力有限,不足以提供如同大型企业一样的完整培训方案。此时,带薪培训不失为一种良好且适宜的培训激励法。此外,创业企业受制于资金,并非能为全员提供带薪培训的机会。但是,创业企业可以根据一定时期内员工的绩效评比情况选拔出绩优者,由企业资助这部分员工参加培训的费用,并且可在培训期间发放薪金。

2. 晋升激励

员工普遍都会追求晋升,是因为晋升不仅代表着薪酬水平的提高,可改善生活质量,也代表获得一定的地位、权力和来自他人的尊重。尤其是创业企业中的员工,有一些可能是从大企业中跳槽而来,就是因为他们看重创业企业充满了广阔的上升空间。因此创业企业要建立良好的晋升机制,比如人才双通道晋升机制。

创业企业除了设立一般的管理层晋升通道之外,还应开辟专业晋升通道(比如技术型员工)。因为如果创业企业不区分员工类型,只有单一的管理层晋升机会,那么所有员工都会"削尖脑袋"挤入管理岗位。但是一些技术型员工在管理方面能力较弱,技术是其专长,那么这类员工的晋升机会将会很渺茫,或是即便被提拔到管理岗也无法胜任,这意味着如果继续待在现在的企业,其职业生涯发展会受到极大限制,使得员工积极性受挫甚至离职。双通道晋升首先让创业企业的各类员工都看到了职业发展的上行路径,心中有了"奔头",有利于激发员工斗志和留住人才;其次可以让员工做自己擅长的和感兴趣的事情,以此提升其工作热情;最后有利于创业企业培养不同类型的员工,优化人才队伍。

但是要注意一点,创业企业规模小,能提供给员工晋升的岗位少,因此在晋升方面可以注重职级的提高。比如一个员工可以多年从事一个岗位,但是该岗位可设置多个级别,员工可以逐级晋升,每一级对应不同的薪酬和权力等。

3. 授权激励

对一部分群体来说,权力需要(即影响和控制他人的一种愿望)是人生的追求之一。高权力需要的员工认为他们从权力中获得的激励远比物质激励大得多。

创业企业具有员工数量少且结构精简的特点,可考虑适当地赋予员工一定的权力,让他们参与创业企业的经营管理,比如让他们参加重要会议和参与重大事情的决策。一方面,授权满足了员工的自我实现需要和权力需要,表明了创业企业对员工的信任与器重,可提升员工的责任感和主人翁意识,激发出员工的自主性和创造力;另一方面,这也是培养员工的管理和领导能力,为创业企业储备未来的领导者。比如在海底捞公司,上至经理

9

下至普通员工都被授予相应的权力,以一线员工为例,只要其认为有必要,就有权为顾客免单或者赠送菜品和果盘等,这样的做法给予了员工莫大的信心和鼓舞。

第三节　创业企业员工的培训

一、创业企业员工培训的意义

员工培训是指组织为开展业务和培育人才的需要,采用各种方式对员工进行有目的、有计划的培养和训练的管理活动。创业企业不同于其他企业,缺少完善的人力资源管理制度和成熟的工作模式,且创业企业的规模较小,其中的每名员工皆是企业不可或缺的一部分,是推动创业企业前进的重要力量。因此,创业企业员工培训是完善企业工作模式的重要途径和探索过程,具有至关重要的意义。

第一,培训可帮助创业企业达成具体的目标。一般来说,通常指达到三个"满意":顾客的满意、员工的满意和组织的满意。对于组织而言,创业企业对员工的满意主要在于员工能出色完成组织的任务。绩效公式表明,一个组织的绩效取决于其员工的能力、工作意愿和工作机会三者相乘的函数关系,缺少其中任何一项,都不可能取得理想的绩效。可见,决定绩效的重要因素之一就是企业成员的专业知识和技能。同时,员工的士气和多种精神状态的问题,也都需要通过培训加以解决。

第二,培训可以实现创业企业与员工的"共赢"。创业企业大都不具有完整而又完善的工作模式,只有鼓励员工发展个性并激发其潜能,通过每名员工发挥才能和力量的过程来实现创业企业对工作模式的最优化探索,才能推动企业不断前进。"拥有精进的技能才能达到企业的目标",创业企业员工受训后的能力提升和个人成长,对企业绩效和企业管理者来说皆是一种合作共赢的结局。

第三,塑造优秀的员工就是塑造优秀的组织。员工是创业企业的细胞,每名员工皆是企业的重要组成部分。企业要通过培训建立学习型团队,调动员工的学习积极性。另外,相对于其他企业,创业企业的人力资源管理者不是把精英们搜罗在一起,而是把他们组织起来,通过培训,创造出共同的事业。

二、创业企业员工培训的原则

创业企业培训在实施阶段往往处于一种比较尴尬的状态,"培训对于创业企业来说,是说起来重要,做起来次要,忙起来可以不要"。创业企业与大型企业相比较,在企业管理、人力资源配置和资金运作等方面有着较大差距,这些因素导致了创业企业与大型企业在实施培训过程中存在一定的差异性。在此背景下,采取合适的方式实施创业企业培训显得至关重要。在开展培训时,创业企业应把握好以下两个原则:

(一)考虑创业企业自身特点

创业企业要深入实施员工培训,要考虑创业企业自身的特点。员工是企业培训体系

9

的实施对象,在企业培训体系建设中,需要企业全体员工参与。创业企业员工培训体系建设不仅要体现领导者的意志,同时也要体现多数员工的意志。因为创业企业资金紧缺,所以为了在有限的资源范围内达到更好的培训效果,可以根据培训对象的学习特点设计科学的培训方法并改善培训流程,让受训者积极参与培训学习活动。

(二)考虑受训者自身需求

创业企业要深入实施员工培训,要考虑创业受训者需求。在开展培训活动时,要根据受训者的培训需求制订培训计划。同时要在企业内部建立浓郁的学习氛围,鼓励员工的自主性学习,通过企业内部制度安排来强化形成竞争性的学习环境。

三、创业企业员工培训的策略

创业企业培训主要由内部人员进行培训,包含优秀典型培训、"师徒帮带"、小组讨论和案例分析等典型培训方式。

(一)优秀典型培训

由创业企业每个岗位中的优秀人员对其他人员进行培训,这种方式组织方便,流程简单,是一种单向交流的培训,常被用于理论性知识培训。

(二)"师徒帮带"

"师徒帮带"是指由一名在该工作岗位上有经验的资深员工对新员工进行指导的培训模式,其目的在于指导经验不够丰富的员工顺利开展工作。创业企业很难制订一个长期的培训计划,企业内部难以定期开展大规模的培训活动。从成本和效率考虑,以传统的"师徒帮带"模式进行业务技术和市场推进等方面的小规模重点员工培训比较合理。"师徒帮带"培训通过有效的经验分享,能够高效且有针对性地解决员工实际工作中遇到的问题。培训过后,师傅需要密切关注徒弟的动态,并测试徒弟是否已经掌握新技术并可以将其很好地运用到企业发展中。

(三)小组讨论

小组讨论是指在一定时间内,针对一个特定主题,由一组人员构成的团体参与的一系列主题讨论,目的是交换意见和看法,最后,从许多不同的想法和观点中,总结出大家一致认同的观点和做法。小组讨论法通过创造企业成员共同进步的环境来开展培训。一方面,能够鼓励员工自觉学习并运用新知识,提高工作效率,搭建学习型组织,鼓励职工不断更新和丰富原有的知识结构,不断地学习新知识和新技术,并有效地在企业内部推广学习,增强企业核心竞争力;另一方面,能够集思广益,鼓励员工提出不同意见,最终得出的结论会让员工觉得这是大家共同努力的成果,有利于提高员工工作热情并增强企业凝聚力。

(四)案例分析

案例分析通过向受训者提供案例相关的背景资料,让其寻找合适的解决方法,以实现在案例分析中寻找解决问题的办法和提升个人能力的目的。案例分析法操作简单,可用

9

于理论和业务类培训。

近年来,创业企业越来越看重培训,并将培训视为创业工作的重要组成部分。在如今创业企业所面临的企业内、外部环境复杂、资源有限和人员不足的情况下,创业者更重视培训所带来的积极意义。创业企业若想做好培训,除了上述几种方法外,还需提高创业者对培训的重视度,真正地重视并认可企业培训制度,只有这样,才能最大限度地合理开发和运用人力资源,更好地提升员工绩效,实现企业发展。同时,在培训的投入与产出的这个过程中,创业者需有一定的耐心来引导培训成果转化。

第四节 创业企业员工的职业生涯管理

一、创业企业员工职业生涯管理的意义

员工职业生涯管理是现代企业人力资源管理的重要内容之一,是企业帮助员工制订职业生涯规划和帮助其职业生涯发展的一系列活动,是人力资源管理领域中一项极其重要的内容。创业企业的核心力量就是"人",创业企业的人才因素决定企业的发展,创业企业对优秀人才的最大吸引力就是广阔的发展空间,良好的职业生涯管理让员工的职业选择不再是短期行为,而是具有可持续性。只有给予员工充足的发展空间,使个人目标与组织目标有机结合起来,才能为创业企业吸引人才,为企业的长足发展积蓄力量。

二、创业企业员工职业生涯管理的内容

个体在整个职业生涯的各个发展阶段中,工作任务、任职状态和职业行为等皆呈现出不同的特征,企业应做出相应的管理和干预。企业在员工职业生涯不同阶段的主要管理任务如表9-1所示。

表9-1 员工职业生涯不同阶段的主要管理任务

阶段	组织职业生涯管理任务
进入企业阶段	1. 做好招聘、选拔和配置工作 2. 组织上岗培训 3. 考察评定新员工 4. 达成一种可行的心理契约 5. 接纳和进一步整合新员工
职业生涯早期阶段(正式员工)	1. 试用和给予挑战性的工作 2. 发现和了解员工的才能 3. 帮助员工确立稳定职业贡献区和成长区
职业生涯中期阶段(永久员工)	1. 帮助员工解决工作和生活中的实际问题 2. 克服中期危机带来的不利影响 3. 激励奋进措施 4. 开通新的职业通道

9

阶段	组织职业生涯管理任务
职业生涯后期阶段(衰退)	1. 帮助和鼓励员工继续发挥才能和智慧 2. 完成向良师益友角色的转换 3. 做好退休后的生活安排计划 4. 适时做好人员更替和人事调整计划

资料来源:埃得加·施恩. 职业锚[M]. 北京:中国财政经济出版社,2004:28.

考虑创业企业的特点,企业应结合自身实际给予员工应有的职业生涯规划指导。在进入企业阶段,企业应帮助员工了解该企业的特点与该行业特点,使其快速融入企业;在早期阶段,企业应发现员工的才能,提升员工在企业中的归属感,从而促进员工与企业的共同成长;在中期阶段,企业应帮助解决工作中的实际问题,克服在该阶段的发展瓶颈;在后期阶段,企业应为员工开展新的职业通道。

三、创业企业员工职业生涯管理的策略

(一)完善培训制度

企业培训是员工职业生涯目标实现的有力保障,培训和职业生涯管理是一体的。创业企业需要不断完善自身的培训体系,既要考虑企业业务的需要,还要考虑员工个人职业生涯发展的需要。

创业企业可以针对每个员工在不同阶段的具体情况,为员工提供各种具有针对性的培训。创业企业管理者由于工作事务繁杂,在企业中往往只起到"领"而未"导"的作用,导致新员工在入职之初对企业的业务和文化了解不深,融入组织的周期过长而造成人才浪费。由此,创业企业需要为新员工进行指导培训,但是企业面临经费不足和培训时间紧凑等原因,人力资源部门在员工职业生涯规划中职能不健全,给员工个人的职业生涯设计带来很大的盲目性。因此,创业企业需要加强日常培训与教育,协助员工通过测评和能力评估等方法,来评估员工的自身潜能与各项自身条件,为员工提供合适的岗位和职业发展方向。

(二)建设企业文化

只有创业企业的发展与员工的个人职业生涯相契合,才能留住人才,实现企业员工的长久忠诚。创业企业可通过建设企业文化,寻找员工个人职业生涯和企业发展的契合点,实现员工与创业企业共同成长。在此过程,关键在于建设"以人为本"的企业文化,在组织中创设出一种奋发进取、和谐平等的企业精神和氛围,为员工塑造强大的精神动力,在理念层次达到企业内部和谐一致。这就要求创业企业必须善于为员工的能力培养与发挥提供良好的制度保障、有效机制、正确的政策和宽松的氛围,为建设完善的企业文化予以保证。

(三)完善员工职业生涯发展通道

当员工在企业中工作时间较长时,容易出现职业"瓶颈",创业企业应根据组织结构和

员工实际情况,进一步完善或创新现有的职业发展通道,对员工的职业发展进行必要的引导,帮助员工选择适合自身性格特点、兴趣爱好和意愿的发展通道,从而给员工一个展示才华和成就自我的舞台。创业企业需要完善原有的职业发展通道,鼓励员工在原有的通道内专精所长和向上发展,使每一位员工都有机会根据自己的意愿和努力成为中高级管理人员、专业技术专家或者工人技师。同时,创业企业也需为员工开通新的职业发展通道,要明确不同发展通道的晋升评估、管理办法以及发展通道中不同级别与收入的对应关系和替补关系,给予员工更多选择上升的机会。特别是当优秀员工不能获得晋升机会的时候,为他们提供水平移动的机会,让他们承担更大的责任,实现员工成功和企业发展的共赢。创业企业领导者和人力资源部门应在部门经理的配合下共同完成此项工作,定期对有潜力的员工进行定位,并对其发展道路进行指导和监督。

比如,华为在借鉴英国模式的基础上,设计了"五级双通道"模式。在这个多通道模型中,每个员工至少拥有两条职业发展通道,即管理路线和专业的技术路线,以避免由于职业发展通道的单一,出现"官导向"和"千军万马过独木桥"的现象。一般来说,员工先由初学者开始,当成为有经验者之后,即可选择管理路线还是技术路线。管理方向是以有经验者为基础,依次有监督者、管理者和领导者三个等级;而专业技术路线,在经过初学者和有经验者之后,还有专家、高级专家和资深专家三个阶段。

9

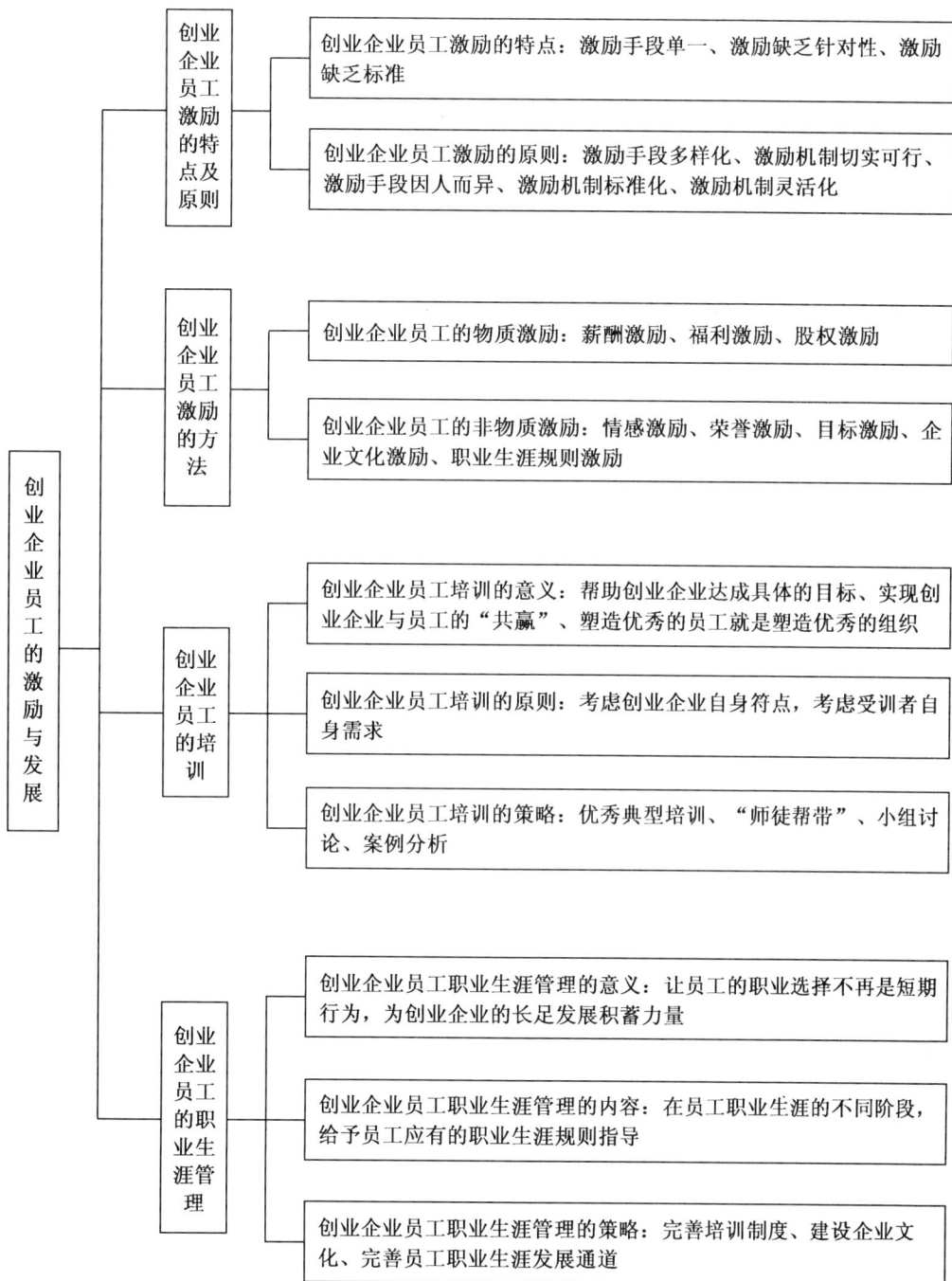

本章小结

创业企业员工的激励与发展
- 创业企业员工激励的特点及原则
  - 创业企业员工激励的特点：激励手段单一、激励缺乏针对性、激励缺乏标准
  - 创业企业员工激励的原则：激励手段多样化、激励机制切实可行、激励手段因人而异、激励机制标准化、激励机制灵活化
- 创业企业员工激励的方法
  - 创业企业员工的物质激励：薪酬激励、福利激励、股权激励
  - 创业企业员工的非物质激励：情感激励、荣誉激励、目标激励、企业文化激励、职业生涯规则激励
- 创业企业员工的培训
  - 创业企业员工培训的意义：帮助创业企业达成具体的目标、实现创业企业与员工的"共赢"、塑造优秀的员工就是塑造优秀的组织
  - 创业企业员工培训的原则：考虑创业企业自身符点，考虑受训者自身需求
  - 创业企业员工培训的策略：优秀典型培训、"师徒帮带"、小组讨论、案例分析
- 创业企业员工的职业生涯管理
  - 创业企业员工职业生涯管理的意义：让员工的职业选择不再是短期行为，为创业企业的长足发展积蓄力量
  - 创业企业员工职业生涯管理的内容：在员工职业生涯的不同阶段，给予员工应有的职业生涯规则指导
  - 创业企业员工职业生涯管理的策略：完善培训制度、建设企业文化、完善员工职业生涯发展通道

9

复习与思考

1. 创业企业员工激励的特点有哪些？
2. 创业企业员工的物质激励主要表现为哪些？最基本的手段是什么？
3. 什么是企业文化？创业企业如何进行企业文化激励？
4. 什么是职业生涯规划？创业企业为什么要对员工进行职业生涯规划激励？
5. 创业企业员工培训的策略有哪些？
6. 创业企业员工职业生涯管理的策略有哪些？

案例分析

京东的"人才之道"

近年来，网购热潮的兴起使得互联网零售企业成为被普遍认可的经营模式。这类企业的一线员工与消费者直接接触和交流，他们不仅影响了消费者的消费体验，还代表了公司的形象。可以说，一线员工能否提供高质量的商品和服务在相当大程度上影响着互联网零售企业的效益和核心竞争力。因此，通过对一线员工进行有效的激励和发展，换取一线基层员工较好的工作表现和较高的执行力，赢得一线员工的满意感和认同感，在增强企业凝聚力的同时还能减少一线员工的流失，这无疑对互联网零售企业的人力资源管理工作是非常有价值的。

京东商城（以下简称为京东）作为互联网零售业的标杆，对一线员工激励和发展的实务经验值得我们借鉴和学习。

• 薪酬方案"差异化"

京东的主要做法是薪酬定位差异化，设定不同的薪酬竞争力定位，体现价值贡献差异，强化绩效激励导向，此外还推出组合激励工具，提升激励机制的规范性。具有代表性的就是仓储人员的奖金激励方案——通过数学模型和科学分析确定个人在绩效提升中实际贡献值的大小，以此来确定奖金的分配。这种方式对一线仓储人员起到了非常明显的激励效果，在增加人员数量的情况下，成本不仅得到了有效的控制，而且与之前相比降低了不少，同时员工的工作热情和积极性也得到了极大地提高。另外还要指出的是，京东为一线员工提供了起点较高、增长合理和领先行业水平的薪酬，这是对一线员工的第一吸引力。刘强东曾说，"京东一定要能保证为配送员提供一份不管现在还是未来都很有竞争力的和很稳定的收入。我们不仅为他们提供五险一金，还为他们准备了高于市场平均水平的工资。这是第一点，也是至关重要的一点。"

• 企业文化"家庭化"

京东十分强调家庭式的情感激励，这对于70%出身于农村的一线员工十分有效，迅速提高了十万一线员工的满足感和工作热情。京东要求管理者对员工要有家人般的关心和兄弟姐妹一样的感情。在2017年春节期间，京东率先推出春节不打烊的服务，意味着

9

数万名一线员工将坚守在自己的岗位上,不能回家过年,针对这一情况,京东除了为员工提供翻倍的工资和奖金外,还额外提供"子女团聚补贴",每个孩子补贴 3 000 元,支持一线员工将子女接到身边过年。最值得注意的是,京东对一线员工子女教育问题很重视,通过成立集团幼儿园,解决员工子女的托管问题,通过在宿迁签约引进江苏省顶级中学建立分校区,解决员工子女的教育问题,这样的激励无疑大大提高了一线员工对公司的归属感和认同感,也会让他们更加放心地在公司工作。正是这种"家庭式"的企业文化才使得员工团结拼搏并创造出更高的效益。

- 人才发展"长远化"

京东注重对一线员工的培养和发展,尽管一线员工的整体文化水平相对其他岗位的员工要低一些,但是京东依然提供了完备的培训体系,并且还为员工进行科学的职业生涯规划指导。在晋升方面,京东也力保做到公平透明,使有能力的一线员工可以看到更远的未来,拓宽自己的职业发展前景。最明显的例子就是京东副总裁余睿当初就是就从一线配送员晋升上去的,这都得益于京东科学、完备和开放的培训体系。在刘强东看来,感恩员工不仅仅是给他们好的薪水和待遇,抑或股票,更是要通过培训体系,让他们在京东工作几年后,个人的职业能力、知识和眼界都能上升到一个新的高度,这是对员工最大的回馈,同时也是培训最大的意义。此外,京东还有八大人事管理原则,其中之一就是强制性规定,以后 80% 的管理者都必须是从内部培养和提拔的人才,只允许 20% 来自市场招聘,这样透明而强制性的规定在一定程度上激励内部一线员工更投入地工作。

资料来源:李虹呈,罗利.互联网零售企业一线员工激励实务探究——以京东商城为例[J].现代商贸工业,2017(23):61-63.(有删改)

讨论:

1. 京东对一线员工进行激励和培养时,采取了哪些有效措施?
2. 你认为"家庭式"的企业文化激励适合哪些类型的企业?
3. 你认为员工的长远化发展对创业企业自身有什么好处?
4. 关于案例中京东为员工提供的培训体系和职业生涯规划指导,你有什么看法?

文中提到的案例来源

[1] 封智勇,余来文."华为"公司是怎样培养研发人员的[J].现代企业文化(上旬),2008(Z1):48-50.

[2] 葛建华,靳苓艺.绘出"互联网 员工福利"的新蓝图:内购网成长记[J].品牌,2017(4):90-95.

[3] 蒙俊.互联网时代的员工激励研究:一种依托文化维系的内在激励模式——以阿里巴巴集团为例[J].中国人力资源开发,2016(16):16-21.

[4] 腾讯科技:https://tech.qq.com/a/20120118/000489.htm? pchttps://tech.qq.com/a/20120118/000489.htm? pc.

[5] 张雪荣."海底捞"火锅员工激励制度浅析.合作经济与科技,2019(24):128-129.

[6] 张渝.企业"师徒制"培训模式的实践与探索[J].中国电力教育,2013(08):134-135,152.

[7] 知乎:https://zhuanlan.zhihu.com/p/103072325? utm_source=wechat_timeline.

[8] 周坤.创业团队的激励管理研究[J].现代企业文化,2015(15):106-106.

9

第十章 创业企业人力资源管理运作模式与实践

学习目标

➤ 掌握人力资源共享模式的概念；

➤ 掌握人力资源共享模式的类型和构建路径；

➤ 理解人力资源外包模式的概念；

➤ 认识人力资源外包模式的风险和发展趋势；

➤ 掌握猎头的定义；

➤ 理解我国猎头行业的现状与发展趋势。

开篇故事

滴滴的创业故事

出生于1983年的程维，是来自江西一个普通家庭的孩子。高考结束之后，他收到了北京化工大学的录取通知书。大学毕业以后，他就进入阿里巴巴旗下的B2B(企业对企业的电子商务)公司从事销售工作。在阿里巴巴工作的那几年，程维取得了出色的业绩，也成为当时阿里巴巴最年轻的区域经理。2011年，程维再一次得到了晋升。他成了支付宝B2C事业部的副经理，主要负责支付宝产品与商户的对接。职位的晋升，也让程维的视野不断开阔，他的目光不再紧盯着销售，而是开始转向了全面运营。

如果继续留在阿里巴巴，程维的前途不可限量。他却不安于现状，2012年6月，递交了辞呈，创立了小桔科技。一款名叫"滴滴打车"的产品也在此时应运而生。对于程维来说，创业的过程更像是在不断地闯关。决定做滴滴打车，更多的是凭借他个人的直觉。

在阿里巴巴工作时，程维经常需要出差，因为打不到车，程维就误了许多次航班，关于交通出行质量的问题困扰了他许久。直到这一刻，程维决定自己创业的方向，就是要改变中国人的交通出行质量。程维身边的人都说这个想法太不靠谱。于是，究竟要不要做这件事，就成了程维要闯过的第一关。可是，直觉告诉程维，当市场已经培育成熟，再想进入，基本已经没有任何机会了。越是不成熟的市场，就越是有发展的空间。既然决定要做，程维就立刻开始市场调研。在调研过程中，他发现如果想要把打车软件做好，需要攻克两个难关，开发软件和线下司机。

技术外包还是自主研发？

程维给自己设立了一个目标："用两个月的时间上线滴滴软件。"他选择外包公司，也是对程维的一次历练过程。一次与一家外包公司洽谈，他问对方做这样一个打车软件需要多少钱。没想到对方却反过来问他想要做多少钱的。程维这才知道，原来做软件也是可以讨价还价的。至于其中的具体区别，程维根本搞不清楚，更不知道技术还分为 IOS 端、安卓端、前端和后端。

设计软件花了整整两个月的时间，等软件交付之后才发现完全不能用。对方给程维的解释是，这样的软件有 50% 的概率可以"响"，也就是说，用户通过这个软件呼叫两次，出租车司机至少能响一次。眼看给自己制定的两个月期限已到，迫于无奈只能跟对方商量，是否能将"响"的概率改进为 75%。

技术外包流产，寻找合伙人碰壁，猎头化解难题

当意识到技术外包不靠谱之后，程维终于下定决心，要寻找技术合伙人。程维的想法是正确的，很快，曾经的同事就帮他找到了许多技术人员，还给他列了一份名单。程维就按照这份名单，一个一个地去面谈。可惜他们并不愿意舍弃原有的工作。无奈之下，程维想到了一个"下下策"。他开始打起了类似搜狗和腾讯一类大公司的主意。于是，他找了一些腾讯和百度的技术人员面谈，可惜还是没有人愿意与他合作。

一个偶然的机会，程维加入了一个微信群。突然有一个自称是猎头的人找到了他。程维说出了自己的要求之后，一个月后，猎头再次出现，告诉程维，找到了一个合适的人叫张博。

似乎是缘分使然，见到张博的第一面，程维就觉得，他就是自己要找的那个人。果然，谈话结束，程维更加确定要把张博拉到自己的团队里面。他甚至兴奋地给自己的天使投资人王刚打了一个电话，说张博就是上天给他的礼物。

为了组建一支强大的团队，程维也想方设法地招聘人才。柳青就是程维从高盛集团挖过来的。当时，柳青的年薪是 400 万美元，程维根本付不起这么多，却凭借自己的执着与梦想打动了柳青，使他最终加入了滴滴的团队。

资料来源：https://baijiahao.baidu.com/s？id＝16137379319361114251&wfr＝spider&for＝pc

请分析：滴滴创业之初如何招聘人才组建团队？

第一节　人力资源共享模式

VUCA 时代，传统的员工组织关系正逐渐被打破，人力资源管理模式也在不断创新。在创业企业中，组织内部人力资源关系趋于松散化，组织边界也日益模糊，创业企业纷纷变革人力资源管理体系，探索人力资源管理的新模式。

一、人力资源共享模式的概念

人力资源共享是一个新兴的话题,相关的学术研究还是一片蓝海,因此目前为止针对人力资源共享这个概念还没有出现一个代表性的定义。有学者认为人力资源共享是指两个或多个组织共同开发培养和使用人力资源,人力资源可以在组织间自由流动、按需配置,知识、能力和技术都可以充分共享。

创业企业人力资源共享模式是指针对创业企业由于资金有限和发展规模不足,导致其人力资源管理水平滞后的现状而开发的一种新型人力资源管理模式。共享模式的目的是有效配置和优化创业企业的人力资源管理流程,由专业部门或机构处理人力资源管理工作替代原有缺乏系统性和专业化的管理方式,在企业内部和企业之间实现人才共享的配置效果。

2020 年,受新冠肺炎疫情影响,"盒马鲜生"租借云海肴、青年餐厅、西贝等餐饮公司的员工,使得"共享员工"成为一时的热点。人力资源共享模式有利于降低企业经营成本,能够有效解决创业企业人力资源管理水平较低、管理经验欠缺的问题;共享模式还为创业企业可持续发展、促进人才的交流和引进提供了有力保障。

二、人力资源共享模式的类型

创业企业的人力资源共享模式主要有三种,分别是企业间人力资源储备共享模式、企业与高校合作共享模式以及互联网平台合作共享模式。

(一) 企业间人力资源储备共享模式

企业间人力资源储备共享模式借鉴了物流供应链管理理论,指多个企业联合进行人力资源储备或者交由第三方实现人力资源共享而不是单个企业进行人力资源储备。在此模式中,人力资源储备库承担各企业的人力资源管理活动包括招聘、培训、薪酬管理和劳动关系管理等事项。由于负责人力资源储备的主体不同,也可以分为第三方人才库和联合人才库。第三方人才库是指由第三方服务机构处理企业的人力资源管理相关工作。联合人才库是指人才需求相近的企业制订相应的人才计划。不论主体是第三方服务机构还是各个企业,联合储备人才库的目的都是降低企业人力资源投入成本,提高人力资源管理水平,减轻企业的经营管理压力。

还有一种创业企业人力资源共享联盟模式,是指两个或多个企业之间,出于对整个市场的预期和企业整体的经营目标的考虑,通过制定相关协议形成人力资源优势互补、共担人力资源收益和风险的松散化组织,从而实现人力资源共享。在此联盟中,人才可以自由流动,按需配置,以人为载体的知识、能力和技术同样也能共享,联盟统一管理整个组织的人力资源管理工作,如人才资源的引进、培训开发等。其模型如图 10-1 所示。

10

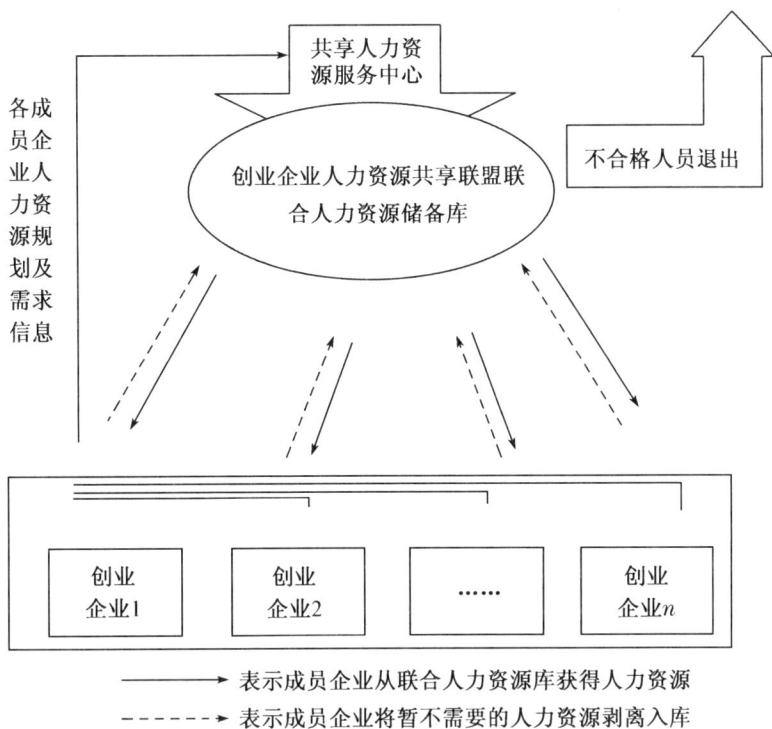

图 10-1　创业企业人力资源共享联盟模型

企业间人力资源储备共享模式极大地减少了单个企业人力资源的储备成本,共同分摊人力资源的使用成本。企业用较低的成本就能招募吸纳优秀的人才,因此企业间的人力资源配置不仅得到了优化,人力资源使用效率也能有很大提升,这也能很好解决创业企业人力资源相对紧缺的难题。在联合储备模式中,人力资源可在企业与企业之间内流动,对比兼职和临时工而言,共享模式中流动是积极正向的,鼓励人才流动实现灵活配置人力资源,也降低了人力资源管理的不确定性。

但是创业企业在建立企业间人力资源储备共享模式时,也要面对一大难题:合作伙伴的挑选。毕竟优秀的资源总是有限的,在模式运营过程中各企业具体承担角色、利益如何分配等都是创业企业所需要考虑的。

(二) 企业与高校合作共享模式

近年来,为响应国家"大众创业、万众创新"的号召,创业企业蓬勃发展。但是由于创业企业"小而弱"的天性,致使其在吸引人才方面不具备优势,在面对竞争日益激烈的市场,越来越多的创业企业与高校进行合作,别具特色的创业园和创业孵化基地成为高校里的一道风景。在产学研基础上,企业与高校作为两个重要主体,开展人力资源共享模式。高校或者科研机构为创业企业提供场地、技术和人才资源,创业企业有效利用教学科研成果转化为生产力,又能为在校学生提供就业岗位,实现两者的双赢。

越来越多的高校、科研院所与企业建立起良好的合作关系,向企业输送了许多优秀的专业人才。现有校企合作平台主要有实践类平台和依托科学技术搭建的共享平台。前者

10

主要是为促进高校毕业生就业,企业向毕业生提供就业岗位,学校向企业输送人才;后者是指通过网络信息技术的支持,将学校和企业的人力资源数字化。创业企业可以在共享平台上发布组织的岗位需求信息,高校中的闲置人力资源如学生或教师可以根据自身的专业能力和技术匹配岗位或项目,双方达成合作。此外,创业企业也可通过校企共享平台选择性将业务流程外包给学校,高校的教师也能为创业企业的发展提供技术指导与管理咨询。

校企合作共享平台的构建,能够较好地解决创业企业"用人难"的问题,对创业企业而言,与高校的人力资源对接,既能整合专业资源、又能降低企业的运营成本;于高校而言,能通过创业企业实践的反馈,结合市场需要,针对性培养人才。两者能实现优势互补、资源共享。

(三) 互联网平台合作共享模式

戴维·尤里奇于1997年提出人力资源管理实践的新模式——三支柱模型,将人力资源管理职能由传统的六大模块划分为三类不同角色:人力资源共享服务中心(Human Resource Shared Service Center,简称 HRSSC)、人力资源业务合作伙伴(Human Resource Business Partner,简称 HRBP)、人力资源专家中心(Human Resource Center Of Expertise,简称 HRCOE)。各角色之间协同合作,共同促进人力资源管理工作高效运转,使人力资源管理体系更好地服务于公司战略。

人力资源共享服务中心(HRSSC)是企业将分散在各业务单元所有与人力资源管理有关的行政事务性工作和专业化的活动集中起来,由服务中心处理,实现统一化管理。HRSSC 的构建目的在于:(1) 整合专业资源,进行集中服务降低运营成本,HRSSC 不行使人力资源的管理职能,依据业务单元的需要提供服务并支持;(2) 服务专业化和标准化,专业分工、打造专业化的队伍,建立统一的服务标准和流程,提高人力资源管理实践的公平性;(3) 提高运作效率、聚焦企业战略,人力资源部门能够摆脱繁杂的行政事务更加专注于战略性人力资源管理,聚焦于员工能力提升、战略绩效的实施,业务单元也能集中开展核心业务,提升专业化水平,增强竞争力。HRSSC 的构建需要根据企业的规模、业务形态以及产业分布状况而决定。

创业企业在初创期还不具备构建 HRSSC 的条件。在大数据、"云技术"的互联网条件下,企业之间通过互联网平台建立人力资源共享服务中心成为可能。人力资源共享服务中心平台,既能保障平台资源充足而不冗余,还能保证平台资源得到动态分配。云计算服务类型包括基础设施即服务(IaaS)、平台即服务(PaaS)和软件即服务(SaaS)三类。国内目前有不少企业提供基于云技术的小微企业人力资源共享平台,其架构如图 10 - 2 所示。

10

基础设施即服务IaaS	• CPU、内存、硬盘等物理设施统一虚拟化，将资源以服务的形式提供给平台内的企业使用。企业根据自身需求定制资源
平台即服务PaaS	• 提供身份认证服务、企业信息管理服务、平台数据挖掘服务、信誉评价服务以及对平台的访问控制等服务
软件即服务SaaS	• 软件以服务的形式存在，企业可以随时根据自身的需要，在平台中定制企业所需要的服务。软件服务包括信息共享服务、第三方担保服务、信息核实服务
客户端Client	• 为客户端企业提供PC访问模式、智能移动终端访问等模式，保证企业办公的灵活性

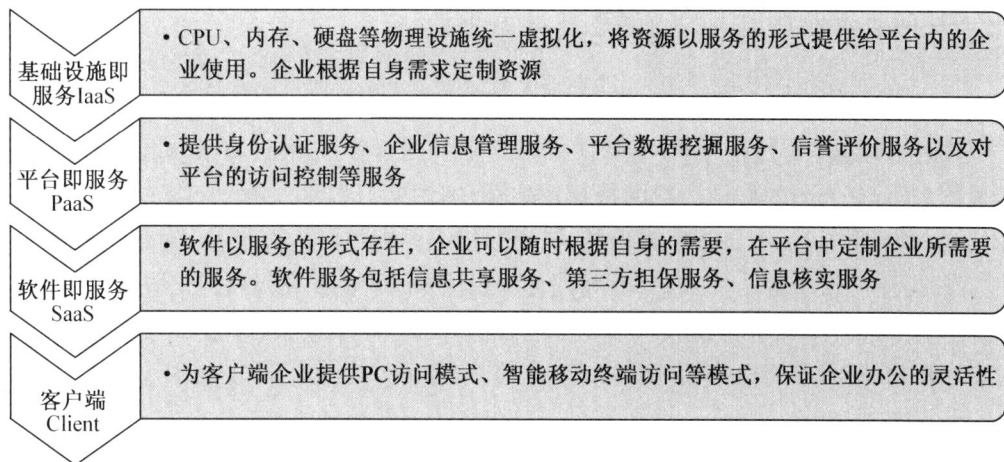

图 10-2　基于"云技术"的小微企业人力资源共享平台架构

三、构建人力资源共享模式的路径

(一) 建立支持人力资源共享模式的网络技术系统

人力资源共享模式的运行离不开网络信息技术的支持，先进的技术系统是人力资源共享模式运营的基础。参与人力资源共享模式的相关企业需共同协力开发共享平台、协商企业人力资源信息的管理和运作方式，及时更新相关信息。企业需实现技术跟踪、信息处理与应用、组织学习的协调发展，提供人力资源共享模式的基础服务。网络技术平台的开发、建设与维护直接关系到企业人力资源共享模式的质量。

(二) 构建支持人力资源共享模式的企业文化

人力资源共享模式使得组织边界日益模糊，员工的价值准则、向心力和忠诚度都需要企业加强文化建设的凝聚力，促进企业构建支持人力资源共享模式的企业文化，推动企业的发展。一方面，企业需在内部搭建供员工可持续发展的晋升渠道，采用人性化管理思路与方式，增强员工的归属感，充分发挥文化软实力的作用引领企业的发展；另一方面，企业需围绕核心业务流程打造具有包容性和创新性的高绩效组织氛围，增强员工的意志力和创新精神。在人力资源共享模式中，员工或人才是主要参与者，企业是引导者，员工对企业文化的理解与信任对企业的发展至关重要。

(三) 精细化管理和运行人力资源共享模式

高水平、精细化的人力资源管理是人力资源共享模式的基础，也是共享模式构建的核心。创业企业需结合自身实际特点、借鉴国内外人力资源管理先进经验与手段，探索符合企业需求的高效管理模式。精细化的管理也离不开高水平的团队，需打造一支高水平的人力资源管理团队，运用精细化管理方式提升企业的发展水平。

10

四、创业企业常用人力资源服务共享平台

(一) 腾讯 HR 助手

腾讯 HR 助手是行业内 HR 产品化的创导者和先行者,是经过腾讯内部 10 年打磨的应用平台,具有鲜明的移动互联网特征,深受新生代员工欢迎。腾讯 HR 助手以下一代 HR 产品理念为基础,提供管理驱动类、员工与组织驱动类两大类产品,覆盖企业运作多种场景,提升企业管理效率。该平台将内部实践优秀的产品云化对外提供服务能力,平台目前在架产品有:E 人事、数据通、简历智选、视频面试、E 绩效、云评估、E 工时、薪云、团队贺卡和 i 计算。简要介绍如下:

1. E 人事

E 人事是集 PC 端、移动端为一体的 HR 核心人事解决方案。PC 端提供人事管理功能,包括组织岗位管理、人员管理、人员异动、假期配置、报表查询等功能;移动端提供员工自助服务,包括移动休假及审批、转正审批、团队管理、个人信息维护等功能,可以直接访问腾讯 HR 助手上的所有企业及个人应用。移动端支持微信公众号、企业微信应用两个入口。

2. 数据通

针对有自己人事管理系统的企业客户,数据通可以提供基本的组织、岗位和人员信息数据打通。

3. 简历智选

简历智选包含上传简历、填写岗位、筛选简历等功能,根据岗位画像和简历解析,实现人岗精准匹配。

4. 视频面试

为用户提供线上视频面试、面试短信提醒等功能的面试服务平台,提供安排面试、短信通知等功能。

5. E 绩效

E 绩效是以目标为导向,以人为中心,以成果为衡量标准,帮助员工明确工作目标,并在工作中践行。结合目标管理与绩效评估,帮助企业实现企业目标,辅助员工实现自我驱动。

6. 云评估

云评估支持管理干部评估、人员晋升评估、组织绩效评估等多种评估场景。

7. E 工时

E 工时是工时数据集成平台,为用户提供组织人力资源投入情况。

8. 薪云

为用户提供线上薪酬信息管理的平台。员工可以查询个人薪资明细数据;支持针对组织或个人授权,查看下属薪资。

9. 团队贺卡

以团队的形式送祝福,一人发起邀请,团队成员共参与。支持多场景,对管理者有下

10

属生日提醒功能,支持农/公历生日修改。

10. i 计算

提供个税、子女教育成本、房贷、退休养老金计算器等功能。

在运营上,腾讯 HR 助手具有几大特色。首先,入口支持微信、企业微信、客户自有 App 三种接入方式,根据客户自身情况定制,支持无缝对接企业内部门户平台,可为客户提供更一体化、更便捷的快速入口。腾讯 HR 助手支持企业自定义业务规则,自定义内容及自定义具有公司属性的客制化皮肤,产品理念强调去腾讯化,为客户提供强大的开放和客制化的能力。其次,该助手可支持人力资源数据实时传递、组合,直观可视。产品提供灵活的数据组合能力和配置能力,提供一站式数据决策解决方案。数据部署采用独立数据库,独立存储,独立计算单元,毫秒级异地数据备份,保障企业服务的稳定性与连续性。此外,腾讯 HR 助手对外部合作伙伴提供开放接口和开放生态,支持第三方服务提供商提供应用、服务、API 对接腾讯 HR 助手平台,丰富平台产品线,促进双方客户成交,达成合作共赢。最后,腾讯 HR 助手提供的所有云服务依托于腾讯云,支持数据加密、域名加密、协议加密。企业数据全程采用 HTTPS/SSL 协议传输,使用加解密技术方案,同时严格执行相应的管控措施,确保端到端的网络传输安全。腾讯 HR 助手提供灵活配置权限的能力,提供多角色的权限配置,严格管控企业角色,不同角色可以灵活配置不同的功能、菜单、人员查看权限,通过授权的方式保证企业各类管理角色运转。

总体来看,腾讯 HR 助手适合创业型企业,可以提供全套解决方案,提供以 E 人事为基础底座的集成效率型产品,提升小型公司的管理效率,降低 HR 事务性工作错误率。

(二) 钉钉智能人事

钉钉智能人事系统是钉钉历经近 9 个月时间和数百家企业的 HR 们共创打造的智能移动人事系统,该系统实现通过手机端便可随时随地进行人事管理功能。该系统也是阿里巴巴研发在用的员工人事管理系统。阿里巴巴人事系统先后花了 3 年时间,与百位 HR 人员共创,投入数百人的团队进行不断优化和改进迭代,最终形成了成熟的版本,涵盖 HR 日常工作涉及的 6 大模块(人力资源规划、招聘与配置、培训与开发、绩效管理、薪酬福利管理、员工关系管理),并研发出了众多定制化功能,极大提高工作效率,节省成本。

钉钉在参考阿里巴巴在自研人事系统多年积累的基础上,与外部企业进行了长达 9 个月的共创打磨,精选关键内容推出了钉钉智能人事系统,首次免费与所有中国企业共享。功能上,钉钉智能人事提供了 HR 日常工作涉及的多个模块,包括待办事项、入转调离、花名册、人事报表、员工关怀等功能。这套系统将 HR 从烦琐的人事流程中解放出来。

(1) 待办事项:待办事项功能包含员工生日,入司周年,入转调离等人事异动等重要信息提醒。

(2) 员工转正、合同到期、生日、周年等事项都是 HR 人员需要关注的重要事情,但经常会有突发的工作打乱进度,就算每次都把小条贴在电脑上,还是容易忘记遗漏。诸如合同续签的遗漏可能还会引发法律风险。通过钉钉智能人事上的待办事项功能,所有和员工相关的事项都会自动生成提醒,重要信息不再被遗漏。

10

（三）2号人事部

2号人事部，是一款即租即用的 HR 效率软件，由点米网络科技股份有限公司推出。2号人事部采用高度互联网化的 SaaS（软件即服务）软件模式，辅助 HR 提高工作效率。SaaS 可以让用户通过互联网直接使用软件，将数据存储在云端，从而省去安装部署的过程，并且由厂商在服务器端负责软件的维护，可以做到实时更新。通过 SaaS 模式，能够为HR 解决价值成长、用工风险管控、人事盘点、人才流失、人力资源服务筛选等工作难点，使人力资源工作更好、更有效率地展开。它包括核心的人力资源管理业务功能，比如员工管理、薪酬管理、考勤、人事统计等。

（四）微知 VIPHRM 平台

微知最初做人力资源软件定制，2012 年以后转型人力资源 SaaS 服务。该平台基于SaaS 云计算服务能力，打造人力资源外包云共享服务平台，通过供应链服务共享平台，链接全国各地人力资源服务机构，实现人力资源服务管理全流程在线、实时监控与智能化。具体而言，微知搭建了 SaaS 平台，链接供应商端（人力资源服务外包公司、中介机构）、企业端和雇员端。企业可以通过 SaaS 平台寻找并获取人力资源外包服务，人力资源服务供应商可以将线下烦琐的工作通过 SaaS 平台完成。目前，通过向人力资源服务外包机构提供 SaaS 云技术，微知平台在全国拥有 6.8 万家企业客户，约 400 万员工每月通过其平台获取薪酬管理等服务。微知平台能够解决传统人力资源外包公司、小微企业与部门 85％的计算、核算工作。中介机构业务中的计算出账单、费用认领核销、支付三项，基本可由平台完成。雇员则可以通过公众号来查询社保、公积金、工资支付等信息。

微知主要产品包括人力资源交互交易平台 VIPHRM、人力资源外包管理平台Iknow。VIPHRM 是基于 SaaS 的云端 HR 共享服务平台，为中小企业提供社保、商保、薪资福利的计算与代扣缴等人力资源服务和解决方案，帮助 HR 摆脱事务性和重复性工作。其具体服务包括人事代理（入离职、社保公积金、档案管理、证件办理等）、员工信息管理（敏感信息管理、数据报告、薪酬个税计算）、人力资本管理（招聘、绩效管理）、薪酬管理（工资在线支付平台、税收计算与合规性管控）、福利管理、保险服务（综合商业保险解决方案、个性化解决方案）、考勤管理（轮班排班、考勤核算、工资计算、年假统计）等。

第二节　人力资源外包模式

一、人力资源外包的概念

外包（outsourcing）是指在组织外部寻找资源来完成组织的内部工作。人力资源外包（Human Resource Outsourcing，简称 HRO）服务是企业根据需要将某一项或几项人力资源管理工作或职能外包出去，由专业机构进行管理，以降低人力成本，实现效率最大化。人力资源管理外包已渗透到企业内部的所有人事业务，包括人力资源规划、制度设计与创新、流程整合、员工满意度调查、薪资调查及方案设计、培训工作、劳动仲裁、员工关系、企业文化设计等。

人力资源外包的工作具有基础性、通用性和重复性的特点,三个特点必须同时满足才能将人力资源活动外包给专业机构。其外包的内容主要有以下三个方面:人力资源派遣、人事事务外包和人力资源管理职能外包。

(一) 人力资源派遣

人力资源派遣或者劳务派遣是目前普遍存在的一种外包形式。在这里,用人单位是派遣机构,使用外包服务的是企业和组织是用工单位,双方签订《劳务派遣协议》,用人单位根据用工单位需求派遣相关工作人员。一般劳务派遣流程如图 10‐33 所示:

业务咨询　分析考察　提供派遣方案　洽谈方案　签订《劳务派遣合同》　提供服务

图 10‐3　劳务派遣流程示意图

(二) 人事事务外包

人事事务外包活动包括员工入职离职手续办理、日常管理等代理工作。具体工作内容包括代办入职离职手续、安排体检、代缴社保、代发工资等重复性高、基础性的工作。

(三) 人力资源管理职能外包

传统的人力资源管理职能有六大模块,六大模块之间相互联系、相互支撑构成完整的企业人力资源管理体系。人力资源规划、招聘与甄选、培训开发、绩效管理、薪酬管理和员工关系六个模块并不是全都适合外包,需要企业结合发展阶段、企业战略、企业文化、部门设置等选择需要外包的职能。目前,国内人力资源管理职能外包主要集中在:(1) 招聘与甄选,外包服务商遵循人岗匹配的原则,为企业提供专业性的人才需求配置分析,把控招聘环节的质量;(2) 培训开发外包,为企业开展培训需求分析、制定培训计划、执行培训方案、进行培训效果的评估和反馈;(3) 绩效管理外包,设计绩效考核管理评估系统,制定专业合理的指标体系;(4) 薪酬福利外包,主要是设计薪酬福利体系,制定科学有效的薪酬激励制度。

二、人力资源外包的理论基础

现有关于人力资源外包服务的基础理论主要有三个,分别是交易成本理论、核心竞争力理论和资源依赖理论。

(一) 交易成本理论

交易成本理论认为,当企业内部交易成本小于外部交易成本时,企业会选择人员配置内部化;而当内部交易成本高于外部市场交易成本时,企业会选择将组织内部的经营管理活动外部化,即交由外部市场完成,以降低运营成本。当人力资本内部交易与外部交易的结果质量相差无几时,企业会选择成本最少的交易方式,以较少的资源投入而获得回报。

10

初创时期,创业企业在处理一些专业性业务上难免会遇上难题,这时选择成熟的服务外包机构,用较低的费用就能实现。"滴滴"在创业初期因资金有限没有选择自主研发软件,而选择技术外包就是一个典型的例子。

(二) 核心竞争力理论

核心竞争力理论将企业的经营管理活动分成核心部分与非核心部分,核心能力指能给企业带来长期竞争优势和超额利润的能力和专长,是企业生存的关键因素。相应的人力资源管理活动也存在核心和非核心部分。将涉及企业战略部分的人力资源管理活动作为核心部分,而将一些传统的、琐碎的价值性较低的人事活动作为非核心部分。将非核心业务外包给专业人力资源机构去处理,创业企业则能将有限的资源集中投入到核心业务的发展中。

(三) 资源依赖理论

资源依赖理论的核心假设是没有任何组织能够自给自足,组织内部或个人都不可能拥有生存和发展所需要的全部外部资源,对外部环境都具有一定程度的依赖性。人力资源外包则是企业之间通过建立一定的依赖关系,形成一种"连结",以获取自身发展所需资源。人力资源外包能够增强组织的内部优势,拥有其他组织难以模仿的独特资源以期获得竞争发展的优势。

三、人力资源外包风险

人力资源外包能够降低单个企业的运营成本,优化办事流程;减少企业基础性工作压力,更加专注于提升企业竞争力的核心业务;提升社会整体运作效率,进一步细化社会分工。对于创业企业而言,人力资源外包除了具有上述优势之外,也不可避免存在许多风险,需要企业进行规避。

(一) 合同法律风险

人力资源派遣中涉及用人单位、用工单位、劳动者三方,与正常的劳动合同不同,三个主体之间存在三个合同。人力资源外包服务机构作为法律意义上的用人单位,对劳动者有权制定规章制度规范其工作行为,而企业作为用工单位也有相应的规章制度。这意味着劳动者需要遵循两种规章,当这两份规章存在相悖或不一致的地方时,劳动者的工作行为就会受到影响。此外,三方签订的合同若出现不一致,将为日后的合作埋下隐患。目前社会上出现很多的劳务派遣纠纷案件都因此而发生。

(二) 人力资源外包服务商的选择

尽管人力资源外包工作具有基础性、通用性和重复性的特点,但企业将相关人力资源管理活动外包出去是为了获得更加专业化的服务,而不是"复制性"的服务。外部市场上的人力资源外包机构鱼龙混杂,专业化程度也良莠不齐,企业在选择外包服务商时既要考察机构的专业化程度,还要要求服务商能够针对企业具体情况提供"个性化"的服务。人力资源外包不同于技术外包和生产外包,直接关系到企业员工的切身利益,因此创业企业在选择外包机构时需保持谨慎。

（三）实施过程风险控制

创业者在选择人力资源外包服务前,要与人力资源部门进行充分的沟通,决定外包的工作内容,取得内部员工支持和信任,员工的接受程度在很大程度上直接影响外包的效果。外包不是简单将工作事务交由外部机构处理,与服务供应商维持良好的关系,保持沟通,监督与考核外包机构的工作进程和绩效表现也是企业需要做的。但是,在合作过程中由于企业的监督和指导双方之间难免会产生摩擦,若沟通失败还会导致关系破裂,合作终止。

（四）企业信息安全泄露的风险

信息安全是创业企业在选择外包服务时必须考虑的问题。尤其像绩效考核和薪酬体系设计这类业务的外包,企业需要向外包机构提供企业内部的机密资料,在合作结束后,也可能存在外包机构为谋私利将企业机密透露给其他竞争企业。此外,接受外包机构提供服务的市场客户众多,外包机构在企业信息安全保密方面是否可靠也需企业进行考量。我国目前外包行业起步较晚,相比发达国家的外包服务还未形成成熟的行业规范,相应的法律法规尚不健全。

四、人力资源外包服务的发展

我国人力资源外包服务行业发展始于改革开放初期,21 世纪以来逐渐兴盛,并向规范化、多元化、专业化、细分化方向发展。人力资源外包服务行业进入快速发展期,市场规模也迎来扩张。

我国人力资源外包服务行业的发展趋势主要有以下几点:

（一）人力资源外包将更加专业化、精细化

专业化体现在人力资源外包服务内容、服务对象和服务人员三个方面。随着经济水平的不断发展和提高,国内企业对人力资源外包需求也越来越高、越来越专业,人力资源外包服务向专业化方向发展是必然。而随着人力资源专业化程度的提高,人力资源的服务对象也开始分化,企业对市场提供的外包服务要求也更加个性化。人力资源外包服务的从业人员需对行业有深入的了解,用专业的知识和经验为用工单位提供相应的服务。

（二）人力资源外包服务需求增加

随着市场竞争的加剧,人力资源外包服务商的价格将会降低,这使得许多创业企业有了采用人力资源外包服务的能力;创业企业战略性意识加强,为节约企业经营管理成本,将更多的资源投入企业核心业务上,他们会选择将重复性高又耗时的人事工作外包出去,这将对人力资源外包产生巨大的需求。

（三）人力资源外包模式的数字化发展

大数据时代背景下,人力资源外包模式也需与时俱进,进行转型升级。人力资源外包公司充分借助互联网平台,并基于数据挖掘和分析建立信息精准对接的模式。这要求外包公司在数据挖掘方面进行不断地创新和优化,对客户企业的信息和劳动者的个人信息都要进行深入地挖掘与分析,才能为需求企业定制个性化的外包方案,提供优质的服务。

10

第三节　创业企业人力资源类型及配置模式

一、创业企业人力资源的构成类型

合伙人、咨询顾问、核心员工和普通员工这四类群体,共同组成创业企业的人力资源,在初创企业各种资源有限的情况下,能高效地完成许多复杂的工作。

1. 合伙人

以技术、资金或者其他重要资源参与创业中,享有公司一定比例股份的人员。

2. 咨询顾问

在某个领域有资深工作背景,能指导创业企业在该特定领域的专业性工作的专家和业内资深人士。诸多电商企业在成立初期,往往聘请一名电商顾问。该顾问一般在电商行业从业多年,熟悉淘宝、京东、亚马孙、一号店等国内外知名电商平台操盘运作。该顾问本职工作可能是一家电子企业电商总监,属于公司高层管理人员。创业企业可以聘请其做电商顾问,指导创业企业电商团队的运作,包括整体思路规划、人员工作指导、电商资源介绍等。咨询顾问在企业初创期能发挥重要作用,其重要意义在于可以使创业企业在初期少走弯路,用较为先进的理念去工作,提高创业企业效率。

3. 核心员工

在创业企业中发挥重要作用的员工,具备核心、不可或缺的特征。如产品是一个企业的灵魂和核心,产品经理将直接影响创业企业的业务发展规模。

4. 普通员工

指职业技能一般的工作人员、一线员工和普通工作人员。他们的特征是执行力强,处理机械性、日常性事务。如电商客服专员的作用就是处理日常订单、发货、库存统计、对账、售后服务等日常性、服务性工作。

二、不同人力资源的选聘标准和路径

不同类型的创业企业人力资源的选聘标准,选聘路径也具有差异性,如表 10 - 1 所示。

表 10 - 1　不同人力资源的选聘标准和路径

角色	选聘标准	选聘路径	说明
合伙人	技术资源、市场资源、销售资源、或资金入股	熟人洽谈、朋友介绍	企业初创期困难重重,朝不保夕,合伙需要非常强的信任为前提才能进行。
咨询顾问	业内资深背景	熟人、朋友介绍	顾问类工作在市场上收费较高,而作为初创企业来说,无力承担高额咨询费用,所以朋友关系是低咨询费的先决条件,属半帮忙半合作性质。

10

角色	选聘标准	选聘路径	说明
核心员工	工作能力强，能独当一面	社会招聘	该岗位从社会招聘中即可招到合适人员
普通员工	执行力强，工作细心	社会招聘	该岗位从社会招聘中即可招到合适人员

三、不同人力资源的激励机制解决方案

创业企业可以采用股权、分红、提成等方式单独或组合地对四种类型的人力资源进行激励。

股权，指以技术或者资金入股公司，享有一定比例股份，年终按照股权结构和比例享有分红的权益。

分红，指在一定时间期限内享有公司的干股，年终按照干股比例享有分红的权益。

提成，指在某块业务范畴内，按照业务价值设定一定比例的提成机制，从而激励该员工更好地工作，创造更大收益。

股权、分红、高额提成三种方式有一个共同点：收入与付出成正比。只有这样，在企业初创期，大家的思想才能凝聚到一起，心往一处想，劲往一处使，能最大限度地激励整个创业团队发挥更大的功效，提升工作效率，完成业绩目标。

第四节　高科技企业创业过程中的常用人力资源管理实践

一、高科技企业创业过程中的人力资源管理实践与人力资源管理目标

工作分配、员工参与和企业文化是创业企业最为关键的人力资源管理实践：第一，在工作分配方面，给予员工具体而清晰的工作任务。在组织结构较为单一的背景下，创业者常常亲自给员工下发具体的工作任务。第二，在员工参与方面，尽可能最大化地让员工参与到企业的创业活动中。创业者常常同员工们交心。第三，在企业文化方面，提高员工的创业激情。创业者常常以身作则鼓励员工。正是通过上述三方面关键的实践活动，创业企业得以通过较低的人力资源管理成本，促进其余人力资源管理实践（如"有限的培训、低自治性"等）的有效开展。

需要注意的是，在各个创业阶段，人力资源管理实践可以灵活，人力资源管理系统的首要目标也要不断改变。在初次创业阶段，企业将人力资源管理作为业务支持的辅助工具来引导和推动企业的创业活动。在持续再造阶段，企业的人力资源管理落后于业务，此时主要在于疏通各个人力资源管理节点，使人力资源管理能够如网络般流畅而全面地覆盖全企业。在业务再生阶段，企业需要开发一套成熟的人力资源管理系统，以实现人力资

10

源管理系统和企业业务的良好对接。在业务革新阶段,企业优先扩大人力资源管理系统的核心优势,用人力资源管理系统来带动业务的革新,使其成为企业业务发展的驱动力。上述动态演化过程具体如图 10-4 所示。

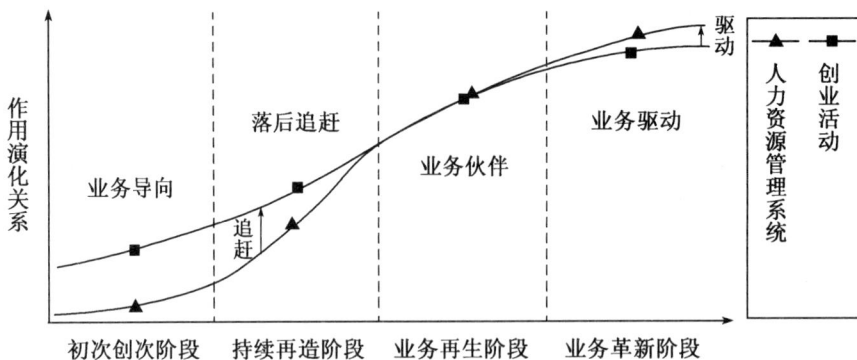

图 10-4　高科技企业创业活动与人力资源管理系统间的动态演化过程

出处:贾建锋,周舜怡,张大鹏.高科技企业创业过程中人力资源管理系统的演化升级——基于东软集团股份有限公司的案例研究[J].南开管理评论,2018,21(5):164-177.

存在上述演化过程的原因主要在于:初次创业阶段,企业业务发展尚未成熟,资源有限,企业只有通过极大化地降低管理成本同时保证管理效果,才能为企业业务发展提供足够的资源保障。持续再造阶段,企业业务迅猛发展,但由于上一阶段对于人力资源管理的系统化要求较低,这一阶段的人力资源管理处于相对滞后的位置,企业只有加大对人力资源管理的重视和投入,才能满足现有的人力资源管理需求。业务再生阶段,企业通过引入和研发人力资源管理系统,形成了成熟的人力资源管理系统,进而实现与业务的良好对接,为业务的发展保驾护航。业务革新阶段,企业只有扩大人力资源管理"以人为本"的核心优势,才能为业务发展不断注入活力,进而避免业务出现衰退的现象。

二、高科技企业创业过程中人力资源管理系统的演化升级模式

初次创业阶段,企业面临着"业务紧缺,没有充裕的资金支持人力资源管理"的挑战,由此形成了这一阶段人力资源管理的首要目标:着重提升业务量,将人力资源管理仅仅作为业务的辅助工具。为此,企业在外部优势资源(社会资本)的推动下,生成了企业在这一阶段独有的创业能力(领导者魅力),通过创业能力的涌现,保障关键人力资源管理实践的落实,进而带动业务导向式的人力资源管理系统的运行,最终与初次创业阶段目标相匹配,实现良好的人力资源管理效果。而到持续再造阶段,新的挑战随之而来,人力资源管理工作存在部门重复、矛盾涌现等问题,由此促使人力资源管理系统进行升级。在新的挑战下,企业形成了新的人力资源管理目标:疏通人力资源管理节点,使人力资源管理如同网络般覆盖全企业。为此,企业通过外部优势资源(社会资本、产品资本)的推动,生成了企业在这一阶段独有的创业能力(组织网络化),通过创业能力的涌现,进而带动网络联结式的人力资源管理系统的运行,最终与持续再造阶段目标相匹配,实现良好的人力资源管

理效果。图 10-5 展示了高科技企业创业过程中人力资源管理系统的演化升级模式。

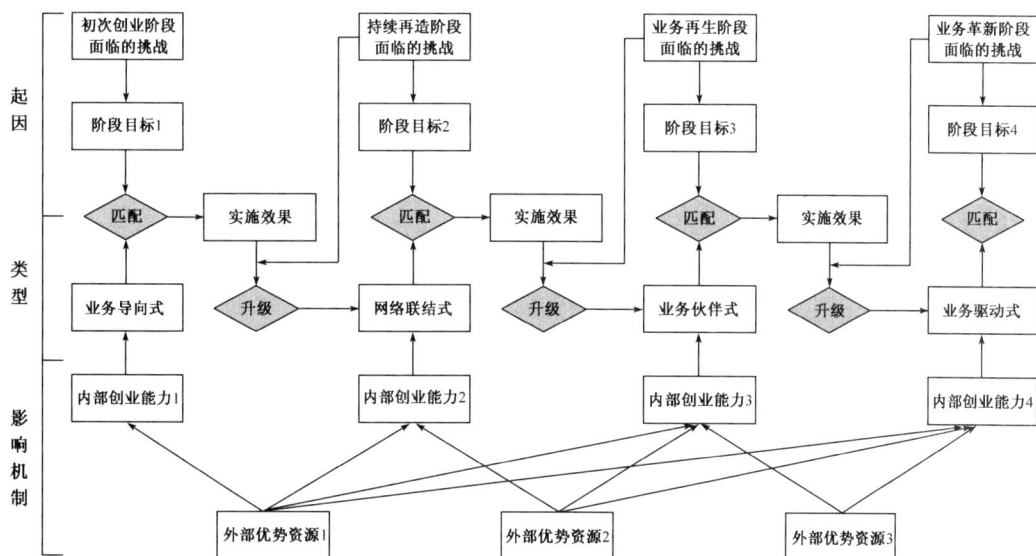

图 10-5　高科技企业创业过程中人力资源管理系统的演化升级模式

出处:贾建锋,周舜怡,张大鹏.高科技企业创业过程中人力资源管理系统的演化升级——基于东软集团股份有限公司的案例研究[J].南开管理评论,2018,21(5):164-177.

由此可见,高科技企业人力资源管理系统在演化升级的过程中,依据各个创业阶段面临的挑战,形成了不同的阶段目标。针对这些目标,企业一方面没有将过多的资源放在弥补那些具有缺陷的人力资源管理实践上;另一方面,企业也并不是依据目标来调整企业资源配置方式。相反,企业将更多的精力放在那些关键性人力资源管理实践上,同时通过已有的外部优势资源,生成不同的内部创业能力,进而由这些创业能力来保障关键人力资源管理实践的落实,最终实现有效的管理。

本章小结

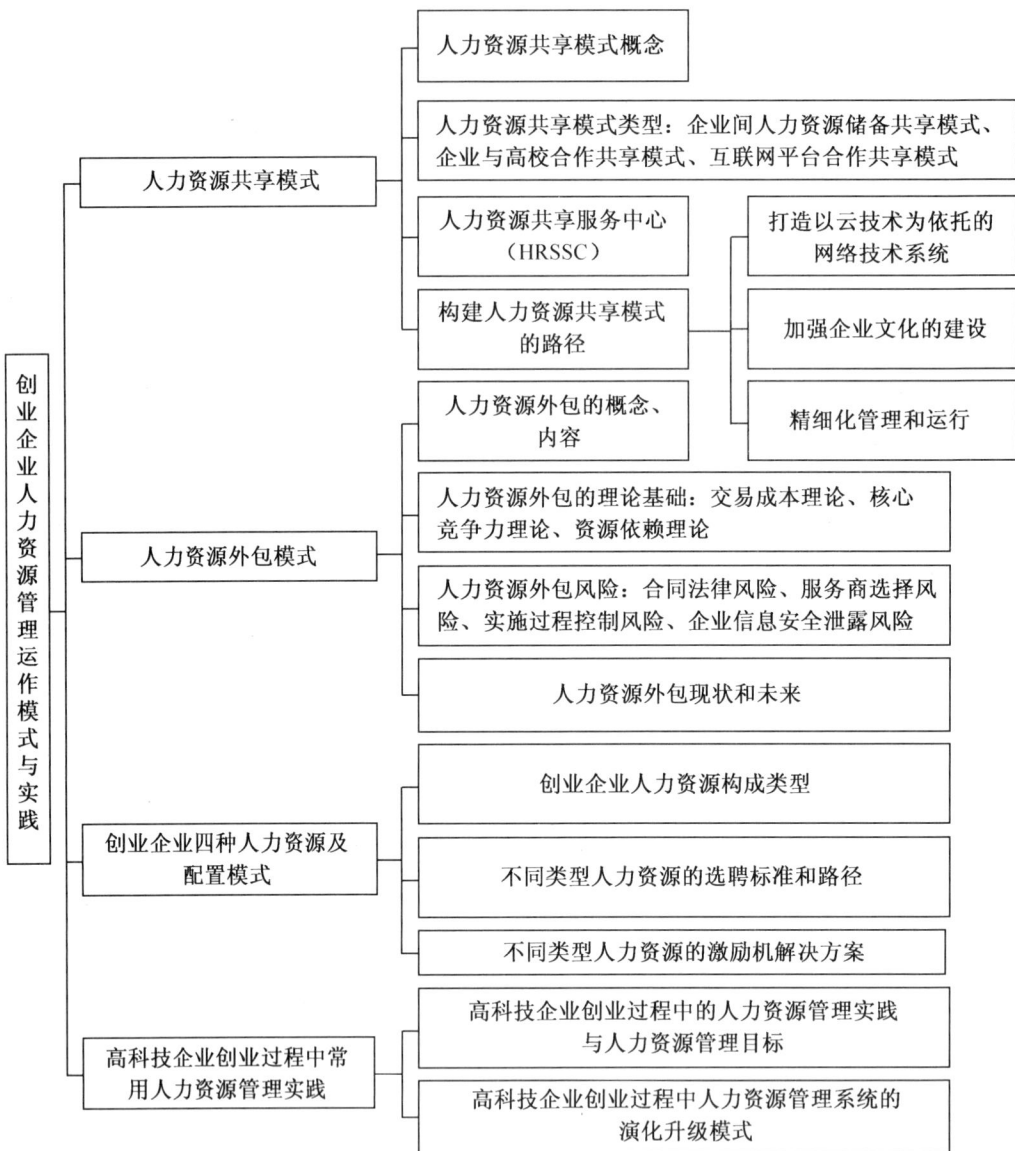

复习与思考

1. 简述人力资源共享模式的类型。

2. 思考创业企业人力资源共享模式的构建路径。

3. 创业企业一般将哪些人力资源职能进行外包?

4. 创业企业在人力资源外包时该如何规避风险?

5. 创业企业有哪些类型的人力资源?其招聘与激励方式有何差异?

案例分析

索尼电子在美国拥有 14 000 名员工,但人力资源专员分布在 7 个地点,尽管投资开发 PEOPLESOFT 软件,但索尼仍不断追求发挥最佳技术功效,更新其人力资源管理软件系统,来缩短其预期状态与现状之间的差距。

在索尼找到翰威特之前,索尼人力资源机构在软件应用和文本处理方面徘徊不前,所有人力资源应用软件中,各地统一化的比率仅达到 18%,索尼人力资源小组意识到,他们不仅仅需要通过技术方案来解决人力资源问题,还需要更有效地管理和降低人力资源服务成本,并以此提升人力资源职能的战略角色。

基于此,索尼电子决定与翰威特签订外包合同,转变人力资源职能。翰威特认为这将意味着对索尼电子的人力资源机构进行重大改革,其内容不仅限于采用新技术,翰威特还可以借此契机帮助索尼提高人力资源数据的质量、简化管理规程、改善服务质量并改变人力资源部门的工作日程,进而提高企业绩效。

在这样的新型合作关系中,翰威特提供人力资源技术管理方案、硬件系统、人力资源用户门户并进行内容管理。这样索尼可以为员工和经理提供查询所有的人力资源方案和服务内容提供方便。此外,翰威特提供综合性的客户服务中心、数据管理支持及后台软件服务。

索尼与翰威特合作小组对转变人力资源部门的工作模式寄予厚望。员工和部门经理期望更迅速、简便地完成工作,而业务经理们则期望降低成本和更加灵活地满足变动的经营需求。

此项目最大的节省点在于人力资源管理程序和政策的重新设计及标准化,并通过为员工和经理提供全天候的人力资源数据、决策支持和交易查询服务,使新系统大大提高效能。经理们查询包括绩效评分和人员流动率在内的员工数据,并将之与先进的模式工具进行整合和分析。这些信息将有助于经理制定更加缜密、及时的人员管理决策。经理们可以借此契机提高人员及信息管理质量,进而对企业经营产生巨大的推进作用。

项目启动后,索尼电子与翰威特通力合作,通过广泛调查分析制定了经营方案,由此评估当前的环境并确定一致的、优质的人力资源服务方案对于索尼经营结果的影响。

索尼电子实施外包方案之后,一些结果已经初见端倪。除整合、改善人力资源政策之外,这一变革项目还转变了索尼 80% 的工作内容,将各地的局域网、数据维护转换到人力资源门户网的系统上。数据接口数量减少了 2/3,新型的汇报和分析能力将取代原有的、数以千计的专项报告。

到第二年,索尼电子的人力资源部门将节省 15% 左右的年度成本,而到第五年时,节省幅度将高达 40% 左右。平均而言,5 年期间的平均节资额度可达 25% 左右。

索尼现在已经充分认识到通过外包方式来开展人力资源工作的重要性,因为可以由此形成规模经济效应并降低成本。此外,人力资源外包管理是公司电子化信息系统建设的第一步,索尼也非常高兴看到通过先行改造人力资源职能来进行整个公司的电子化转变。

10

讨论：

1. 索尼选择人力资源外包服务的原因是什么？

2. 人力资源外包给索尼带来了哪些改变？

10

参考文献

[1] Arhthur, Jeffrey B. Effects of Human Resource Systems on Manufacturing Performance and Turnover[J]. Academy of Management Journal, 1994, 37(3): 670 - 687.

[2] Ates A, Garengo P, Cocca P, et al. The development of SME managerial practice for effective performance management[J]. Journal of Small Business & Enterprise Development, 2013, 20(1): 28 - 54.

[3] Boyatzis R E. The Competent Management: A Model for Effective Performance [M]. New York: John Wliey, 1982.

[4] Bryant, Phil C., Allen David G. Emerging organizations' characteristics as predictors of human capital employment mode: A theoretical perspective [J]. Human Resource Management Review, 2009, 19(4): 347 - 355.

[5] Fleishman E A, Wetrogen L I. Development of prototype occupational information network content model [R]. Utah Department of Employment Security, Utah, 1995.

[6] Hayton, James C. Promoting corporate entrepreneurship through human resource management practices: A review of empirical research [J]. Human Resource Management Review, 2005, 15(1): 21 - 41.

[7] Hersey P, Blanchard K H. So You Want To Know Your Leadership Style? [J]. Training & Development Journal, 1981, 35(6): 22 - 37.

[8] Lepak, David P., Snell, Scott A. The human resource architecture: Toward a theory of human capital allocation and development[J]. Academy of Management Review, 1999, 24(1): 31 - 48.

[9] Matusik, Sharon F., Hill, Charles W. L. The utilization of contingent work, knowledge creation, and competitive advantage [J]. Academy of Management Review, 1998, 23(4): 680 - 697.

[10] McClelland D C. Testing for competence rather than for intelligence [J]. American Psychologist, 1973, 28(1): 1 - 14.

[11] Patel N. 90% of startups fail: Here's What You Need to Know About the 10% [M]. Community: Forbes, 2015.

[12] Ralevic, Predrag V., Dragojlovic, Aleksandar, Dobyodolac, Momcilo, et al. Increasing organizational performance by human resource management [J].

Tehnicki Vjesnik，2015，22(2)：263－269.

[13] Raven J. 现代社会胜任工作的能力——能力的鉴别、发展和发挥[M]. 钱兰英等译. 厦门：厦门大学出版社，1995.

[14] Schippmann J S，Ash R A，Battista M，et al. The practice of competency modeling [J]. Personnel Psychology，2000，53(3)：703－740.

[15] Schroder H M. Managerial Competencies：The Key to Excellence [M]. Dubuque：Kendall/Hunt，1989.

[16] Spencer L M，Spencer S M. Competence at Work：Models for Superior Performance [M]. New York：John Wiley & Sons，Inc.，1993.

[17] 埃得加·施恩. 职业锚[M]. 北京：中国财政经济出版社，2004.

[18] 百度百科：创业团队，https：//baike. baidu. com/item/％E5％88％9B％E4％B8％9A％E5％9B％A2％E9％98％9F/162768？ fr＝aladdin.

[19] 百度文库高校版：创业团队的组建，http：//eduai. baidu. com/view/dcd4b1d5d4bb fd0a79563c1ec5da 50e2524dd179.

[20] 百度文库高校版：第二章—创业者与创业团队(1)，http：//eduai. baidu. com/view/f4d2c72bfc0a7956 3c1ec5da50e2524de518d0f0.

[21] 百度文库：塔克曼团队发展阶段及特征简述，https：//wenku. baidu. com/view/4e11bfab77a20029bd 64783e0912a21615797f58. html.

[22] 百度文库：钟亚玲. 如何组建创业团队[J]. 现代企业文化(理论版). 2011(15).

[23] 毕妍，李永瑞. 我国中小型企业培训面临的问题及对策分析[J]. 职业时空，2009，5 (01)：14－15.

[24] 蔡晓珊，陈和. 人力资本密集型企业创业团队的权益安排及激励机制设计[J]. 中央财经大学学报，2014(01)：78－84.

[25] 陈浩，乾龙. 创业型企业员工关系管理的思考[J]. 人力资源管理，2014(02)：55.

[26] 崔劲松. 基于组织愿景塑造的人才激励方式[J]. 中国商论，2017(33)：163－164.

[27] 丁功慈，李素麦. 我国企业福利制度创新研究[J]. 合作经济与科技，2012(13)：26－28.

[28] 董飞燕，高辉. 小微企业如何有效地开展培训[J]. 现代商贸工业，2017(01)：69－71.

[29] 董克用，李超平. 人力资源管理概论[M]. 北京：中国人民大学出版社，2019.

[30] 杜鹏，栗慧峰. 基于云技术的小微企业人力资源管理共享平台的构建[J]. 商场现代化，2012，000(35)：142－142.

[31] 方振邦，邬定国. 人力资源管理[M]. 北京：人民邮电出版社，2017.

[32] 公众号：Sean Ye. 知乎热门：为什么创业公司招不到靠谱员工. 瞎说职场. 2018－05－23. https：//mp. weixin. qq. com/s/yL167RMu_EMdd1BiyI_7XA.

[33] 公众号：干货分享|创业型企业如何招到合适的员工，魔办空间，2019－5－27.

[34] 公众号：何萱 Ellen. 早期创业公司如何高效招聘产品技术团队？HiCTO. 2019－09－19. https：//mp. weixin. qq. com/s/OYldEVgoE29UqL30kFb8sg.

［35］公众号:激励在企业的实践(下),HR 呦呵家,2017－6－2.

［36］公众号:刘志阳.图解创业 19:如何组建创业团队.志阳创谈.2018－11－17.

［37］公众号:那些用错了的负激励,HR 呦呵家,2016－8－3.

［38］公众号:信德睿尚.创业企业招聘渠道分析!HR 共建社.2019－03－12. https://mp. weixin. qq. com/s/akVcepkzryE4cNLHZZFONQ.

［39］公众号:云泽速创孵化基地.创业团队,你了解多少? 云泽速创孵化基地.2020－5－15.

［40］韩雪梅.实施员工职业生涯管理 建立"以人为本"的企业文化——国有商业银行员工职业生涯管理探析[J].商业文化(下半月),2011(03):122.

［41］何敏.人力资本对我国企业管理的创新研究[J].企业导报,2009(9):69－70.

［42］胡典旺.创业型企业员工激励机制的构建[J].现代物业(中旬刊),2010,9(05):70－71.

［43］黄海燕.浅析创业团队的组建[J].商场现代化,2008(09):65－66.

［44］黄侃.论创业型企业员工激励机制的构建[J].中外企业家,2016(22):148,150.

［46］黄昱方,秦明青.创业团队异质性研究综述[J].科技管理研究,2010,30(16):142－145.

［47］加里·德斯勒.人力资源管理[M].北京:中国人民大学出版社,2007:466.

［48］金利番.A 小型创业公司员工激励困境及改进对策研究[D].重庆师范大学,2019.

［49］李佩卓.浅谈激励在初创企业中的应用[J].现代企业文化,2016(33):141－142.

［50］李文明.TD 创业型公司的激励体系研究[D].西安电子科技大学,2013.

［51］李雪东,贺影,张博.浅谈创业团队[J].无线互联科技,2014(01):170.

［52］梁迪.基于工作设计的创业企业员工激励机制研究[J].现代商业,2014(29):123－124.

［53］梁心航.初创公司的人才激励机制研究[J].企业改革与管理,2018(9):50.

［54］刘芳,肖丹,周巧笑,等.新创企业高绩效工作系统影响机制研究:一个多层模型[J].南方经济,2016,(2):87－105.

［55］刘涛,宋浩.企业员工"双通道"职业发展初探[J].商场现代化,2015(18):129.

［56］柳振良.初创型软件企业员工激励的方式和效果研究[D].首都经济贸易大学,2014.

［57］龙孺湘,熊朝坤.企业价值观管理模式研究[J].决策探索,2016,000(10):72－73.

［58］陆伟.创业生死关:合伙人的选择与股权分配[N].中国企业报,2015－5－12(11).

［59］栾贞增,杨东涛.无边界价值观管理——基于 A.O.史密斯公司的案例研究[J].中国工业经济,2015,000(2):148－160.

［60］罗陈,戴欣欣.科技类创业企业核心人才激励研究[J].中国管理信息化,2017,20(07):91－93.

［61］马莉,周小虎.创业团队组建管理与激励机制研究[J].价值工程,2016(16):68－71.

［62］彭莹莹,范京岩,段华.创业团队构建风险分析与控制[J].科技经济市场,2007(11):217－218.

[63] 彭莹莹,范京岩,段华. 创业团队构建风险分析与控制[J]. 科技经济市场,2007(11)：217－218.

[64] 秦立柱,秦兆行. 创业团队的组建与激励问题研究[J]. 中小企业科技,2007(6)：21－23.

[65] 清大 EMBA. http://www. tsinghua666. com/guanli/2018/0814/15585. html.

[66] 邱志伟. 对现代企业职业生涯管理的几点思考[J]. 经济师,2017(01)：260－261,264.

[67] 三茅：https://www. hrloo. com/lrz/14307920. html.

[68] 施琦良. 中小企业职业生涯管理现状及其实施方案[J]. 老区建设,2009(12)：15－16.

[69] 时勘,王继承,李超平. 企业高层管理者胜任特征模型评价的研究[J]. 心理学报,2002,34(3):306－311.

[70] 司杨. 创业企业新生代员工激励对策研究[J]. 中国商论,2016(18):44－45.

[71] 思达派：张卢锋. 挑选合伙人的三大原则和四个规矩. 2015－4－20. http://www. startup-partner. com/57. html.

[72] 搜狗百科：创业团队,https://baike. sogou. com/v103427091. htm? fromTitle＝％E5％88％9B％E4％B8％9A％E5％9B％A2％E9％98％9F.

[73] 搜狐：华夏资本联盟. 创业必读：如何选择合伙人? 2019－8－28. https://www. sohu. com/a/336906677_270543.

[74] 搜狐：倪云华. 合伙人关系怎么处理? 如何避免合伙人变成散伙人. 2019－5－28. https://www. sohu. com/a/317020355_340119.

[75] 搜狐：我才是秋叶大叔. 创业团队如何选择合伙人? 2017－6－17. https://www. sohu. com/a/149770170_701980.

[76] 苏华云. 创新型小微企业人力资源管理共享模式探析[J]. 人力资源管理,2016,000(2):58－59.

[77] 孙科,李晓茜. 初创农业企业科技人才激励问题研究[J]. 中国集体经济,2018(07):112－113.

[78] 唐作春. E 工业软件公司初创期核心员工激励问题研究[D]. 华南理工大学,2019.

[79] 陶莉. 创业企业组织设计和人力资源管理[M]. 清华大学出版社,2015.

[80] 王革,吴中元. 国内企业价值观管理研究述评[J]. 理论与现代化,2013,(01):122－125.

[81] 王淑红,龙立荣. 绩效管理综述[J]. 管理评论,2002,000(009):40－44.

[82] 王重鸣,陈民科. 管理胜任力特征分析：结构方程模型检验[J]. 心理科学,2002,25(5):513－516.

[83] 吴剑平,张德. 试论价值观管理[J]. 中国人力资源开发,2002,9:36－38.

[84] 吴俊键. RH 公司的创业团队管理问题研究[D]. 浙江工业大学,2019.

[85] 武凤阳. 企业福利管理初探[J]. 人力资源管理,2011(06):115.

[86] 闫爱敏.中小企业新员工职业生涯管理策略研究[J].中小企业管理与科技(上旬刊),2015(02):24-26.

[87] 杨小丽.大众创业当老板创业思路与团队组建[M].北京:中国铁道出版社,2016:133.

[88] 姚莉君.高技术企业创业团队风险成因及防范[J].技术与创新管理,2006(5):89-90,94.

[89] 佚名.中国高端猎头行业研究报告2016年[C]//艾瑞咨询系列研究报告,2016(13).

[90] 詹燕菱.金煌装饰公司虚拟股票期权激励模式构建[D].湖南大学,2018.

[91] 张梦蝶.基于扎根理论的企业价值观管理过程研究[D].北京:首都经济贸易大学,2018:5-44.

[92] 张少平,陈文知主编.创业企业管理[M].广州:华南理工大学出版社.2016.

[93] 张艳春.创业公司的员工激励问题研究[D].北京邮电大学,2018.

[94] 张艺文.J公司初创期员工招聘策略研究[D].大连理工大学,2017.

[95] 张懿凰.企业生命周期各阶段人力资源管理危机状况研究及解决办法[D].西南财经大学,2007.

[96] 张玉静,王梓璇.创业者个性特质与人力资源管理模式的关系——基于5家小微企业的探索性案例研究[J].管理案例研究与评论,2018,11(05):38-51.

[97] 张玉利,薛红志,陈寒松.创业管理[M].4版.北京:机械工业出版社,2016:89-91.

[98] 赵福杨,林凤.创业企业人力资源共享联盟初探[J].网络财富,2010,000(1):58-59.

[99] 郑耀洲,温华.员工职业生涯管理体系的设计与实施[J].中国人力资源开发,2010(12):40-43.

[100] 知乎:华南技术转移中心.如何组建一个靠谱的创业团队?2020-1-6.

[101] 周波.MBA创业团队的组建与管理问题初探[D].西南财经大学,2013.

[102] 周三多,陈传明.管理学[M].高等教育出版社,2014.

[103] 周三多,陈传明,贾良定.管理学——原理与方法[M].上海:复旦大学出版社,2014.

[104] 朱子霖.小微创新创业企业员工激励机制优化研究[D].青岛科技大学,2018.

[105] 祝丽杰.规避人力资源服务外包风险的六点思考[J].经济研究导刊,2020(11):69-70.